国家重大出版工程项目
"十二五"国家重点图书

国家出版基金项目
NATIONAL PUBLICATION FOUNDATION

中国古建筑丛书

◎陈伯超

刘大平 李之吉

朴玉顺 主编

辽宁 吉林 黑龙江古建筑

（下册）

中国建筑工业出版社

审图号：GS（2015）2780 号

图书在版编目（CIP）数据

辽宁 吉林 黑龙江古建筑（下册）／陈伯超等主编 . —北京：中国建筑
工业出版社，2015.12
　　（中国古建筑丛书）
　　ISBN 978-7-112-18446-0

　　Ⅰ.①辽…　Ⅱ.①陈…　Ⅲ.①古建筑－介绍－辽宁省②古建筑－介绍－吉
林省③古建筑－介绍－黑龙江省　Ⅳ.① K928.71

中国版本图书馆 CIP 数据核字（2015）第 216045 号

责任编辑：李东禧　唐　旭　杨　晓　吴　绫
书籍设计：康　羽
责任校对：姜小莲　关　健

中国古建筑丛书

辽宁 吉林 黑龙江古建筑（下册）
陈伯超　刘大平　李之吉　朴玉顺　主编
*
中国建筑工业出版社出版、发行(北京西郊百万庄)
各地新华书店、建筑书店经销
北京嘉泰利德有限公司制版
北京顺诚彩色印刷有限公司印刷
*
开本：880×1230毫米　1/16　印张：$20\frac{1}{4}$　字数：535千字
2015年12月第一版　2015年12月第一次印刷
定价：318.00元
ISBN 978-7-112-18446-0
　　　　（25809）

《中国古建筑丛书》总编委会

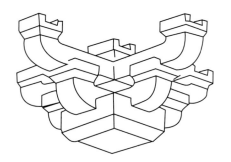

《辽宁 吉林 黑龙江古建筑》

编委会主任：陈伯超

编委会副主任：刘大平　李之吉　朴玉顺　胡文荟

编委会委员：张成龙　赵兵兵　哈　静　徐　帆　吕海平　汝军红
　　　　　　刘　洋　张俊峰　李　刚　李培约　赵龙珠　刘思铎

主　　　编：陈伯超　刘大平　李之吉　朴玉顺

副　主　编：胡文荟　刘　洋　张俊峰　哈　静　李培约　赵兵兵

主要执笔人：吕海平　汝军红　李　刚　李炎炎　赵龙珠　刘思铎
　　　　　　张　勇　原砚龙　郝　鸥　徐　帆　谢占宇　何颖娴
　　　　　　王严力　金日学　耿铁华　肖　东　朱洪伟　邵　明
　　　　　　杨梦阳　牛　笑　王烟雨

主要参编单位：沈阳建筑大学、哈尔滨工业大学、吉林建筑大学、
　　　　　　　大连理工大学、辽宁工业大学、辽宁建筑职业学院

审　稿　人：刘克良

总　序

中国历史悠久，地大物博，人口众多，是一个多民族的国家，文化遗产极为丰富。中国古建筑是世界建筑史上的四大体系之一，五千年来，光辉灿烂，独特发展，一脉相传，自成体系。在建筑历史发展过程中，从来都没有中断过，因而，积累了大量的极为丰富的优秀建筑文化遗产。中国古代建筑的实践经验、创作理论、工艺技术和艺术精华值得总结、传承和发扬。

中国古代建筑具有强大的生命力，首先是独特的地理环境。中国位于亚洲东方，北部有长白山、乌苏里江高山河流阻挡，西有天山、喀喇昆仑山脉和沙漠横贯，西南有喜马拉雅山脉，东南则沿海，形成封闭与外界隔绝的地域，加上地处热带、温带和寒带，宽阔的地理和悬殊的气候，促进建筑与环境的巧妙和谐结合。

其次，独特的民族性格。中国是以汉族为主的多民族所组成。以中原文化为主的汉族人民团结、凝聚着居住和生活在各地的少数民族。由于各民族的历史、文化、宗教信仰、生活习俗与审美爱好的不同，以及他们所处地区的自然条件和地理环境的差异，长期的劳动实践，形成了各民族独特的性格和绚丽灿烂的建筑风貌。

其三，文化的独特体系。中国文化是以黄河流域中原文化为中心，周围有燕赵文化、晋文化、齐鲁文化、吴越文化、楚文化、秦文化和巴蜀文化所烘托，具有历史渊源长久、人类智慧集中、思想资源丰富的特点。中国传统文化思想的集中表现是以儒学、道学为代表，其后，佛教的传入与中国传统文化的结合，形成以儒学为主的儒、道、释三者合一的中国传统文化思想。归纳起来，就是天人合一的宇宙观念，以人为本、和为贵的人文思想，整体直觉的思维方式，真善美相结合的美学观念。

封闭而独特的地理环境，团结凝聚而又富于创造的民族性格，以儒学为主的文化独特体系，创造了中华民族的雄伟壮丽的建筑工程。长期的经验积累，独树一帜，虽经战争的炮火，民族之间的斗争与融合，外来文化之传入及本土化，但中华民族建筑始终一脉相传，傲然生存下来，顽强发展，独树一帜而不倒，在世界建筑史发展中是罕见的、独有的。

中国古代建筑发展经历了原始社会、奴隶社会和封建社会三个历史阶段。

旧石器时代，原始人群利用天然崖洞作为居住场所。南方湿热多雨，虫害兽多，出现巢居。1973年，在浙江余姚河姆渡村发现大约建于6000～7000多年前的、长约23米、进深约8米的木构架建筑遗址，推测是一座长方形、体量相当大的干阑式建筑，这是我国最早采用榫卯技术构筑房屋的一个实例。

原始社会晚期，黄河流域有广阔而丰厚的黄土层，土质均匀，含有石灰质。黄河中游的氏族部落，在利用黄土层作为壁体的土穴上，用木架和草泥建造简单的穴居，逐步发展到浅穴居，再到地面上的房屋，形成聚落。

奴隶社会，夯土技术逐步成熟，宫室建于高大的夯土台上，木构建筑逐步成为中国古代建筑的主要结构方式。等级制度出现。工程管理有了专职的"司空"，以后各朝代沿袭发展成为中国特有的工官制度。

封建社会初期，高台建筑盛行，修建了长城、驰道和水利工程。东汉时代，建筑中已大量使用成组的斗栱，木构楼阁增多，城市和建筑类型扩充，中国古代独特的木构建筑体系基本形成。

两晋南北朝是我国历史上充满着民族斗争和民族融合的时期，佛教的传入，宗教建筑大量兴建，高大的寺庙、壮丽的塔幢，石窟中精美的雕塑和壁画，这是我国古建筑吸收外来文化使之本土化的创造时期。

隋、唐统一全国，开凿贯通南北的大运河，促进了我国南北物资和文化的交流和发展。唐代的长安、洛阳成为世界上最大的城市。木构建筑的宫殿、楼阁和石窟、塔、桥，无论布局或造型都具有较高艺术和技术水平，唐代建筑已发展到成熟的阶段。

宋、辽、金时期，南方在经济和文化方面居于先进地位。由于手工业分工更加细致，国内商业和国际贸易活跃，城市逐渐开放，改变了汉以来历代都城采用的封闭式里坊制度，形成沿街设店的方式。建筑的设计和施工达到一定程度的规格化、制度化，公元12世纪初在总结经验的基础上编写了《营造法式》这一部重要文献。

元代大都建立，喇嘛教和伊斯兰教建筑影响到各地。明、清时期官式建筑已经达到完全程式化、定型化阶段。明代后期出现资本主义萌芽，清代在城市规划上、建筑群体布局和建筑艺术形象上有所发展，例如北京城、故宫、天坛等。民居、园林和民族建筑遍布各地，呈现一片繁荣景象。

中国古建筑有明显的特征。在城市规划上，严谨规整、对称宏伟，表现出庄重威武的中华民族性格。单体建筑中，雄伟的飞檐屋宇、大红的排列柱廊、高大的汉白玉台基，呈现出崇高壮丽又稳定的形象。黄河流域盛产的木材资源，形成了中国古建筑木构架体系的特色。室外装饰的富丽堂皇、金碧辉煌，室内陈设装修的华丽多样、细腻雕饰，体现了中国古建筑绚丽多彩的民族风格。

聚居建筑方面，包含民居、祠堂、家庙、书院等遍布全国各地，它们与人民生活息息相关。各地各族人民根据自己的生活习俗、生产需要、经济能力、民族爱好和审美观念，结合本地的自然条件和材料，因地制宜、因材致用地进行设计与营造。他们既是设计者，又是营建者、使用者，可以说设计、施工、使用三位一体，因而，这种建造方式所形成的民宅民间建筑，既实用简朴，又经久美观，并富有民族风格和地方特色。

中国古园林的特征。以自然山水即中国山水画为蓝本，并以景区、景物和建筑、山水、花木为构件，由景生情，产生意境联想，达到艺术感受。皇家园林因其规模大、范围广，其园林布局自秦、汉时期的一池三岛，到唐、宋以山水画为蓝本，明、清仍沿袭池中置岛古制，但采用人工造山置水的方法。

明、清私家园林因属民间，士大夫文人常在宅后设园休闲宴客，吟诗享乐，其特点是以最小的场所造成无限的景色为目的。因其规模小，常以叠石或池水为主，峰峦洞壑、峭壁危径或曲径通幽取胜。在情景中则采用巧于因借、精在体宜的手法。

我国是一个人口众多的多民族国家。相传秦汉以前，中华大地上主要生存着华夏、东夷、苗蛮三大文化集团，经过连年不断的战争，最终华夏集团取得了胜利，上古三大文化集团基本融为一体，历史上称为华夏族。春秋、战国时期，东南地区古老的部族称为"越"，逐渐为华夏族所兼并而融入华夏族之中。秦统一各国后，到汉代都用汉人、汉民这个称呼，直到隋、唐，汉族这个名称才固定下来。

由于各民族的历史文化、宗教信仰、生活生产、习俗性格的不同，又由于各族人民所处地区的自然条件和环境的不同，导致他们各自产生了富有特色的建筑和民宅，如宏伟壮丽的藏族布达拉宫，遍布各族聚居地的寺院庙宇、寨堡围村、楼阁宅居，反映了绮丽多彩的民族风貌。

中国传统文化渗透了中国古建筑，中国古建筑深刻地体现了中国文化。

新中国成立后，作为全国性有领导有组织地编写中国古代建筑史，第一次是1959年，由原建筑科学研究院组织"编写三史"开始。当时集中了全国高等院校、科研部门分工编写，1962年由中国工业出版社出版《中国建筑简史》第一册（古代部分）。随后，又组织有关院校、文化、历史、考古等单位对古代建筑史有研究的人员，经多次修改，由刘敦桢教授执笔主编的《中国古代建筑史》，于1966年完成。由于"文化大革命"，未能出版，1980年才由中国建筑工业出版社正式出版。作为高等院校的中国建筑史教材则由全国高校教师编写，参考了上述专著，由中国建筑工业出版社1982年出版。

作为系统的、全面的、编写中国古建筑丛书是从1984年开始，当时作为《中国美术全集》中的一个门类——建筑艺术，称为《中国美术全集·建筑艺术编》，共6辑，包含宫殿、坛庙、陵墓、宗教建筑、民居、园林，1988年完成出版。

第二次编写从1992年开始，编写的原因是《中国美术全集·建筑艺术编》6辑出版后，各界反映良好，但感到篇幅不够，它与我国极为丰富的建筑文化遗产大国不相适应。于是，再次组织编写《中国建筑艺术全集》丛书30辑，其中古建筑24辑，近现代建筑6辑。古建筑部分仍按类型编写。该丛书中的24辑于1999年5月出版。

由于这两次丛书都是全国性编写，按类型写，又着重在艺术，因此，一些地方特色和民族特色的、中型的优秀古建筑就难于入选。为了弘扬和传承优秀传统建筑文化体系，总结经验和规律，保护我国优秀传统建筑文化遗产，因此，全面地、系统地、按省（区）来编写古建筑丛书是非常必要的、合时宜的。

本丛书编写的主要特点是：其一，强调本省（区）古建筑的民族特色和地方特色；其二，编写不限于建筑艺术，而是对本省（区）古建筑的全面叙述，着重在成就、价值、特色、技术和经验、规律等各个方面，这是我国民族和地区的资料比较全面和丰富的传统建筑文化丛书。

陆元鼎

2015年1月10日

前　言

生活在塞外黑土地上的中华儿女，以他们聪敏的智慧、勤劳的双手创造着华夏的北国文明。在这块土地上，曾经建立有渤海国、高句丽国、金国、辽国等地方政权，特别是明末满民族的崛起，建元大清，并最终进入中原，登上中国的最高权力顶峰。

东北历史上属多民族的繁衍之地，所包含的肃慎系、秽貊系、东胡系和汉民族四大族系文化，呈现出多元的态势。大量汉民受到当地少数民族文化的深刻影响。历史上相当长的一段时期少数民族文化成了东北土著文化的代表。发端于东北森林、草原和白山、黑水之间的少数民族长于渔猎，善于骑射。采摘、渔猎、游牧成为东北古代人民最主要的谋生手段和生活方式。正是由于东北多民族聚居的社会环境使得各民族之间的文化相互借鉴、相互影响，最终在保留本民族特色的基础上，产生了一种趋同性，形成适应地域环境的共同传统，也成就了东北古建筑的地域性特色。

同时，从汉代起就有大量的中原人移民至东北地区，特别是明清以后移民规模和移民比例越发增大。在中原移民与东北土著民族两千多年的杂居共处中，尤其是近八百年的相互影响，汉族移民带来的中原文化在少数民族中传播，逐渐渗透到东北各地，改善着土著文化。然而，对中原文化又并非是一个简单的"复制"过程，汉族文化与土著文化的融合表现出被东北土著民族文化异化的痕迹。二者相辅相成，融会贯通，形成了新型的东北文化。

另一方面，文化的流向永远都不会是单向的，东北文化也在一定程度上影响着中原文化。除了两地之间的正常交往作为文化交流的重要渠道之外，特别是历史上鲜卑、契丹、女真、蒙古和满族的"五次入主中原"，统治长达900年之久。这一时期，东北与中原地区同处于来自东北民族掌控的政权之下，两地交流渠道畅通，交流活动频繁而广泛，由北向南的影响是显而易见的。至于来自满族的清朝统治，更将满文化堂而皇之地尊奉到至上地位。因此，东北文化对中原文化所产生的逆向作用也是必然的和不能忽略的，其中也包括建筑的发展脉络与体系。这也是在文化和建筑传递研究领域需要加以注重的方面。

东北不同的政治和历史等社会因素与特殊的地理和气候等自然因素，塑造出具有东北地域性特征的关东建筑体系。它沿袭着中原建筑体系的基本规律、秩序与做法，又在空间组织、建筑构架、营造技术、构造做法、装饰艺术等不同方面体现着地方性特点。至今仍完整保留下来的盛京皇宫、关外三陵，以及高句丽时代的古城遗址，更成为国内以至世界上极为珍贵的人类文化遗产。它们与祖国各地丰富多彩的地方建筑在中原文化的总干下形成不同的分支，共同铸就了博大精深的中华传统建筑文明。

《辽宁　吉林　黑龙江古建筑》一书分为上下两册，共包括 118 个古建筑项目，它们涵盖了东北古建筑的各种类型，具有普遍性和代表性。本书以文字、照片、测绘图三种不同的表述方式，诠释着体现于建筑之中的人类历史与文明。收录内容和表述形式力求同时具有专业性与普及性、资料性与可读性。鉴于书中涉及的建筑分布范围广、历史跨度大、类型多、数量大，共有 6 所高校、近百人参与了本书的编写、测绘、拍照及其辅助性工作。同时，这些资料也并非一次性工作的成果，而是经编撰者长期收集与积累、研究与再加工的结晶。它们曾为祖国的文物保护事业和城市建设工作提供了重要的依据、佐证与参考，本书的面世更将使它们在今后的城市建设、文化建设和旅游事业中发挥更大作用。

　　作为《中国古建筑丛书》的分册《辽宁　吉林　黑龙江古建筑》，是对中华文明与关外古建筑的生动写真，它将以翔实而准确的笔墨、真实而生动的图片将这些宝贵遗产展示给世人，并永久地记录于史册。

陈伯超

2015 年 1 月 1 日

目　录

辽宁吉林黑龙江古建筑

辽宁吉林黑龙江古建筑

第五章　寺　观

辽宁 吉林 黑龙江寺观分布图

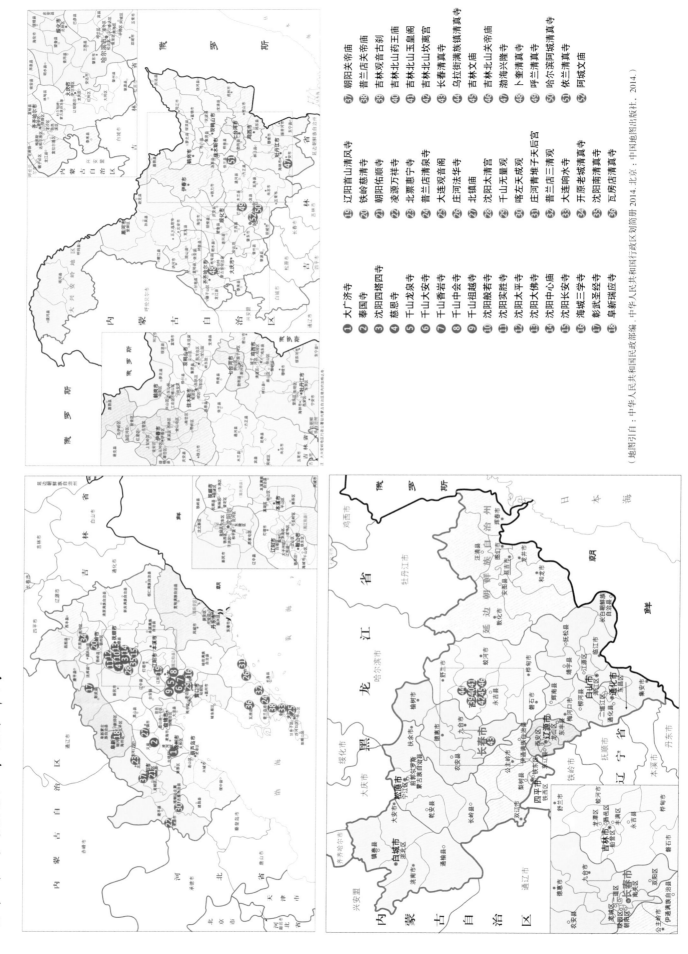

① 大广济寺
② 奉国寺
③ 沈阳四塔四寺
④ 慈恩寺
⑤ 千山龙泉寺
⑥ 千山大安寺
⑦ 千山中会寺
⑧ 千山祖越寺
⑨ 千山祖越寺
⑩ 沈阳般若寺
⑪ 沈阳实胜寺
⑫ 沈阳太平寺
⑬ 沈阳大佛寺
⑭ 沈阳中心庙
⑮ 沈阳长安寺
⑯ 海城三学寺
⑰ 彰武圣经寺
⑱ 阜新端应寺

⑲ 辽阳首山清风寺
⑳ 铁岭慈清寺
㉑ 朝阳佑顺寺
㉒ 凌源万祥寺
㉓ 北票宝宁寺
㉔ 普兰店清泉寺
㉕ 大连观音阁
㉖ 庄河法华寺
㉗ 北镇庙
㉘ 沈阳太清宫
㉙ 千山无量观
㉚ 喀左天成观
㉛ 庄河青堆子天后宫
㉜ 普兰店三清观
㉝ 大连响水寺
㉞ 开原老城清真寺
㉟ 沈阳南清真寺
㊱ 瓦房店清真寺

㊲ 朝阳关帝庙
㊳ 普兰店关帝庙
㊴ 吉林药首古刹
㊵ 吉林北山药王庙
㊶ 吉林北山玉皇阁
㊷ 吉林北山坎离宫
㊸ 长春清真寺
㊹ 乌拉街满族镇清真寺
㊺ 吉林文庙
㊻ 吉林北山关帝庙
㊼ 渤海兴隆寺
㊽ 卜奎清真寺
㊾ 呼兰清真寺
㊿ 哈尔滨阿城清真寺
(51) 依兰清真寺
(52) 阿城文庙

（地图引自：中华人民共和国民政部编. 中华人民共和国行政区划简册 2014. 北京：中国地图出版社，2014.）

综述

东北古代宗教建筑类型

东北地区古代宗教建筑的类型，主要分为佛教寺庙、道教宫观、伊斯兰教清真寺三大类型。这三种类型在供奉的神明、整体布局、建筑类型、建筑装饰、庭院处理等方面既有共同之处，又都有着自己独特的特点和风格。此外，除以上三大类型，民间百姓也供奉着名目繁杂的其他神祇，同享人间香火。反映着昔日社会的文化基础与观念，以及人们对平安、和谐、安定生活和美好人生的祈盼。

本地区也普遍存在着佛、道、儒三教杂糅相融，同处共祀的民俚风俗，从而也留下了许多独具特色的寺观建筑。

（一）佛教寺庙

1. 佛教寺庙沿革与分布

佛教自汉代传入我国以来，不同类别，共同发展，经历数个朝代，兴衰起伏。在魏晋南北朝、唐代、辽代和清代的统治时期是佛教在中国发展的鼎盛年代。留存至今的寺庙建筑中除个别为辽代和唐代所建外，大部分寺庙建筑为清代所建或者清代修缮。由于辽宁沈阳自1625年至1644年间，作为清朝入关前的重要都城，所以大部分寺庙建筑存在于此，在辽宁现有的30余座寺庙建筑中，占据了12座之多，基本上都为清朝所建，或清代修缮，占辽宁省古代寺庙建筑群的一半。剩余寺庙建筑群分布在辽宁省其他14个市区内。而吉林市更是清代宗教发展的集中地。据载，清代300余年间仅吉林市内建成的寺观建筑达40余座。不仅数量多、规模大，而且风格多样。在东北的土地上，不同的时期，不同的民族，经历着不同的文化，所保留下来的古代寺庙建筑群，在不同程度上进行着汉、蒙、藏民族文化的相互交融，与典型的汉族寺庙古建筑略有差异，总体布局和建筑单体在建造程式化的前提下进行着不同程度的地域性的改变和融合。

2. 总体布局

纵览东北地区的古代寺庙建筑群，皆为合院式。组合多样，层次丰富，力求均衡对称，弥补了单体建筑定型化的不足。在这种围合式的合院式建筑群中，所有单体建筑物的布局都有一定的规律性。它和我国寺庙建筑总体布局规律相比较，既有相同之处又有一定的地域性特点。其基本形式归纳为以下三种：

（1）中轴对称式

这种南北中轴东西对称的形式在我国古代寺庙建筑群中是很普遍的一种形式，于史有据，处处体现着对历史和文化的尊重，伽蓝规制不可僭越，按照佛教的规制，沿着这条中轴线坐北朝南依次布置着大门（山门），天王殿，大雄宝殿，法堂及藏经楼。不同的位置，坐落着的殿宇，在建筑群中起着不同的作用。一般来说大雄宝殿坐落在建筑群中的重要位置上。轴线的两边和四周也布置着一些建筑单体。前院为供奉佛像的佛殿，两边对称地建有钟楼和鼓楼，后院为学习佛经的经堂，两侧厢房为僧人居住的生活用房等。有的寺院在中轴线上或两边还建有观音殿、韦驮殿、诵经的法堂等殿堂，气势磅礴。

（2）双轴、多轴对称式

所谓双轴或多轴对称，就是在整个建筑群中存在着两条或两条以上的南北轴线，在单体建筑的布置上仍存在一个主轴线，按照佛教规制进行相应布置。其他轴线相辅之为次轴。形成了两个或多个围合起来的大的院落空间。两个空间以拱形门作为两边的连接处或者以一进深的殿宇等方式相连接，更加强了两个院落彼此间的联系。它们各自独立又共为一个整体，相互呼应，彼此衬托。在功能上，也更加全面地进行了整合和分类。

（3）侧后方带院式

侧后方带院落这种形式一般是在侧后方摆放佛塔之用而独立建造的院落。院落宽阔无其他建筑物阻挡，通过拱形门连接主院，形成一主院一从院的院落形式。

随着朝代的变迁和佛教的发展，佛寺内容也日益增多，也驱使着其在不断地改变。但从总体布局上看不论其规模的大小，还是所建地点的不同，几乎所有寺庙都是平面呈长方形，以南北纵深轴线组织空间，对称稳重，构成整饬严谨。这种传统的四合院式所提供的活动场所，满足了佛教活动的基本要求。

3. 寺庙单体建筑的平面与立面

寺庙单体建筑的平面形式多为长方形、正方形，这些不同的平面形式，对构成建筑物单体的立面形象起着重要作用。古代寺庙建筑的平面构成主要还是以柱网的布置方式来确定房屋的大小，寺庙等级决定着寺庙建筑的规模，寺庙单体建筑的柱网排列按照需要灵活布置也就有所不同。总体来说还是以传统的规制进行排列分布。

建筑单体立面构图同其他建筑，大致可以分为屋顶、屋身、台基三个部分。

1）屋顶

屋顶是我国传统建筑造型艺术中非常重要的构成因素。作为中国建筑的"第五立面"。从整体外观上看，屋顶是其中最富有特色的一部分。我国古代建筑的屋顶式样及其上面的装饰不仅丰富多彩，而且等级也有高低之分。东北地区佛教建筑的屋顶形式有歇山、悬山、硬山、卷棚、庑殿等。在辽宁地区藏、汉文化相互交织，形成很多混合式的建筑风格和符合本地特点的地域性的建筑手法主要有：类型一：采取传统汉式歇山顶和藏式平顶相结合的屋顶形式。从而形成了一些满、藏、汉三个民族建筑风格交融于一体的组合式屋顶形式。类型二：屋顶一些细部的处理方式，既不是多民族融合的形式也不是按照古代建造规制，而是民间的习惯做法，如北票惠宁寺，按照规定，建筑檐部滴下的水应滴在台明外，但是在惠宁寺大多数建筑不是这样建造的，几乎所有台明的建筑绝大部分是滴在上面的。这是一种少见的做法，也可以说它体现着地方的特色。

2）屋身

在传统的汉式古代建筑单体中，屋身是由墙体和门窗作为一个外立面的整体，起到对建筑物的一个围合作用。俗话说："墙倒而屋不塌"，正说明了这一点，是其内部的梁柱起着关键承载作用。在柱子的处理上，柱网的排列变化决定着房屋建筑造型的变化。无廊式殿堂其厚重平实的墙体与轻盈修长的檐柱，玲珑剔透的门窗形成虚实对比，刚柔并济；前廊式与周围廊式殿堂由于屋身和外檐柱所形成的柱廊，增加了空间的层次感，产生了强烈的虚实光影效果，丰富了殿堂的立面形象，使殿堂展现出华丽与庄重的气势。殿堂屋身正立面也是变化不断，除了明间为木板门或格扇门外，两侧各间或为实体墙，或为格栅窗，或为格栅门。殿堂建筑的四个立面主次分明，正立面为主要立面，装修规制较高。本地区除了传统的做法外，还掺杂着一些地域性的建造方式，因地制宜改变墙体材料等。主要体现在以下两个方面：特点一：在墙体上融合了藏式的建造手法（藏式碉楼石结构风格）。运用土、石、木混合结构，墙体和梁柱同时承重，特点是，梁柱组成纵向排列，在梁上平铺椽子，形成平屋顶，后在屋顶上再建造二层建筑物，或者与汉式坡屋顶相融合等形式。在个别汉、藏复合式大殿建筑北立面转角处设置极富藏族特色的踏步楼梯。特点二：在墙体内部原料的使用上与其他官式或地方建筑手法截然不同。如北票惠宁寺，充分利用了当地充足的材料资源，用荆条作为墙体原料，其主要目的就是建筑物内部增加了保温，又减轻了墙体的自身重量，承重力也大大减轻。不仅墙体的外观自然美观，而且这也体现了民族地方做法的独特风格。各种方式，多种做法，不仅体现着建造者的智慧，也彰显着多民族文化的交融。处处体现着地域特点，极大地丰富了屋身的形象。

3）台基

台基作为建筑物的底座，它的根本作用就是用于防潮，并承载着宏大的建筑体量，也避免大屋顶建筑物单体有头重脚轻之感，从而更富有美感。它也有一定的等级之分，等级越高的建筑台基也就越显著越高大，用料就越考究，雕刻就越精美。凡是重要建筑物都建在基座台基之上，本地区古代寺庙建筑的做法一般为砖砌台明与满装石座两种，台阶常以单出陛正面踏跺的形式最为常见。

4. 单体建筑木作特点

古代寺庙木构建筑由诸多的构件构成，按照其特点可分为：大木作和小木作。所在位置和所起作用皆有不同。

（1）大木作

古代寺庙建筑中，柱子截面一般以圆形居多，由于辽宁处于藏、汉佛教文化相融合的地区里，一些寺庙柱子的截面出现方形和"亞"字形，并且没有设置柱础。这些都是典型的藏式风格。对于部分寺庙中的柱、梁、枋的用材方面，同一位置上的柱子，露在外面的基本上按规范制作，而墙内柱子和看不到的构件在用材的质量、规格上就差距非常大，直径大小不统一，在制作方面也很粗糙。它不符合通常的规制，而是地方的产物。不过这种做法比较节省原材料，而且实惠好用。

斗栱在唐代和宋代时期均作为承重构件，但是到了清代后经过不断演变，斗栱已经开始部分作为装饰构件来使用。本地区清代的大部分寺庙斗栱同样没有在承重中起到相应的作用。

（2）小木作

小木作，作为装饰构件，可分为外檐装饰和内檐装饰。前者在室外，如走廊的栏杆，屋檐下的挂落和对外的门窗等，后者装在室内，如各种隔断，天花，藻井等。格栅式门窗大量使用在辽宁古代寺庙建筑上，格栅雕饰图案多种多样，窗有普通的双扇或单扇木窗，窗上多为各种形式的木棂格，窗的外形有长方，也有呈圆形。但是在个别藏汉风格融合的寺庙建筑中，门窗又具有独特的藏式特点。殿堂的大门用厚重的红漆双开板门，门上镶有金属铺首，装饰华丽。连排的细长窗口，镶嵌在墙壁以里，远看如碉堡上的枪眼，很有藏式风格。天花和藻井都为古代建筑的室内顶心装饰，多种多样，藻井只能用于等级高的建筑物中，在辽宁地区有部分寺庙大殿藻井或天花绘制了藏式的花纹或传统藏文。处

处体现着藏传佛教建筑的特点。

5. 寺庙建筑的建筑艺术

佛教原属于异国文化，但在中国这片土地上不是简单地进行翻译佛教教义及其经典理论，而是与中国原始宗教意识和传统文化相融合。经历历朝历代，数次兴衰，表现出现有的这种强盛的生命力。色彩及衬托性建筑的应用更加增添了艺术效果。其中彩绘在佛教楼阁屋脊的装饰中不可或缺，雕刻则是表现佛教文化的主要造型艺术。

（1）室内

佛教寺院是从事宗教活动的场所，室内的装饰主要为宗教活动及为渲染宗教环境气氛而服务。通过对木结构构架及构件进行精心的设计，用色彩、绘画、雕刻的手段，烘托出威严，华丽，神秘的气氛。

辽宁地区在色彩的运用方面沿用传统规制的同时，也夹杂了一些藏、汉混合式的地域特色。从色彩、绘画和雕刻出发，室内的建筑艺术主要表现在梁、柱、壁画、佛的塑形等方面。柱子作为室内最为主要的构件之一，它在外表装饰方面或是通体朱红，或是为了体现柱子的材质只做防腐处理露出木质，或者在通体红柱上绘制出色彩艳丽的图案，时而绘制金龙盘柱腾云驾雾，时而绘制有藏族特色的纹饰彩画。梁、藻井和天花主要以彩画的形式进行艺术装饰，类型主要分为和玺彩画、旋子彩画、苏式彩画。和玺彩画使用最为广泛。除最为普遍的汉式寺庙彩画外，还存在着一批汉、藏文化交织的彩画内容，如把绘制在梁枋上的和玺彩画中的龙纹改成富有藏族文化的特点的传统文字或图案，或者两者结合既绘制传统的和玺彩画又添加了法轮等藏族纹饰。在色彩上非常的讲究，以暖色为主就以朱红、金黄、橘黄等为底色，衬托冷色调，以冷色调的青、绿、白为主色的各种纹样彩画多用于连续十字或卍字等几何图形，如火焰纹、石榴花、如意云纹，也有梵文、法轮珠宝等纹饰。互相组合，整体更为和谐，明亮。

在佛寺中最常见的雕塑有石雕、砖雕、木雕、

铜雕、泥塑等。在室内主要运用的是佛像石雕，或泥塑。佛与菩萨的姿势有坐、立、卧等；神态愉悦，含悲，静思；形象魁梧，健壮，富有力度。雕刻细腻，以形传神，体现出寺庙的庄严肃穆，令人敬畏。

（2）室外

室外不仅色彩、绘画、雕刻运用广泛，而且衬托性的建筑也分布其中。殿堂楼阁的屋脊装饰在佛教寺庙中不可或缺，正脊与垂脊上的琉璃色彩，鸱吻瓦兽，山花悬鱼无不体现着雕刻的技艺。部分大殿正脊处雕刻龙纹，或摆放含有藏族风格的宝塔、大象、武士、宝瓶等。在室外梁、枋、斗栱彩画的处理也大量采用了和玺彩画、旋子彩画和苏式彩画。一些大殿的转角铺作上画有含藏式风格的法轮纹样等。建筑单体的大门也在雕镂的基础上进行重彩描绘，绘制出山水、花鸟、人物及走兽，有的大殿门口左右，有数道雕刻彩绘的花边。它们栩栩如生的造型与建筑相互依存，浑然一体，为佛教寺院这片圣地平添了诸多的生机。在辽宁常见的富有艺术性的衬托性的建筑及饰品包括：牌坊、照壁、石狮、经幢、转经轮等，不断渲染着佛教文化氛围。从点看面，从局部看整体，彩绘和石刻已经和整个寺庙建筑相融合，渲染佛教文化气氛起着画龙点睛的作用，而且大大增加了佛教建筑宗教意识和文化品位，也令人们在欣赏其艺术美感的同时，对佛与佛法产生虔诚的崇拜心理。藏式与汉式建筑手法结合在一起互为补充。

总之，东北地区佛教建筑以传承中原传统建筑形式为主，随着年代的变化，混合、传导、吸收了各兄弟民族的建筑艺术及技术，甚至改变了传统建筑的特色，使之更加的丰富并具有地域性的风格。

（二）道教宫观

1. 道教宫观的沿革与分布

道教是我国固有的宗教类型，产生于民间，源于古代的神仙信仰与巫术，具有鲜明的本土特色。"观"始于周，名于秦，作为帝王的游憩的离宫别馆；兴于汉，到了汉武帝时期，才给"观"做了一个新的定义，与道，仙相连。作为承载道教精神的建筑实体——道教宫观。在辽宁地区具有历史价值的共有10处。主要分布在辽宁的东南部地区。其中有四座建筑群集中地分布在辽宁省丹东市大孤山地区。自明代后，道观逐渐衰落，清朝之始，尊喇嘛教为国教，道教地位下降，故在辽宁地区道观和佛教寺庙相比较分布较少。

吉林与黑龙江地区的道教虽然比佛教传入略晚，但也是于高句丽时期即遣人入唐学习和拜求道教，遂请道出关，并始筑道宫。从集安周边的高句丽遗址可以看出道教文化兴起的遗存，反映出道教在高句丽有过盛传和广泛的影响。在渤海国时，受唐朝道教思想的直接影响，民间已经有不少人接受道教思想，而内地的道士也有云游东北者，开始在东北落脚建观，登坛说法。辽代契丹统治者从建国伊始就给予道教相当的地位，对儒学和佛、道二教采取兼容并蓄的态度。到元明两朝，道教一度中断其传播。清康熙三年（1664年）道教又恢复了东北的活动。能确认宫观旧址、修建年代、宫观规模者，大多分布在八旗驻防地周边、驿站周边、汉人聚落周边。自嘉庆朝后，由于东北地方开始弛禁，流入的汉族人口逐年增加，修建佛寺、道观之风大盛。清朝帝王对道教的推崇，推动了道教的传播，道教宫观香火兴旺。清光绪三十二年（1906年）以后，清政府倡办新式学堂，诏令各地寺庙宫观的地产交官府改做"学田地"，分配给新式学堂。这一政策虽未普遍推行，但道教发展滞缓和宫观逐减的态势由此为发端。从清康熙三年（1664年）的第一座宫观算起，道教经历了曲折的发展历程，呈现出一些地方特点，主要表现为：宫观多，规模小，建筑简陋。相当多的宫观仅有大殿，其建筑面积大多在100平方米左右。

2. 道观的选址

对于宫观的选址与布局，充分地体现出"人工"与"天然"相结合的"天人合一"理念。古代天子，诸侯认为：神仙皆住于天际，要迎神，就要修建高险、凌空或建于山顶处的殿宇。朴素的山岚，云海，树影，薄雾再加上木构建筑本身的生态，天然的气质，它们的交融是无比的和谐。大部分宫观建在山间或清净之地，只有少数建于城市之中。

3. 辽宁地区宫观建筑的特点

因辽宁地区道教的宫观具有较大规模和鲜明特色，故专对辽宁的宫观建筑做以简要介绍。

由于教派教义及地域性的崇拜神仙的体系的不断变化，历代道教宫观建筑设计皆有不同的特点，经过长时间的改建、扩建，而且也是不断地吸收融合儒、佛各类建筑的特点，所以道观成为最富变化，没有特定规则的宗教建筑。主要包括如下几个方面：在整体布局上，大部分宫观呈现出寺庙的合院式中轴对称总体布局形式，但有些宫观建筑则根据山体形势采用自由多变排列布局。在建筑单体的建造上，也没有寺庙建筑那么雄伟，壮丽。主体建筑普遍面阔较小，一般都为三开间。但大部分单体建筑和寺庙单体建筑不同，不分等级高低都建在高台之上，主体建筑楼阁化。道家倡导"天人合一"，要与上天共通，所以偏好建造楼居。在建筑美学上，偏重装饰艺术。无论在宫观的梁枋、门窗、墀头还是雀替上无处不体现着道家的风格。所用题材非常广泛，包括传说故事，神明人物，鸟兽花卉（多以使用仙鹤、龙居多），技法细腻传神，具有浓厚的道教传奇色彩。总之，宫观虽不如佛教建设规模庞大，但其与儒、佛的相互交融中，在技术与艺术方面更加的有所成就。在装饰手法，建筑选址，构造技术等方面无不体现着借鉴之处。道教建筑本身的民间化，世俗化，以及其崇尚自然等宗教观，对宫观建筑本身也起到了积极的影响。

（三）伊斯兰教清真寺

东北地区的清真寺是伴随着回族流民的迁徙而发展起来的。特别是康熙初年"三藩之乱"之后被流放到东北的一批人，以及此后陆续接纳由关内逃荒而来的"闯关东"难民。这些人中不乏回族人，他们靠双手开荒自耕或流动经商，代代相传扎根东北。回族的伊斯兰教清真寺也就成为东北地区宗教

建筑的一种类型。特别是在黑龙江现存古建筑中数量最多的首数清真寺。该类建筑形式承续着关内清真寺的基本特点，又结合不同的地域条件有所改造和发展。

黑龙江省现存重要的清真寺包括有卜奎清真东寺和西寺、阿城清真寺、呼兰清真寺、依兰清真寺等。各清真寺均按东西向布局，阿城清真寺和依兰清真寺采用传统的门堂之制，即位于主轴线上的拜殿与门殿相对，卜奎清真寺的门殿位于主轴线一侧，拜殿对面是一个对厅。在依兰清真寺中，中轴线上入口门殿的背后，有一字影壁与拜殿相对。卜奎清真东寺主入口两侧小门楼的内侧有小型的一字影壁，阿城清真寺的入口两侧小门楼则使用了撇山影壁的做法，在肇东衍福寺中也用了一字影壁。清真寺的拜殿均采用勾连搭做法。阿城清真寺与卜奎清真寺的东西两寺均为三进勾连搭，呼兰清真寺与依兰清真寺为两进勾连搭。各清真寺第一进建筑都是卷棚屋顶，第二进建筑为大屋脊式硬山。卜奎清真寺的第一进为卷棚歇山的抱厦，其余各清真寺第一进为卷棚硬山前出廊，廊内山墙做廊心墙。除依兰清真寺无窑殿外，其余各寺均在拜殿后面设三层塔形的窑殿。卜奎清真寺东寺与呼兰清真寺的塔形窑殿与勾连搭式拜殿连为一体，阿城清真寺的楼阁式塔形窑殿位于勾连搭的最后一进建筑正中。各清真寺的前殿山墙都向前出墀头，墀头的戗檐盘头部位均做精美装饰。各清真寺拜殿的山墙上均开牖窗，牖窗上方均有精美的窗头。

吉林省创建于清代的清真寺共45座。初期的比较简陋，清光绪之后才出现相对好些的寺院建筑。最早的清真寺是建于清康熙年间的九台蜜蜂营清真寺，而现保存最为完整、规模最大的是始建于清同治元年（1862年）的长春长通路清真寺。

辽宁地区有两座古代清真寺最为著名。一座是开原老城清真寺，另一座是沈阳南清真寺。开原老城清真寺始建于明永乐四年，距今已有600年的历史。而沈阳南清真寺作为东北地区最大最有名望的伊斯兰教礼拜寺，创建于1627～1636年（后金天

聪二年至崇德元年），后历经数代的修缮。达到了今天的规模。

它们分别位于铁岭市东北部开原老城中心区域内及沈阳市区的中心地带。伊斯兰教大多为回族信徒所信仰。在我国回族的分布特征是：大分布，小集中。"大分布"是分布在我国各地与汉族混然相处，"小集中"则是具体到一个地方或者一个城市，他们都是相对集中聚居在一起，这是为了保持共同的生活习惯，更是为了他们共同的信仰。这就决定了清真寺的分布。辽宁地区的这两大清真寺，它们所在位置周边都为回民聚居区以便每日礼拜的需要，并散布着各大繁华商圈，交通便利，方位清晰便于寻找，这是非常理想的选址地点。

数个朝代以来，在辽宁地区，由于回族与汉族混居，采用汉语为日常用语，受到了很深的汉族文化影响，在清真寺方面也表现出明显的汉式建筑特点，民族文化相互交融，尽显璀璨。在沈阳和开原两地的清真寺有以下特点：在总体布局上，两个建筑群也分两种形式。首先，按照伊斯兰教的习俗东西向排列布局，并根据中国传统建筑特点以中轴线纵深布局左右对称。其次，自由布局。所谓自由式，就是没有左右对称，并按照功能，以主要建筑为中心，扩散式进行排列布置。不管东西向布局还是南北向布局，清真寺的礼拜大殿依然保持伊斯兰教的规制，遵循礼拜的方向坐西朝东，朝向圣地麦加。在建筑材料上，采用木材与砖瓦。在结构上使用抬梁式，用砖墙围合，设置木质的格栅门窗。在建筑装饰上，等级高的建筑则采用了斗栱和彩绘进行装饰。对于彩画，其延续了汉式彩画的传统，以富于生机的绿、纯洁的白，代表农业文化的黄，以及广阔无际的蓝为主色调，绘制出几何图案、文字及植物等纹饰进行装饰烘托。伊斯兰教认为"万物非主，唯有真主"，除了真主外，不能崇拜其他。所以清真寺内不允许出现人物和动物的彩绘图案。这两座建筑群都基本上保持了原有的建筑风貌和风格，是具有伊斯兰教和汉族文化相融合的建筑群。始终如一地保留着自身的文化和特色，至今为止都始终保留着丰富的宗教活动。有着较高的宗教价值和人文社会价值。

此外，也有一些多教合一的寺庙建筑，如位处自然山水名胜区的吉林北山古庙群，内含药王庙、坎离宫、玉皇阁、关帝庙等，多教集聚，成为古代宗教活动中心。

许多寺庙建筑除遵循一定的宗教建筑营造规制之外，也并不完全拘泥于程式化的格局，而是根据供奉与祭拜的需要，在局部形成别样的构成形态。特别是那些选址于山地的寺庙建筑，更依赖于自然地势，顺应地形，使得寺院空间既保持着总体的建造规制，又灵活多变，强调出寺院建筑神圣、幽静和超凡脱俗的观念。

除佛寺、道观和清真寺几类大教建筑之外，东北地区还有许多类型的祭拜建筑，如祭拜孔子的文庙、萨满教的堂子、祭拜天地和自然的天坛、地坛、社稷坛、祭拜各路神明的关帝庙、土地庙、财神庙、魁星楼……因为东北地区这些类型建筑现存规模与数量有限，在此不做介绍。

第一节 佛教寺庙

一、大广济寺

大广济寺位于锦州市古塔区北街，原名普济寺，俗称大佛寺，该寺为塔寺合一的古代建筑。大广济寺塔建于辽清宁三年（1057 年），元末该寺遭到兵火毁坏，明永乐十二年（1414 年），弘治六年（1493年），正德八年（1513 年），正德十三年（1518 年），嘉靖九年（1530 年）至嘉靖十一年（1532 年），历次重修。清嘉庆十四年（1809 年）再遭火焚，清道光六年（1826 年）再次开始重修，道光九年（1829年）竣工。现在的广济寺就是清道光时期的建筑。2011 ~ 2012 年对西轴线的各个主要建筑按原貌进行了全面维修。2001 年 6 月被国务院公布为全国重点文物保护单位。

现存的广济寺寺院占地 3000 多平方米，坐北朝南，由两条并行的轴线组成。东轴线共两进院落，天王殿位于该轴线的最南端，面阔五间，单檐歇山式屋顶，殿高约 8.5 米。南立面明间置两扇板门，左右次间各置一圆窗，北立面明间、次间各置四扇格子门。天王殿北面东西两侧各有碑亭一座，均为四角攒尖大木式结构。碑亭平面为矩形，四柱为石质方柱，各柱之间嵌有石质栏板。亭内有清道光九年重修捐款提名碑记。做工精细、雕刻精美的四角攒尖方亭，与郁郁葱葱的古树一起使该院落空间生动、丰富许多。天王殿北侧左右对称地布置相互面对的东西厢房，与关帝殿一起形成了东轴线的第一进院落。东西厢房面阔七开间，硬山式屋顶，带前檐廊，中间三间各置四扇格子门，第二次间和梢间为四扇格子窗，其中西厢房即是西轴线第一进院落的东厢房。关帝殿为一殿一卷式，殿内关羽塑像居中，伴有关平、周仓塑像。

绕过关帝殿便是东轴线上的第二进院落，在东轴线上的最北端矗立着全寺的最主要建筑之一——大雄宝殿。据记载，该殿的基座部分仍保留辽代原构的样式。大雄宝殿的东侧建有锦州毅军昭忠祠，是清光绪皇帝敕建，为中日甲午战争陆战中所牺牲的毅军将士而建。祠内供奉死难将士灵牌 1300 余块。祠外竖有《敕建毅军昭忠祠碑》，这是全国唯一的一通记载中日甲午战争陆战的纪事碑，现已成为爱国主义教育基地。

西轴线是江、浙、闽等地客商把妈祖文化从福建湄州祖庙传到锦州，并建宫以祀的产物。共两进院落，其最南端是山门，面阔三间、进深五架椽，高约 7 米，硬山式屋顶。该山门檐柱的木雕十分精美、极具特色，散斗制成平行四边形，枋额斗栱施精美的彩画，颇具观赏性。山门的北侧左右对称地布置相互面对的东西厢房，厢房前古树枝叶繁密，十分幽静。过厅将西轴线分为第一进院落和第二进院落，过厅面阔五间，硬山式屋顶。穿过过厅便是西轴线最北端的建筑——天后宫，该殿建于三层须弥座之上，面阔七间，硬山式屋顶。该殿枋、额、雀替之上尽是精美的木雕，花卉、纹饰、龙的形象栩栩如生，裙板之上还雕有孝子图，绦环板之上也有精美的木

雕纹饰。同时，天后宫山墙两侧、墀头的砖雕和须弥座的石雕也十分精美，带有南方建筑精美俊秀的建筑特色。

广济寺建筑群的东南侧是一座八角十三级密檐式砖塔，是一座辽塔（图 5-1-1），具有辽塔的典型特征。

大雄宝殿位于东轴线上的最北端，是全寺最主要的建筑之一。该殿重檐歇山式屋顶，面阔七间，进深五间，通面阔 23.5 米，通进深 10 米。中间五间辟门，均为四扇六抹头隔扇门。大殿室内地坪至正脊高约 12 米。整个大殿坐落于高约 1.4 米雕刻精美的石质须弥座台基之上。台基东西长约 28 米，南北宽约 16 米，为须弥座样式，台基南面中部为一块御路石，现已风化，其上纹样模糊不清，御路石的两侧为踏跺，再东西两侧则是两个兽头，东侧已毁。台基之上是石质栏板，除西南角的一块栏板为辽代原物之外，其余均在修建时按照现存的辽代原物进行了更换（图 5-1-2）。台基南侧原有两座石碑，东侧为明嘉靖十一年碑，西侧为清碑。大殿平面为前后廊柱网形式（图 5-1-3），梢间的金柱不直接落地，由下檐的上下两根抹角梁承托。下层抹角梁压于平板枋之上，上层抹角梁压于下檐斗栱正心桁之上。上檐角部也施用抹角梁，压于上檐斗栱正心桁之上，上立短柱承托金檩及三架梁。上檐斗栱里转出三跳承托递角梁，使其压于抹角梁之下，翼角的重量在此得到了平衡。除此之外，梁架的特别之处是梢间的处理，梢间的上金檩之下置金柱，直接承托上檐山面的平板枋，处理手法类似辽金时期常用的"移柱造"与"减柱造"。上檐屋架为五檩梁架，三架梁高 420 毫米，五架梁高 500 毫米。与清官式桁之下置垫板和枋的做法不同，大殿的脊檩、上金檩之下又置一根随檩木，直径较檩径小。这是便于施工的地方做法，这种处理方式与天王殿十分相似。大雄宝殿上下檐均施七踩三翘斗栱，除下檐梢间外，每间置两攒平身科斗栱，蚂蚱头均为龙头样式，柱头科的桃尖梁也做成龙头样式。栱和翘的内弯

图 5-1-1　大广济寺塔（赵兵兵摄）

图 5-1-2 大广济寺大雄宝殿（赵兵兵摄）

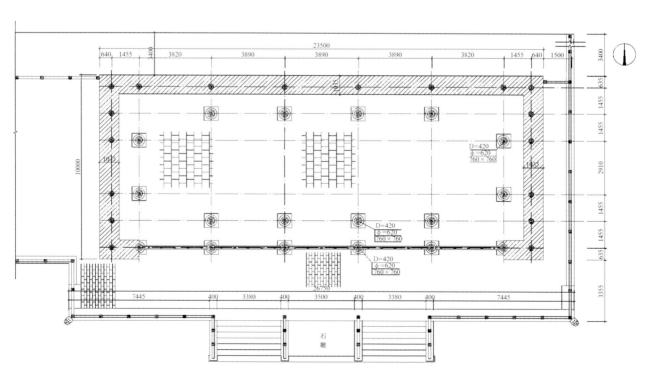

图 5-1-3 大广济寺大雄宝殿平面图（赵兵兵绘）

均做成流云样式，十分精美（图5-1-4）。大殿角科斗栱之上以小猴代替宝瓶承托角梁，样式栩栩如生。大殿施用方形檐椽，特殊的是檐椽的椽头处理，角部檐椽的椽头平面能够形成光滑的曲面。大殿的正脊两端置剑尾式吻兽，中间为砖雕阳文"慈云广敷，慧日长明"八个大字。垂脊戗脊均置跑兽，兽头瓦，卷草滴水。大殿的额枋、平板枋、斗栱、挑檐檩均施彩画，并嵌有圆镜，阳光之下，闪闪发光，甚是夺目。彩画与精致的雕刻一起使大殿更加华丽精美，细致生动。

天王殿位于该轴线的最南端，单檐歇山式屋顶，面阔五间，进深三间。通面阔约18.9米，通进深约13.5米，地面至正脊高8.5米。平面为前后廊柱网形式，七檩梁架。脊步架平长1440毫米，金步架平长1410毫米，檐部架平长1470毫米。脊檩、上金檩、下金檩下均置随檩一根，除脊檩直径为330毫米外，上金檩、下金檩均为320毫米，随檩直径均为220毫米。这与清官式檩三件的做法不同，带有明显的地方做法，檐檩直径为280毫米。天王殿南立面明间辟两扇板门，左右次间各置一圆窗，圆窗的东西两侧的墙面上刻有"永""祚"二字。门外两侧各有石狮一座，相向而视，现已风化严重。北立面明间及左右次间各置四扇六抹头格子门。明间、次间各用平身科斗栱两攒，一斗二升交麻叶三踩斗栱，梢间不施平身科，柱头施单翘三踩斗栱，单步梁为桃尖梁头，平身科为一斗二升交麻叶三踩斗栱。灰筒板瓦，正脊两侧有吻兽，戗脊置跑兽。

天后宫位于西轴线的最北端，大雄宝殿的西侧。面阔七间，进深三间，前附檐廊，硬山式屋

图5-1-4　大广济寺大雄宝殿下檐斗栱（赵兵兵摄）

顶。通面阔约24米，通进深约12.5米。正面各间全部辟门，每间均为四扇六抹头格子门。该殿建于三层精美的须弥座台基之上，台基高约1.9米，栏板为石质镂空雕刻，望柱之上雕刻石狮（图5-1-5）。台基南面中部为一块御路石，现已风化，其上纹样模糊不清，御路石的两侧为踏跺。该殿梁架形式为九檩出前廊硬山小式木构建筑。除檐檩之外，各檩之下均置垫板和随檩，随檩截面为圆形。殿内施吊顶，吊顶前后置前内金柱和后金柱，吊顶彩画十分精美，与檐口彩画相得益彰。前内金柱至檐柱之距离与后金柱至檐墙距离相等（图5-1-6），均为2.6米。该殿不施斗栱，檐檩、枋、额之上均有精美的木雕纹饰和彩画，以龙的形象、花卉、纹饰为主，繁缛复杂，精美绝伦。橡头之上也绘有彩画，各扇门板、绦环板之上也施以木雕，

雕刻内容以二十四孝为主题。该殿除了以精美的木雕见长之外，砖雕工艺也十分精美。墀头除花砖之外，其上半身均采用砖雕，雕刻的手法纯熟，内容丰富。须弥座的栏板采用镂空的透雕法，望柱上的石狮采用圆雕，形象栩栩如生，活灵活现。这种复杂装饰手段体现了南方建筑精美俊秀的建筑特色。

在大广济寺建筑群的东南侧是一座建于辽清宁年间的八角十三级密檐式砖塔，塔高250尺，周围长200余尺，塔座每面约25尺。

该塔具有典型的辽代砖塔的建筑特征，拥有稳重而雕饰华丽的基座，基座为须弥座样式，平座层之上是硕大的双层仰莲，仰莲层承托着一层塔身。一层塔身高大，每面均雕有佛龛，龛内雕坐佛一尊，龛的左右两侧站立两尊胁侍菩萨，菩萨、佛龛之上

图5-1-5　大广济寺天后宫栏板镂空雕刻（赵兵兵摄）

图 5-1-6 大广济寺天后宫檐柱（赵兵兵摄）

均置宝盖，再上雕有飞天尊，雕刻的刀法遒劲，生动，具有辽代的特点。一层塔檐由斗栱承托，每面施四朵补间铺作，七铺作计心造，正面出华栱三跳，批竹耍头，令栱上置替木、挑檐砖、上承檐椽、飞椽，塔檐用筒板瓦，与木构建筑无异。二层及其以上的塔檐则为叠涩出檐，上置筒板瓦，有垂脊、垂兽、瓦条脊、角梁、套兽。每层束腰设铜镜三枚。塔檐将精湛的仿木样式发挥得淋漓尽致。风铎悬挂于各层塔檐的角梁之上，清风徐来，铃声悦耳。虽然早年的"古塔昏鸦"已不复存在，但如今鸦去燕来，仍不减当年情趣。（执笔人：赵兵兵）

二、奉国寺

奉国寺位于辽宁省锦州市义县城内东街。奉国寺建于辽开泰九年（1020 年）。金元之际，附近的寺院多毁于兵火，唯此寺未遭受大的破坏。"庚寅"地震（1290 年）中，义州建筑损毁很多，奉国寺也受到严重影响。元大德癸卯年（1303 年）元成宗的堂妹普颜可里美思公主，驸马宁昌郡王施财，全面维修了当时奉国寺的所有建筑。在明朝两百多年间，

该寺长期处于萧条的情况下，寺僧无力修葺，那些法堂等宏伟高大的建筑都毁废了，只留了一座正殿。直至清康熙四十五年（1706 年）奉国寺才又一次进行修葺。从清所遗存的七座石碑来看，清代至少对奉国寺修葺过七次。"文革"时期奉国寺的干部群众几经磨难，使奉国寺安然度过了那段动荡的岁月。20 世纪 80 年代，奉国寺大雄宝殿在古建专家杨烈的主持下又经过了全面的大修，使得这座大殿能够更加完好地保存下来。现在的奉国寺由大雄宝殿、西宫禅院、无量殿等建筑组成，虽不及金、元时的规模，但仍然是个完整的古建群。寺院中除大殿为辽代建筑以外，其余均为清代建筑。现已被列全国文物保护单位。

从奉国寺寺院建筑布局的现状来看（图 5-1-7、图 5-1-8），寺院前山门（复建）、内山门（清代建）、牌坊（清代建）、无量殿（清代建）和大殿（辽代遗构）依次位于中轴线上；左侧东宫和右侧西宫，既自成院落，又依中轴线对称布局（图 5-1-9），比较完整地体现了中国古代建筑平面布局思想。

奉国寺大殿（图 5-1-10～图 5-1-13）坐北朝南，面阔九开间，进深五间十架椽，建筑面积1800 多平方米，建筑高 24 米。大殿采用单檐庑殿顶，正立面除两端梢间外，皆开门，门为六抹隔扇，隔扇装斜方格棂条，裙板素平无雕饰，门额以上装障水板。大殿面阔 4820 厘米，进深 2513 厘米。大殿正面采用开间逐间递减式，侧面 5 间各间尺寸基本相同。内柱在山墙及后部环列一周，而前面金柱减少，退后一间再立一排内柱，以使前部礼佛空间宽敞。前后内柱间基本被佛坛占据。佛坛高 87 厘米，大雄宝殿内完整地保留 7 尊高达 8.6 米以上的彩色泥塑佛像（图 5-1-14）。殿内塑像皆是辽代原作，形象生动，艺术价值极高，是世界上现存最古老、最大的彩色泥塑佛像群。此外，梁架上还保留42 幅辽代飞天彩绘，大面积元明时期的佛教壁画和12 通金、元、明、清各代碑记，也极具历史与艺术价值。砖台前面正中设拜石，拜石后左右置石香灰槽，再后东西横列石香炉七座，石烛台十四座。外

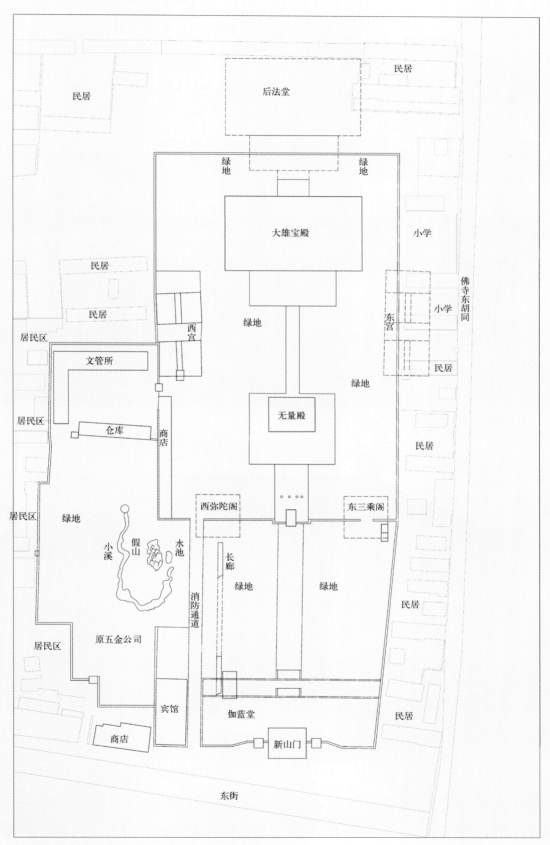

图 5-1-7 奉国寺总平面图（赵兵兵绘）

图 5-1-8　奉国寺鸟瞰（赵兵兵摄）

图 5-1-9　奉国寺中轴线对称布局（赵兵兵摄）

图 5-1-10　奉国寺大殿外观（赵兵兵摄）

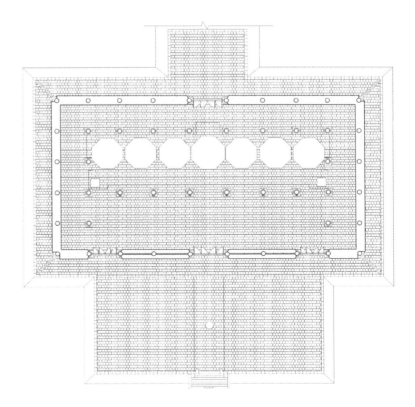

图 5-1-11　奉国寺大殿平面图（赵兵兵绘）

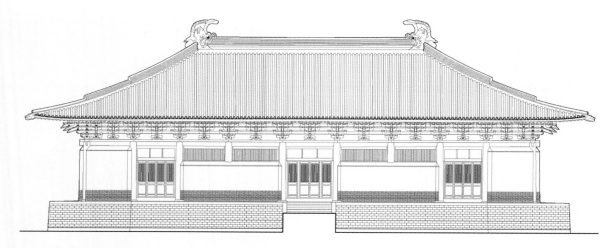

图 5-1-12 奉国寺大殿立面图（赵兵兵绘）

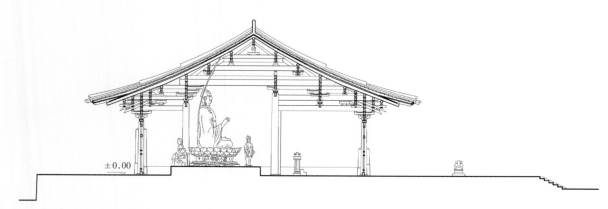

±0.00

图 5-1-13 奉国寺大殿当心间横剖面图（赵兵兵绘）

槽东侧立石碑六通，西侧立石碑五通。砖台后面，正中央倒座观音一尊，偏西立石碑一通。东西两山和后檐各宽一间，无任何陈设，是殿内的通道。屋面盖筒板布瓦。正脊和四垂脊都用雕花的陶瓦脊筒。垂脊脊端安垂兽，但檐角上不安蹲兽。勾头的瓦当，有雕双凤纹的，有雕饕餮纹的；滴水用重唇板瓦，瓦头上或雕回纹，或雕卷草。筒板瓦件多数尚为辽代旧物，吻兽及屋脊则为后代仿辽物而制。奉国寺大殿的建筑用材，材高 29 厘米，以宋尺 32 厘米记，相当于宋营造尺 9.06 寸，厚 20 厘米，相当于宋营造尺 6.25 寸。材的高厚比为 15 分° : 10.3 分°，栔高 14 厘米，合 7.2 分°，尺寸比《营造法式》的"栔高 6 分°"稍大。奉国寺大雄宝殿用材基本与殿身规模相称。

奉国寺大殿共有八缝梁架，当中六缝梁架采用殿堂与厅堂混合式构架，十架椽屋用四柱形式，屋前四椽栿、中六椽栿与前四椽栿重叠两架椽、后乳栿。内外柱不同高，前两内柱也不同高，前内柱位于上平槫一缝，高度升至六椽栿，仅相当于下平槫分位。后内柱位于中平槫一缝，高度升至下层乳栿下。六缝梁架在檐柱和前内柱间各用四椽栿两根，下层四椽栿前端直插入柱头铺作压在下昂下，后尾插入金柱内，此栿上自前端四分之一处置栌斗一枚，二分之一处承托着内额和普拍枋。普拍枋上置驼峰、栌斗，上承四椽草栿。六椽栿有三处支撑点，即后内柱柱头铺作，前内柱柱头铺作以及上层四椽栿中部的一组斗栱，形成了一根连续梁。六椽栿长达 17 米，使得正脊前后各得三椽之长，呈对称形式。由

图 5-1-14　奉国寺大殿内部大佛（赵兵兵摄）

于梁身过宽，不能嵌入前内柱栌斗内，所以另置一根长达三椽的顺栿串，紧贴在六椽栿下面，使之平稳。六椽栿上又施一长达六椽的垫木，这可能是因为当时难于寻找足够截面的六椽栿，而在其背上贴补上一块木料以补足高度。六椽栿两端置栌斗，上承两层襻间，其间置散斗，上托替木以承第二缝槫。自栌斗向里外侧出华栱一跳，承托四椽栿，四椽栿与上层襻间相交。四椽栿上置驼峰、栌斗，承托平梁，平梁栌斗上的替木和襻间相交，同时替木承托了第一缝槫。平梁下附加"随梁枋"一根，以求坚固。平梁上，正中置驼峰、侏儒柱（蜀柱）和丁华抹颏栱，再上置足材襻间，两侧施叉手承托脊槫。后槽，在檐柱和后内柱间用乳栿两根，下层乳栿外端插入后檐柱头铺作，变形后压在下昂下，后尾插入后内柱。上层草乳栿外端伸出柱头铺作，后尾则穿过后内柱的栌斗口，雕成华栱。上层草乳栿上置垫木一层，上设栌斗层承托箚牵、角背各一层，其后尾穿过第三槫缝的襻间，雕成足材华栱。奉国寺大殿自老角

梁后尾上逐架安装续角梁，直抵脊槫的外端，脊槫并未延长，故续角梁以45°方向与脊槫相搭交。该殿的屋脊没有推山。

从整体上看，承托六椽栿前端的扶壁栱枋（由一条泥道栱及五层柱头枋组成）与后内柱上的七铺作五层柱头枋，以及两山梢间内柱上的栱枋组成了闭合的刚性环状木框。前内柱上的柱头枋与此组木框相交。同时在外檐铺作中由正心重叠的六层柱头枋及外跳第二层计心造瓜子栱、慢栱上的两条罗汉枋组成了另一组闭合的刚性环状木框。两者形成了上下两层闭合木框，对大殿构架的整体性起了较好的作用。

奉国寺大殿综合了殿堂和厅堂结构的形式，用纵、横、竖三个方向的柱、梁、铺作等构件，互相交错，组成一个整体，施工繁难，辽金以后未见再用。奉国寺大殿在建筑形式、建筑梁架构造、建筑艺术等方面具有一定的独特性，是辽代历史文化的实物见证。（执笔人：赵兵兵）

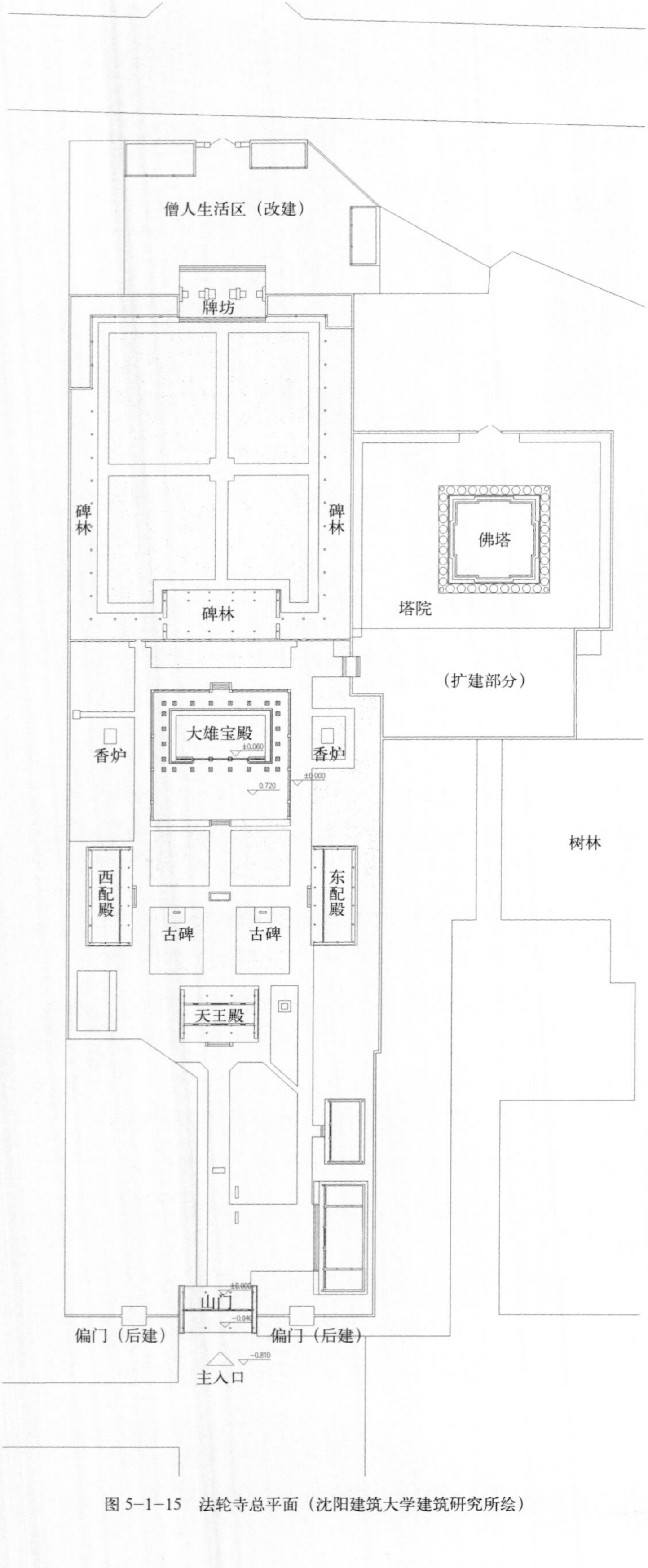

图 5-1-15　法轮寺总平面（沈阳建筑大学建筑研究所绘）

图中标注文字：
僧人生活区（改建）
牌坊
碑林　碑林
碑林
佛塔
塔院
（扩建部分）
大雄宝殿 ±0.060
香炉 +0.000　香炉
-0.720
树林
西配殿　东配殿
古碑　古碑
天王殿
山门 +0.000 -0.040
偏门（后建）　偏门（后建）
主入口 -0.810

三、沈阳四塔四寺

在辽宁省沈阳老城的东、西、南、北四方各建有一座喇嘛寺院，院内都有一座白色的喇嘛塔，称为"护国镇方四塔四寺"。它是由于清太宗皇太极为庇佑大清一统而建的，四塔始建于清崇德八年（1643年），顺治二年（1645年）竣工。"有塔必有寺"，每一座塔有它相应的寺，塔和寺庙同时建成，据碑铭记载："盛京四方各建庄严宝寺。每寺中大佛一尊，左右佛二尊，菩萨八尊，天王四位，浮图一座，东为'慧灯朗照'，名曰'永光寺'；南为'普安众庶'，名曰'广慈寺'；西为'虔祝圣寿'，名曰'延寿寺'；北为'流通正法'名曰'法轮寺'。"四塔四寺皆距古盛京 5 华里左右，与城内宫阙相辉映，有"皇图一统大，佛塔四门全"之气。现四塔四寺中，除了北塔的法轮寺保存完好外，东塔和南塔仅塔存在，寺已经不存在，而西塔及其延寿寺均为新建。北塔及法伦寺、东塔、南塔均为省文物保护单位。

四塔四寺的做法相似，以法轮寺为例说明其特点。法轮寺位于沈阳市于洪区北塔街 27 号。北塔法轮寺占地 10000 余平方米，建筑面积 3000 余平方米，塔寺整体布局分为两路建筑群平列式布局，建筑单体都坐北朝南（图 5-1-15），西路一列是法轮寺的主轴线，由三进院落组成的寺院。东路则是以白塔为中心的塔院。西路殿阁序列由山门为起点，东西为钟、鼓楼（现已毁），往北为天王殿，殿后东西两侧各建配殿五间，坐落北端的是大雄宝殿，大雄宝殿后是以碑林为主的院落，再往北是僧侣的生活区。这条轴线体现的是中国古代建筑群形态之本，也是佛教中生命轮回的极轴，连接着融融乐土和冥冥地狱，东西配殿则依轴线在位置、体量、装饰、排列上保持均衡和对称。

塔位于寺院的东北角，高约 24 米，砖结构，由基座、塔身、相轮三部分组成（图 5-1-16、图 5-1-17），为藏式喇嘛塔。基座为方形束腰须弥座，上下皆有方框，在四角和每面中间都立有两根石柱，共十二根，柱上都雕有宝相花，西番莲等纹饰，上枋各角雕有阴阳鱼。十二根石柱将每面分成三个壶

图 5-1-16 法轮寺塔南立面图（沈阳建筑大学建筑研究所绘）

图 5-1-17 法轮寺塔外观（谢占宇摄）

门。每面有三个壸门，中间壸门置砖雕宝盆和火焰，左右壸门略微内收，都设有高大凸起的砖雕雄狮。基座上面为塔身部分，它是在基座上起三层砖砌圆形坛座，坛座上即宝瓶式塔肚——覆钵。塔身正南有一凹入的佛龛，即"眼光门"，内供神牌。佛龛周围嵌有云珠、卷草，内有梵文。塔体洁白，仅"眼光门"为大红、塔刹镏金，光彩夺目。塔身之上为相轮塔檐，共有十三层。由下至上逐层减小，整体上呈圆锥形。"十三天"之上是宝盖和塔刹。两个镂空铜铸宝盖上仰下俯，上小下大叠在一起，下俯宝盖下悬风铎，上仰宝盖上串月、日、宝珠共同构成的塔刹。塔下建有地宫。

山门（图 5-1-18 ～图 5-1-20）是位于寺院主轴线起端的大门，外形呈三门并列式，象征着佛教中的"三解脱"，由左至右分别称作空门、无相门、无作门。法轮寺山门内、外为开敞檐廊，面阔三间，明间约 4 米，次间 3.7 米，通进深约 8.2 米，高约 7.2 米，抬梁式结构，梁架部分为五架梁，梁下有枋，步架脊步约为 1.5 米，檐步约为 1.5 米。正立面斗栱有十攒，其中柱头科有四攒，平身科有六攒，皆为五踩重翘斗栱。建筑立面为硬山式，棋盘式灰色板瓦顶，清水正脊设鸱吻一对，垂脊中部设垂兽，端部设三个仙人走兽，两侧有铃铛排山脊。木门板和柱皆为朱红色，侧墙为灰砖。建筑无生起与侧脚，建筑外额枋饰有龙草和玺彩画。

大殿（图 5-1-21 ～图 5-1-23）五间，建在长约 22 米，宽约 23 米，高约 7.2 米的台基上。殿身外围设一圈围廊，通面阔约为 18.76 米，通进深

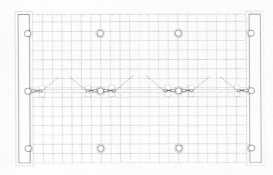

图 5-1-18 法轮寺山门平面图（沈阳建筑大学建筑研究所绘）

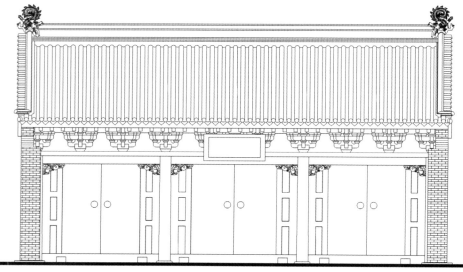

图 5-1-19　法轮寺山门正立面图（沈阳建筑大学建筑研究所绘）

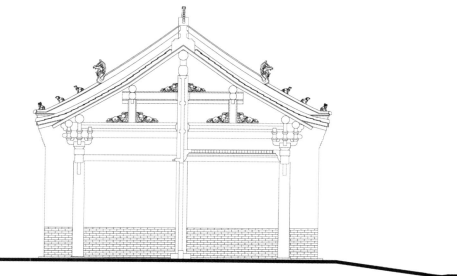

图 5-1-20　法轮寺山门剖面（沈阳建筑大学建筑研究所绘）

图 5-1-21　法轮寺大殿外观（谢占宇摄）

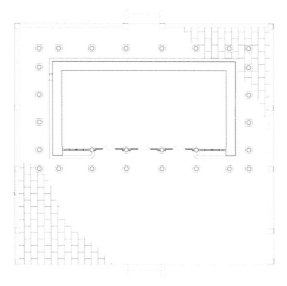

图 5-1-22　法轮寺大殿平面图（沈阳建筑大学建筑研究所绘）

约为 11.14 米，建筑高度约为 11.39 米，五檩抬梁式结构，前后各出一步架。建筑为歇山式，灰色筒瓦顶，清水正脊上雕有动物花纹，并设脊刹三座及鸱吻一对，垂脊上有垂兽，戗脊上设有走兽，作为寺院的主要建筑有明显的生起和侧脚。建筑正立面有 13 攒斗栱，柱头科 6 攒，平身科 5 攒，转角科两攒。皆为单翘重昂七踩斗栱（图 5-1-24）。建筑有朱红色外墙和廊柱，外墙下有莲花纹状线脚，柱础也为青蓝色鼓形莲花柱础。彩画以蓝绿色为主，非常壮观。额枋为蓝底金纹的龙草和玺彩画，垫板饰有以花卉为主的苏式彩画。殿内塑有天地佛，日光、月光菩萨和八大菩萨，墙面上绘有密宗壁画，天花为方形盘茎莲花藻井（图 5-1-25），藻井内是一六瓣

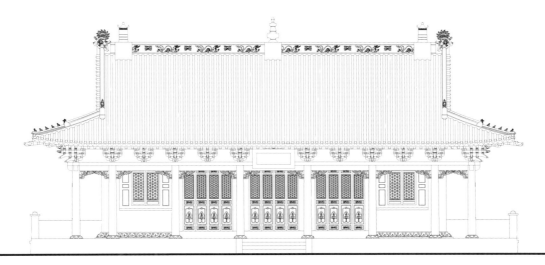

图 5-1-23　大殿正立面（沈阳建筑大学建筑研究所绘）

图 5-1-24　法轮寺大殿转角科斗栱（谢占宇摄）

图 5-1-25　法轮寺大殿藻井天花（谢占宇摄）

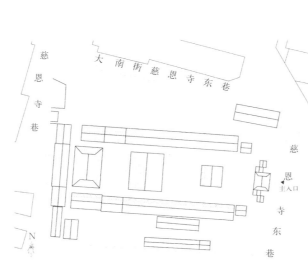

图 5-1-26　慈恩寺总平面图（沈阳建筑大学建筑研究所绘）

莲花、莲花周围盘绕变形茎蔓忍冬纹，纹样倾向自然形态。井外有圆形连珠纹、忍冬纹、白珠纹三道边饰。天花最中心的位置，内凹饰飞龙莲花藻井，甚是华丽。（执笔人：郝鸥、谢占宇）

四、慈恩寺

慈恩寺位于辽宁省沈阳市沈河区大南街慈恩寺巷 12 号。慈恩寺始建于唐朝，重建于后金天聪二年（1628 年），由僧人慧清所创建。初建的寺庙规模较小，殿堂不多，供奉释迦牟尼等佛像。清顺治元年（1644 年）建成大殿、韦驮殿、两廊，后因年久失修而覆没。民国元年（1912 年），步真和尚主持重修，先后建山门、天王殿、配殿、钟鼓楼、禅堂、念佛堂、两廊、比丘坛。民国 8 年（1930 年）最后完成大雄宝殿，至此慈恩寺成为今天沈阳最大的佛寺，素有"十方丛林"之称。1983 年，慈恩寺被定为汉族地区全国重点寺院。1985 年，被列为沈阳市级文物保护单位，1988 年被列为辽宁省文物保护单位。

寺院（图 5-1-26）狭长，坐西朝东，建筑与院落轴线明确，占地约 12600 平方米。院内建筑院落分三路，北路建筑有养静寮、客堂、念佛堂、方丈室、十方堂、库房等，南路自东而西有退客寮、厨房、司房、斋堂、禅堂、法师寮、佛学院等。中路建筑群是寺庙的主体，由三进院落组成。寺院将入口设在东侧，过山门是以天王殿为主体的庭院，南侧为钟楼（图 5-1-27），北侧为鼓楼，均为歇山九脊灰瓦，楼亭为二层围廊，下为方形基座。天王殿位于西侧，殿面北两侧有卷棚式门楼。过天王殿再向西依次为大雄宝殿、比丘坛、藏经楼。整体布局对称均衡，建筑空间环境在位置、体量、装饰、排列上保持均衡和对称。

山门（图 5-1-28 ～ 图 5-1-30）建在高高的台阶上，台阶周围有雕工精美的单层石质勾栏。山门宽三间，建筑高约 7.5 米，通进深约为 5.8 米，通面阔约 10 米。建筑为抬梁式结构，梁架为五架梁，柱下有角背。建筑正立面中间为红色木板门，两侧为灰砖实墙上开朱红色圆形窗户，背立面明间为门，

图 5-1-27　慈恩寺钟楼外观（哈静摄）

图 5-1-28　慈恩寺山门外观（哈静摄）

两次间开窗。屋面为黑色瓦硬山顶，正脊雕花，两端有鸱吻，垂脊上有5座走兽。整座建筑古朴大方，无彩画、侧角及生起。

　　天王殿（图5-1-31～图5-1-34）面阔三间，东西两边设有外廊，通面阔约11米，通进深约为6.9米，建筑高度为9.2米。建筑为硬山顶，灰色瓦顶，正脊雕花，两端有鸱吻，垂脊上有5座走兽。檩枋皆施彩画，朱红色柱，无斗栱、侧角和升起。侧面灰砖饰面，造型精美，有莲花垂鱼与搏风板。殿前檐下左侧置木鱼，右侧置云板。建筑结构仍为抬梁式建筑，梁架为五架梁，两侧各出单步梁，殿两侧分别设有门楼，上为卷棚顶。

　　作为寺院的重要建筑，大雄宝殿（图5-1-35～图5-1-38）建在高台上，面阔三间，进深二间，殿内由两排柱子划分为三个空间，通面阔为18.5米，通进深为12.5米。建筑高约11.47米，抬梁式结构，梁架为五架梁。屋顶为庑殿顶，正脊雕花，两端有鸱吻，垂脊上有5座走兽，无生起和侧脚。建筑整体颜色深沉，以灰褐色为主，建筑中间三个开间为褐色的隔栅门，两个次间为灰色砖墙上开窗，檩枋有龙草和玺彩画。殿内高悬幡幢，法相庄严。建筑背立面以实墙为主，明间开门，两侧次间、尽间是在灰色实墙上开圆形和六边形的窗。

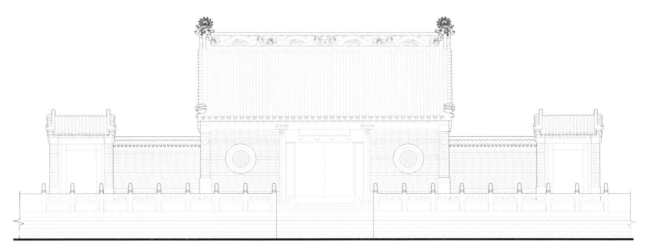

图 5-1-29　慈恩寺山门正立面图（沈阳建筑大学建筑研究所绘）

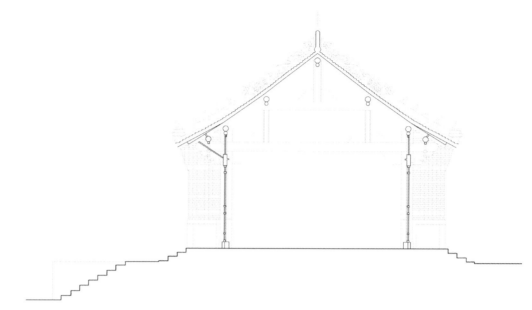

图 5-1-30　慈恩寺山门横剖面图（沈阳建筑大学建筑研究所绘）

图 5-1-31　慈恩寺天王殿外观（哈静摄）

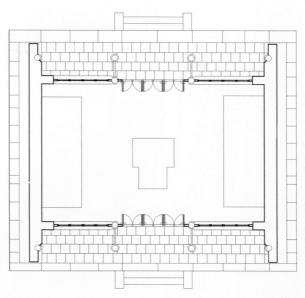

图 5-1-32 慈恩寺天王殿平面图
（沈阳建筑大学建筑研究所绘）

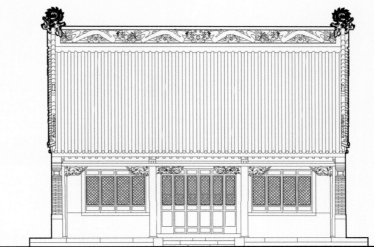

图 5-1-33 慈恩寺天王殿正立面图
（沈阳建筑大学建筑研究所绘）

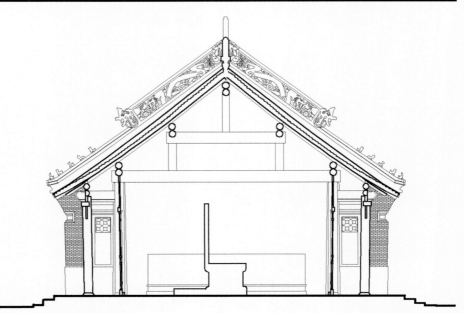

图 5-1-34 慈恩寺天王殿剖面图
（沈阳建筑大学建筑研究所绘）

图 5-1-35 慈恩寺大雄宝殿外观（哈静摄）

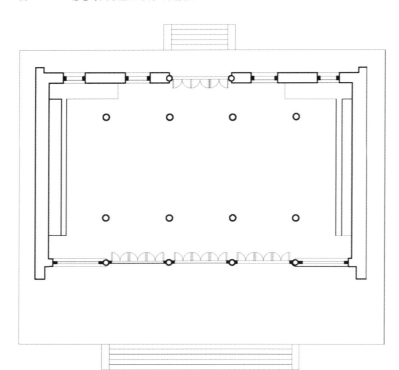

图 5-1-36 慈恩寺大雄宝殿平面图（沈阳建筑大学建筑
研究所绘）

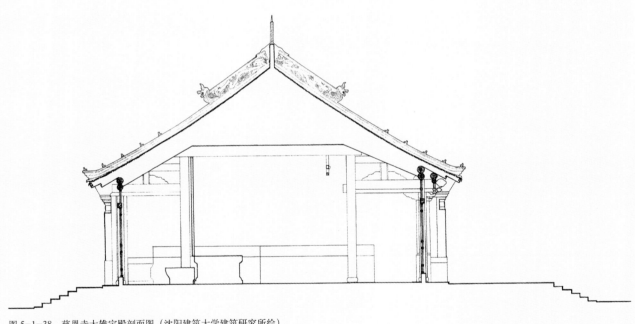

图 5-1-37　慈恩寺大雄宝殿正立面图（沈阳建筑大学建筑研究所绘）

图 5-1-38　慈恩寺大雄宝殿剖面图（沈阳建筑大学建筑研究所绘）

　　比丘坛（图 5-1-39 ～图 5-1-41）建在台基上面是一座单檐歇山顶建筑，面阔五间，进深为三间。建筑通面阔约为 21 米，通进深约为 9.2 米，建筑高度 11.37 米。建筑前设外廊，柱枋间有动物纹样雀替，柱有鼓形柱础，中间三个开间设门，两侧在灰色实墙上开方窗。正脊的砖雕上刻有"法轮常转，国泰民安"等字样，两端有正吻及仙人走兽等脊饰。背立面以实为主，中间一间开门，两侧的实墙各开两个圆窗。（执笔人：郝鸥、谢占宇）

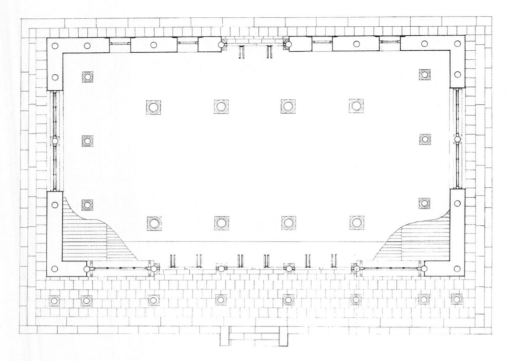

图 5-1-39　慈恩寺比丘坛
一层平面图（沈阳建筑大
学建筑研究所绘）

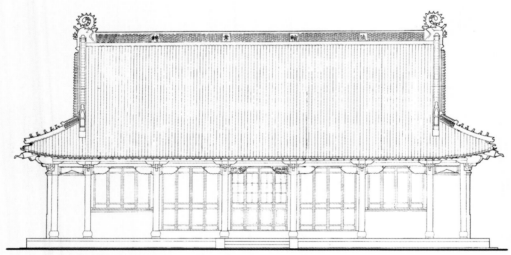

图 5-1-40　慈恩寺比丘坛
正立面图（沈阳建筑大学
建筑研究所绘）

图 5-1-41　慈恩寺比丘坛
背立面图（沈阳建筑大学
建筑研究所绘）

五、千山龙泉寺

龙泉寺位于辽宁省鞍山市东20公里的千山北沟东部，为千山五大禅林中现存最大的佛寺。相传龙泉之名来源有四，一曰毗卢殿前石隙有泉，涓涓细流弯曲似龙，故名；二曰寺中心泉水常年潺流，如"龙涎吐水"，故名；三曰寺前为照山，后为靠山，左山为青龙，右山为白虎，泉出自小山脉以北佛堂基下，山与泉合名为龙泉；四曰唐太宗东征，驻跸千山，钦过此水，故名龙泉。龙泉寺现为省文物保护单位。

据现存清朝重修碑记载，此寺始建于唐，历代均加重修。现有大小建筑20幢左右。主体建筑坐北朝南坐落在山腰平台上。平台分为三层。第一层有法王殿、斋堂、客堂（图5-1-42）；第二层为观音庙和东、西配殿；第三层为大雄宝殿。这组建筑布局严谨，中轴线分明。其余建筑，山门（图5-1-43、图5-1-44）、钟楼、鼓楼（图5-1-45～图5-1-48）、藏经阁（图5-1-49）、弥勒殿、毗卢殿、西阁、后殿、僧房等，则依山形地势，高低错落地分布在主体建筑群四周。

大雄宝殿（图5-1-50）是单檐歇山式建筑，砖木结构，面阔五间，进深三间，檐下有柱头科、转角科、平身科，均为五踩斗栱，正脊雕五条龙，脊两端为鸱吻，竖脊砖雕莲花，斜脊砖雕走兽，木结构表面施彩绘，殿内塑有释迦牟尼、药师、阿弥陀佛三大坐佛，大佛两旁有迦叶、阿难及供养人，另有十八罗汉。殿外挂着清代辽仕名儒王尔烈书撰的二副对联：一副是"长白发祥叠嶂层峦朝拱遥看千笏列，龙泉擅胜深庭幽壑巡游曾引六飞来"；另一幅是"龙之为灵昭昭降雨出云何必独推东岳，泉之不舍混混烟波柳浪无难更作西湖"。殿门之上悬挂"大雄宝殿"匾额。殿外两旁各有修禅堂三间，均为硬山式建筑，砖木结

图5-1-42　龙泉寺客堂外观（王严力摄）

图 5-1-43 龙泉寺山门外观 1（王严力摄）

图 5-1-44 龙泉寺山门外观 2（王严力摄）

图 5-1-45 龙泉寺鼓楼外观（王严力摄）

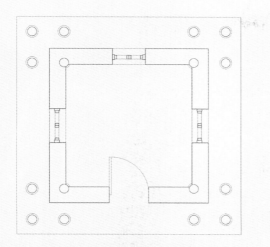

图 5-1-46 龙泉寺鼓楼一层平面图（沈阳建筑大学建筑研究所绘）

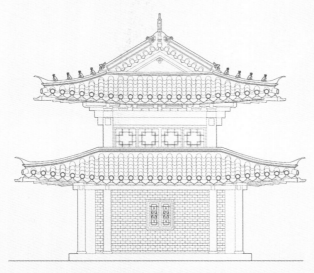

图 5-1-47 龙泉寺鼓楼侧立面图（沈阳建筑大学建筑研究所绘）

图 5-1-48 龙泉寺鼓楼剖面图（沈阳建筑大学建筑研究所绘）

构。在大雄宝殿的前面是观音庙，砖木结构，面阔一间，三层殿内前面是接引佛，后面是观世音及善财童塑像；中层为龙王庙，用石板砌成，高约 2 米，小拱石门上嵌有"龙泉演梵"石匾额（图 5-1-51）；下层亦为石板砌筑，龙泉水从此处流出。

观音庙的前面是法王殿（图 5-1-52），歇山顶建筑，面阔三间，进深三间，檐下有斗栱。殿脊上雕五龙戏珠，两端有鸱吻。竖脊砖雕花饰，斜脊砖雕跑兽。

大雄宝殿的西侧后面是毗卢殿。毗卢殿为歇山顶建筑，砖木结构，面阔三间，进深三间，内塑有毗卢遮那佛和石雕十八罗汉。大雄宝殿的东山坡上是凤阁凉亭，亭为四角八柱，尖顶，施彩绘。

藏经阁位于凤阁凉亭南，硬山式建筑，砖木结构，面阔三间，进深三间，前有回廊，施彩绘。西阁系清初所建，为硬山式五间瓦房。

山门位于弥勒殿西，是进入龙泉寺的必经之地。歇山式建筑，砖石结构，面阔一间，脊两端有吻，斜脊砖雕跑兽。门上有砖雕匾额，外面雕"敕建龙泉"，里面雕"金轮永镇"，竖刻"万历三十八年四月谷旦立（1610 年）奉敕重建"。

整个寺院被奇峰环抱，古松成林，建筑布局与自然景色和谐天成，素有"龙泉仙景"之称。龙泉寺景点众多，清末以后，又经不断开发，增至 36 景，主要有洞天一品、碧水龙潭、三星石、藏经阁、龙泉洞天、大千世界、秘密藏、了凡洞、漱琼、镇山宝杵、曲水冽腑等景观。（执笔人：李培约）

六、千山大安寺

辽宁省鞍山市千山大安寺是佛教传入千山最早的开源地之一，位于海拔 600 多米的谷坳之中，俗称高山古刹，在千山五大禅林之中素以"雄旷"而著称。从寺内现存的明代嘉靖十八年（1539 年）、万历十二年（1584 年）、清代康熙二十四年（1685 年）、道光四年（1824 年）、道光十一年（1831 年）、道光

图 5-1-49　龙泉寺藏经阁外观（王严力摄）

图 5-1-50　龙泉寺大雄宝殿外观（王严力摄）

图 5-1-51 龙泉寺"龙泉演梵"石匾（王严力摄）

图 5-1-52 龙泉寺法王殿（王严力摄）

十三年（1833 年）碑文中可以看出，建筑在历史上多次遭受灾害，多次重修。大安寺现为辽宁省文物保护单位。

大安寺共有山门、大雄宝殿、天王殿、观音殿（图 5-1-53、图 5-1-54）、客堂、配殿、斋堂及钟鼓楼（图 5-1-55）等建筑 6 处，计 33 间，建筑面积 8666 平方米。整座寺院坐北朝南分成两层平台，一层平台以天王殿为主体建筑，二层平台以大雄宝殿为正殿，建筑布局按中轴线对称布局，除正殿的单檐歇山式建筑外，其余都较完整地保持着清代单檐硬山式的建筑风格。

大安寺山门（图 5-1-56、图 5-1-57），造型宏阔，朴素典雅，整个门高 4 米，宽 6 米，粗粒花岗岩建造，是一座建于清道光八年，重修于道光十三年的单檐歇山式建筑。门楣上刻有"敕建大安禅林"之语，而且两侧各一个"日"与"月"字，其含义是大安寺与日、月同辉，光芒四射。门前有石狮一对，分列两侧，系方丈童灵，立于民国 24

图 5-1-53　大安寺观音殿外观（王严力摄）

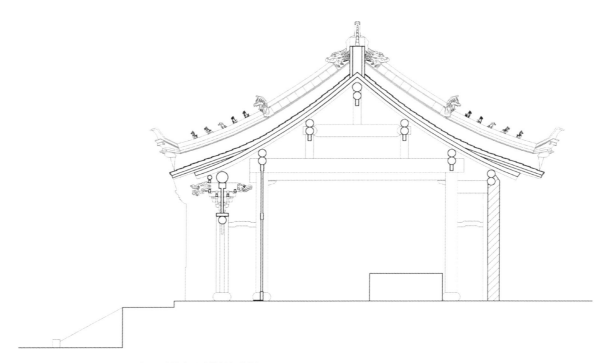

图 5-1-54　大安寺观音殿剖面图（沈阳建筑大学建筑研究所绘）

图 5-1-55 大安寺鼓楼外观（王严力摄）

年，每只重达一吨，造型逼真，神态各异。沿山门拾级而上，几经曲折，古松翠柏之下，有一个重达千斤的大钟，上印有"大明嘉靖九年八月十五日造"，看到此钟，就可以想到，如果当时没有高大坚固的钟楼建筑，则无法铸造和架托此钟，表明大安寺的建筑规模日益扩大，雄踞一方，从而吸引着大批游人。石塔在大安寺山门南约50米处，塔为六面七级实心密檐石结构，高约15米，石塔是妙湛大和尚舍利塔。

天王殿（图5-1-58）在山门的北上方，硬山式建筑，砖木结构，面阔三间，有回廊。殿内奉泥塑弥勒、韦驮，两侧是四大天王。

正殿（图5-1-59）为单檐歇山式建筑，砖木结构，面阔三间，进深三间，大脊砖雕图案，斜脊砖雕跑兽，檐下有七踩斗栱，回廊为六棱石柱，底部是鼓形柱石，殿内奉泥塑释迦牟尼、药师、阿弥陀佛等。正殿外两旁各修配房三间，东侧是禅堂，西侧是客堂。

图 5-1-56 大安寺山门外观（王严力摄）

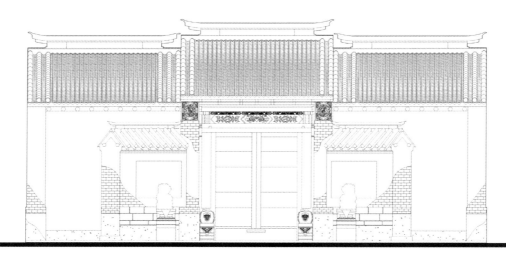

图 5-1-57　大安寺山门西立面图（沈阳建筑大学建筑研究所绘）

图 5-1-58　大安寺天王殿外观（王严力摄）

图 5-1-59　大安寺正殿外观（王严力摄）

钟楼是歇山式建筑，砖木结构，楼内有明代嘉靖九年所铸铁钟一口。

罗汉洞长约20米，宽约3米，是一个天然形成的洞，后经人工稍加修整而成。洞里面有一道用石头砌的墙，将洞内分为两部分，北洞内奉观音像，两旁是十八罗汉；南洞内是僧人居住的地方，南洞上有石额一块，上题"佛光普照"四个字。（执笔人：李培约）

七、千山香岩寺

香岩寺是省级重点文物保护单位，千山五大禅林之一。香岩寺位于辽宁省鞍山市千山最高峰仙人台西麓香岩谷内，每到山花烂漫之际，满山花开香氲，就连岩石都透着幽香，故称香岩（图5-1-60）。

据寺内碑文记载，香岩寺始建于辽代，当时规模较大，由于火灾或水灾等原因废弃。到了明代正德年间重新修建，后经雍正十年（1732年）、乾隆十七年（1752年）、乾隆四十四年（1779年）、乾隆五十一年（1786年）、道光十七年（1837年）、光绪十年（1884年）相继扩建，逐步形成现在的规模。整个寺院坐北朝南建于两崖夹护之间，前有将军峰，左有锦绣坡，右为仙人睹，与香岩寺交相辉映，风光如画。现存主要建筑包括天王殿（图5-1-61）、西方接引殿（图5-1-62）、大雄宝殿、地藏殿、弥勒殿、药师殿、观音阁，以及东西配房28间。

山门位于前殿东斋堂南，三间，硬山式建筑。门外有石狮一对。

前殿（法王殿）（图5-1-63）是硬山式建筑，砖木结构。面阔三间，前后有回廊。大脊雕二龙戏珠，两边有鸱吻，斜脊砖雕跑兽，檐下有柱头，七踩斗

图5-1-60 香岩寺外景（王严力摄）

图 5-1-61　香岩寺天王殿外观（王严力摄）

图 5-1-62　香岩寺西方接引殿外观（王严力摄）

图 5-1-63　香岩寺法王殿外观（王严力摄）

栱承载梁架，有龙凤燕尾木雕，均施彩绘。在门和窗上木雕犀牛望月、三阳开泰、鹊雀登枝等吉祥图案。殿内奉汉白玉石雕观世音菩萨。殿前有石狮一对。殿前东、西两侧各修配房五间。

后殿（大雄宝殿）（图 5-1-64）为硬山式建筑，砖木结构，面阔五间，进深三间。正脊上有砖雕，斜脊上有跑兽，檐下有五踩斗栱、额枋之间嵌龙凤燕尾木雕。殿内奉石雕释迦牟尼，观世音菩萨，地藏菩萨，两侧为十八罗汉。殿外东西两侧各修三间配房，东为禅堂，西为客堂。院内有一颗古松，距今三四百年，人称九爪盘龙松（图 5-1-65）。

香岩寺东面的半山腰是北塔（图 5-1-66），北塔为六面九级实心密檐砖结构，高约 20 余米。塔的六个角雕仿木莲花柱，檐下有三踩斗栱。塔身南、北二面有佛龛，龛内有坐佛。龛的上面雕有宝盖，两侧雕有胁侍和飞天，塔顶为宝瓶式，北塔为

金代建筑。

南塔位于香岩寺东南山顶上，为六面九级实心密檐砖塔，高约 20 米。两层须弥座，一层砖雕弹琵琶乐舞俑，二层砖雕莲珠，上有三踩斗栱，六角均有砖雕力士。塔身南面有佛龛，内有坐佛。龛上有砖雕宝盖，两侧砖雕胁侍和飞天。

雪庵塔位于香岩寺西南半山腰，是元代和尚雪庵的墓塔，塔是由花岗岩石砌筑而成，高约 3 米。

仙人台位于香岩寺东约 1 公里处，是千山第一高峰，海拔 700 余米。仙人台的西、南、北三面是峭壁深涧，东面较缓。峰顶下有一平台，台上古松成林。过平台有一块巨大的石头坐落峭壁之上，向东倾斜，状似鹅头，是仙人台的顶峰，约有 3 平方米面积，上面石雕南极八仙像，中间石刻棋盘，周围石雕莲花柱和栏板。（执笔人：李培约）

图 5-1-64　香岩寺大雄宝殿外观（王严力摄）

图 5-1-65　九爪盘龙松（王严力摄）

图 5-1-66　北塔（王严力摄）

八、千山中会寺

中会寺是千山五大禅林之一，现为市级重点文物保护单位。中会寺位于辽宁省鞍山市千山中沟，因居五寺之中，且昔年五寺僧侣多集会于此，故名"中会"。关于中会寺的名称，有三种说法：第一种认为，中会寺地处千山五大禅林之中间故而得名；第二种认为，龙泉、祖越、大安、香岩、中会五寺众僧，议会多集于此，所以称中会寺；第三种说法认为，佛法不偏不倚乃称中会。

据寺内碑文记载，中会寺始建于汉，后经唐、宋、元、明各代修建，现占地面积为527平方米，殿宇依山临洞，高低错落，与四周山峰浑然一体，不仅布局十分精巧，而且建筑工艺亦十分优美。中会寺建筑集明代歇山式和清代硬山式建筑风格于一身，中会寺在明代隆庆三年（1569年）"偶遭劫火，大殿荡然一空"。明代万历八年（1580年）重修。以

后历经清代乾隆十四年（1749年），嘉庆四年（1799年）、道光二年（1822年）、道光七年（1827年）、道光二十六年（1846年）、咸丰三年（1853年），民国、日本侵占时期重修、扩建，逐步形成现在的规模。

牌坊是去中会寺必经之路，民国29年（1940年）重修扩建。砖砌三拱门，中间为重檐，上横书"中会古刹"四个字（图5-1-67）。两旁刻："为涤尘襟寻古刹，愿新庙貌换灵光"。天地楼建在念佛堂前崖下，与牌坊相对，歇山式，砖木结构，面阔三间，正脊两端有吻，斜脊砖雕跑兽。檐下有五踩斗栱，施彩绘。底部是一个券门，门楣上砖雕二龙戏珠。券门外横书"山门镇静"四个字。楼两侧各有一个角门。

念佛堂是依山而建，硬山式、砖木结构。面阔五间，前有回廊。另修配房五间。韦驮殿（图5-1-68）为歇山式建筑、单檐，砖木结构，面阔三间，檐下有五踩斗栱，施彩绘。正门上悬挂"韦

图 5-1-67　中会寺牌坊外观（王严力摄）

图 5-1-68　中会寺韦驮殿外观（王严力摄）

图 5-1-69 中会寺鼓楼外观（王严力摄）

驮殿"。殿内奉泥塑弥勒和韦驮。韦驮殿两侧修钟、鼓二楼（图 5-1-69），均为四坡顶，斜脊砖雕跑兽，檐下为五踩斗栱，内为四垂莲柱，底为拱门。大殿与韦驮殿相对，硬山式建筑，砖木结构，面阔五间，进深三间，大脊透雕二龙戏珠，两端有鸱吻。斜脊砖雕跑兽，檐下有五踩斗栱，施彩绘。殿内奉泥塑释迦牟尼、阿弥陀佛、药师佛，殿外两旁各修配房三间。

中会寺的建筑，明显的有新旧之分，新的建筑为毗卢宝殿（图 5-1-70），是中会寺最宏伟的建筑，历经三年修建，1999 年全部竣工，6 月 1 日铜佛开光。大殿占地面积 400 平方米，为仿宋建筑，高 16 米，属三层飞檐斗栱雕建筑风格，里面供奉着亚洲第一千佛，其头高 2 米，身高 3 米，莲花座 7 米，总高度 12 米，重 30 吨，内为铜塑，外部 18K 金铂包裹。（执笔人：李培约）

图 5-1-70 中会寺毗卢宝殿外观（王严力摄）

九、千山祖越寺

祖越寺是千山五大禅林之一，是千山最早的庙宇建筑之一。祖越寺位于辽宁省千山北沟峰峦叠翠的北山坳谷中，前身为灵岩寺，始建于唐代，明代重建，后经清代乾隆十四年（1749年）、道光四年（1824年）逐渐扩建形成现在的规模（图5-1-71～图5-1-74）。2003年，被列为省文物保护单位。

庙宇与自然景色浑然一体，祖越寺一道高10余米，长50余米的石墙，将坳谷口闸住，形成石土垫平的庙基地，在其上建设庙宇，虽经多次修建，仍带有明代建筑风格，显得庄重雄浑，古风浓郁。庙宇北是雄伟的弥勒峰，两侧伸出小山脉骨，将祖越寺纳入胸前，形成弥勒捧古刹的巧妙构图。该寺共有七幢建筑，面积394.9平方米。正殿（释迦殿），韦驮殿，阶下为东西配殿，配殿南有钟、鼓楼，呈东西对称。正殿东侧是胡仙堂和客室，殿堂内供奉有泥塑，木雕佛像等30余尊。寺门正对正殿释迦殿，门外是长达50余米的一堵石墙。

正殿建在高台基上，坐北朝南，面阔五间，进深三间，背山面南，单檐歇山式建筑、砖木结构。正脊砖雕游龙，两端有大吻，斜脊砖雕跑兽，檐下有三踩斗栱，施彩绘。殿门上悬挂"三教宗风"匾额。殿内奉泥塑释迦、药师、阿弥陀佛。墙上绘有释迦牟尼出世图。殿外东侧有二间胡仙堂。

韦驮殿为八柱、方形、歇山顶。正脊雕二龙戏珠，两端有鸱吻，斜脊雕跑兽，梁枋施彩绘。殿内奉泥塑接行佛、木雕韦驮像。木雕韦驮像高约15米，身着铠甲，右手扶杵而立，造型雄武有力，是千山木雕像中的精品，可惜在"文化大革命"期间被毁。在殿外大门两侧修有钟、鼓二楼。钟楼内悬挂康熙年间所铸铁钟一口。另有东、西配房各三间，均为硬山式建筑。殿前现存清代乾隆十四年（1749年）、道光四年（1824年）石碑两通，石狮一对。

图5-1-71　祖越寺大雄宝殿外观（王严力摄）

图 5-1-72　祖越寺地藏殿外观（王严力摄）

图 5-1-73　祖越寺"三洲感应"外观（王严力摄）

图 5-1-74　祖越寺天王殿外观（王严力摄）

玲珑塔（北塔），位于祖越寺东南山顶上，塔为六角十三级实心密檐，石结构，属金代建筑。塔基用条石砌筑，须弥座每角为石雕圆柱，塔身每面石雕坐佛一尊。塔身各层均有石雕塔檐。塔身高约12米。

无幢塔（南塔），位于祖越寺对面的山上，与北塔遥遥相对。塔为六角十三级实心密檐，石结构。南塔的建筑风格与北塔相似。（执笔人：李培约）

十、沈阳般若寺

般若寺位于辽宁省沈阳市沈河区大南街三段永德里6号，1985年被列为省级文物保护单位。始建于康熙二十三年（1684年），创始人为高僧古林禅师。宣统元年（1909年）和民国13年（1924年）分别进行重修。20世纪60年代中期遭到破坏，1979年后进行了维修，重塑佛像。1984年10月为纪念建寺300年，又进行了修缮，并举行了佛像开光仪式。

般若寺（图5-1-75）坐北朝南，共二进院落，占地2289平方米，建筑面积2037平方米。般若寺采用中轴对称布局，在中轴线上的主要殿堂有山门（图5-1-76）、天王殿（图5-1-77～图5-1-79）、大雄宝殿和藏经楼。东西两侧的配房，是住持室、僧舍、厨房、斋堂及接待室等。东院是祖师堂，东西配房是僧舍。在东路建筑的天王殿和大雄宝殿间建有东西配房。大殿与祖师堂间也建有配房。整个东路建筑形成一处完整的二进四合院。西路建筑主要是一处二层共计10间的藏经楼。

大雄宝殿（图5-1-80～图5-1-83）是整个庙宇的中心，也是最大的一座建筑；面阔五间，进深三间，硬山式屋顶，青砖灰瓦，外檐和殿内梁柱均施彩画。（执笔人：哈静）

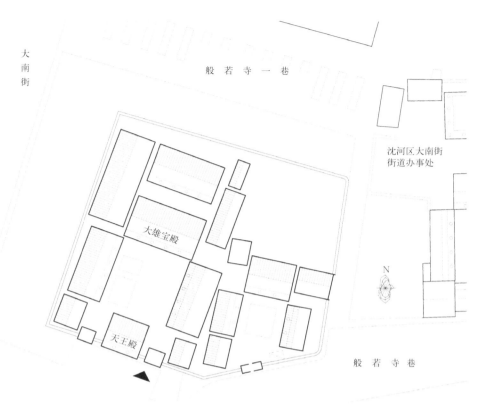

图 5-1-75　般若寺总平面图（沈阳建筑大学建筑研究所绘）

图 5-1-76　般若寺山门外观（哈静摄）

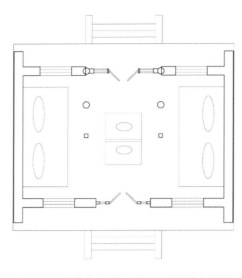

图 5-1-77　般若寺天王殿平面图（沈阳建筑大学建筑研究所绘）

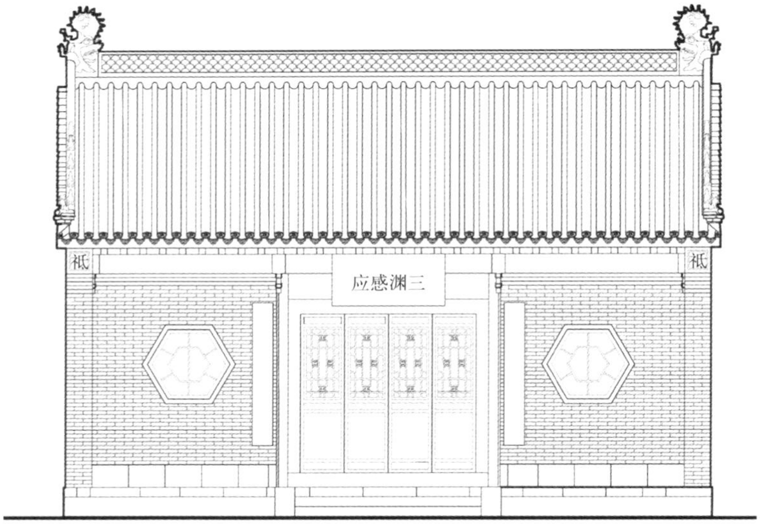

图 5-1-78　般若寺天王殿立面图（沈阳建筑大学建筑研究所绘）

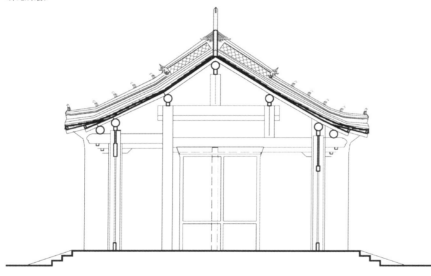

图 5-1-79　般若寺天王殿剖面图（沈阳建筑大学建筑研究所绘）

图 5-1-80　般若寺大雄宝殿外观（哈静摄）

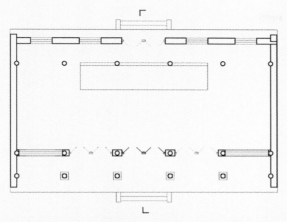
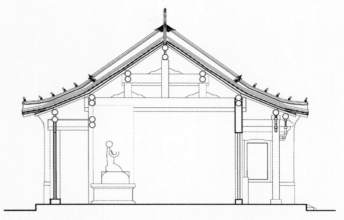

图 5-1-81 般若寺大雄宝殿平面图 (沈阳建筑大学建筑研究所绘)　　图 5-1-83 般若寺大雄宝殿剖面图 (沈阳建筑大学建筑研究所绘)

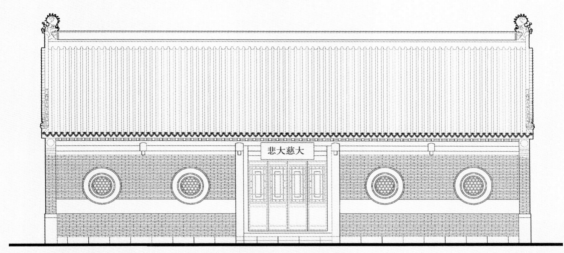

图 5-1-82 般若寺大雄宝殿北立面图 (沈阳建筑大学建筑研究所绘)

十一、沈阳实胜寺

实胜寺全称"莲花净土实胜寺",因为是清太宗皇太极所敕建,称为"皇寺",又因为是喇嘛寺庙,故又称"黄寺"。实胜寺位于辽宁省沈阳市和平区皇寺路一段十二号,是一座历史悠久、规模较大的喇嘛寺院,1963 年被列为第一批省级文物保护单位。这座清政府在东北地区建立的第一座正式藏传佛教寺院,也是清军入关前盛京最大的喇嘛寺院,始建于清崇德元年七月 (1636 年),竣工于清崇德三年 (1638 年),又于清雍正四年 (1726 年) 大修和以后多次修缮。1984 年以来,翻修了大殿和玛哈噶喇佛楼、经房,重建了山门、天王殿,新建了十间配

房。如今,实胜寺已由国家拨款,大部分已修缮一新,恢复了喇嘛教的活动,并于 1992 年 9 月对外开放。

实胜寺占地 5500 多平方米,建筑面积 2000 多平方米。整个寺院呈长方形 (图 5-1-84),坐北朝南,分为前后两进院落。在建筑的中轴线上,由南向北建有山门、天王殿、大殿。山门两侧是钟鼓楼,天王殿和大殿之间,东西都有配殿,大殿两侧有经房和更衣房。大殿的西南有玛哈噶喇楼。天王殿后有两座碑亭,石碑上以满、蒙、汉、藏四种文字记述了玛哈噶喇金佛的铸造和移迁至盛京的经过。

山门 (图 5-1-85 ~ 图 5-1-88) 为硬山式屋顶,造型简单、简朴,屋面为黄色琉璃瓦镶绿剪边,正脊平直,端部有一吻兽,垂脊端部有三个走兽。

图 5-1-84　实胜寺总平面图（沈阳建筑大学建筑研究所绘）

1　山门
2　鼓楼
3　钟楼
4　前殿
5　厢房
6　西配殿
7　东配殿
8　库房
9　玛哈噶拉楼
10　大雄宝殿
11　后罩房
12　门房

图 5-1-85　实胜寺山门外观（徐帆摄）

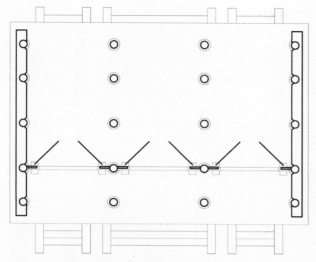

图 5-1-86 实胜寺山门平面图（沈阳建筑大学建筑研究所绘）

面阔三间，进深一间。前后均出檐廊，北向四级台阶，南向则为两级。梁枋上作旋子彩画。屋架结构为七架梁。

玛哈噶喇楼（图 5-1-89 ~ 图 5-1-93）是专为供奉玛哈噶喇金佛的佛楼，坐落在大殿西侧，佛楼两层，底层平面为砖砌实心方形，两层平面四角分别有三根木制圆柱支撑，形成梁架体系。二层外廊较一层向内收进，与栏杆形成回廊。屋面为黄色琉璃瓦镶绿剪边，歇山式屋顶，斗栱支撑，屋檐出挑深远，屋架为七架梁木结构体系。梁枋为旋子彩画。东侧室外置一楼梯直通二层。该座建筑规模虽不大但它是寺中最为重要的建筑，清朝皇帝至此必

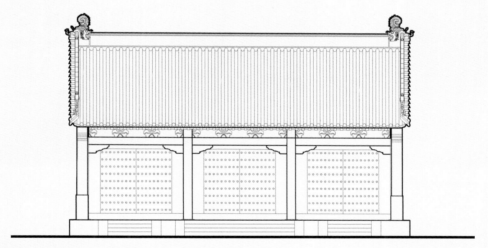

图 5-1-87 实胜寺山门北立面图（沈阳建筑大学建筑研究所绘）

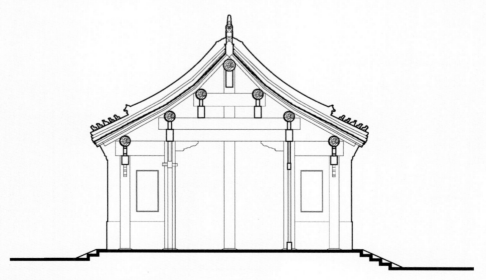

图 5-1-88 实胜寺山门剖面图（沈阳建筑大学建筑研究所绘）

图 5-1-89　实胜寺佛楼外观（徐帆摄）

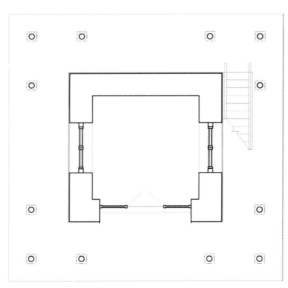

图 5-1-90　实胜寺佛楼平面图（沈阳建筑大学建筑研究所绘）

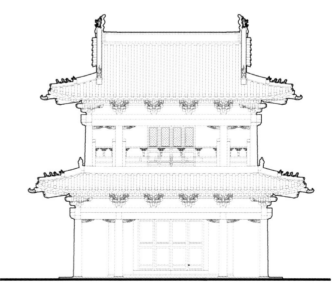

图 5-1-91　实胜寺佛楼南立面图（沈阳建筑大学建筑研究所绘）

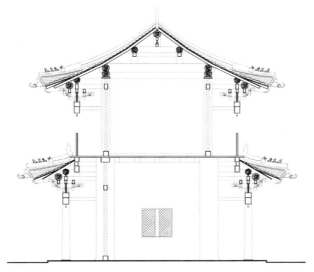

图 5-1-92　实胜寺佛楼剖面图（沈阳建筑大学建筑研究所绘）

图 5-1-93　实胜寺佛楼斗栱（徐帆摄）

图 5-1-94　实胜寺大殿外观（徐帆摄）

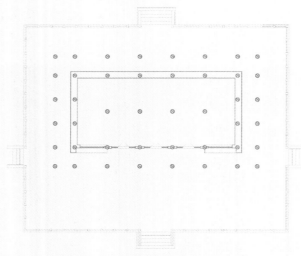

图 5-1-95　实胜寺大殿平面图（沈阳建筑大学建筑研究所绘）

来拜玛哈噶喇佛。

　　大殿是实胜寺的主体建筑（图 5-1-94～图 5-1-98），位于第二进院落中轴线上，殿高 10 米余，屋顶式样为单檐歇山式，屋面为黄色琉璃瓦镶绿剪边，正脊平直，两侧有吻兽，中间有宝顶，垂脊尾处立一套兽。在正脊两端、山花顶端各有绿色琉璃悬鱼。戗脊尾端有 5 个走兽。面阔五间、进深三间，四周出廊，周围内廊有 24 根柱，建在青砖平台基础上，檐柱双抄双下昂斗栱支撑屋顶出挑深远。殿内雕梁画栋，两根顶梁的柱上绘有金龙盘柱，天花为藏式风格藻井。天花板上彩绘的极乐世界——佛城，线条细腻，色泽明快，极富感染力。殿内还藏

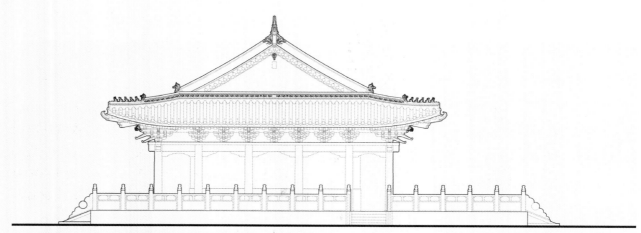

图 5-1-96　实胜寺大殿侧立面图（沈阳建筑大学建筑研究所绘）

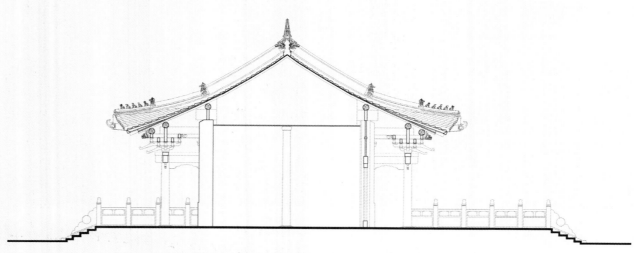

图 5-1-97　实胜寺大殿剖面图（沈阳建筑大学建筑研究所绘）

图 5-1-98 实胜寺大殿斗栱（徐帆摄）

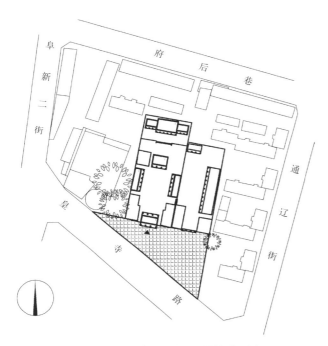

图 5-1-99 太平寺总平面图（沈阳建筑大学建筑研究所绘）

有多种经卷和乐器，亦是珍贵的历史文物。（执笔人：徐帆）

十二、沈阳太平寺

沈阳太平寺俗称"锡伯族家庙"，位于辽宁省沈阳市和平区皇寺路 178 巷 2 号。由于锡伯族有信奉喇嘛教的传统，而当时的盛京没有他们做佛事的固定场所。为了满足自己信奉喇嘛教的需要，锡伯族人出资兴建了一座喇嘛庙即太平寺。康熙四十六

年（1707 年）始建，初建时只有瓦房五间。乾隆十七年（1752 年），协领巴岱等锡伯族人，扩建三大殿，两配殿各 3 间，正门 3 间，形成真正寺院的规模。后又经乾隆四十一年、嘉庆八年、光绪二十八年重扩建，寺庙日臻完善。该寺年久失修，于新中国成立前就已遭到严重破坏，多数建筑被拆除，就地建了厂房，现仅存中殿三间。1983 年，沈阳市民族事务委员会拨款 3 万元，对太平寺仅存的 3 间中殿进行了修缮。1985 年 3 月，太平寺被沈阳市政府列为市级重点文物保护单位。2003 年 3 月，太平寺被辽宁省人民政府列为省级重点文物保护单位。2006 年 5 月，太平寺被国务院列为全国重点文物保护单位。

太平寺由东西两组院落组成（图 5-1-99），近似长方形，占地面积为 12406 平方米，建筑面积达 958 平方米，坐北朝南，西侧院落为两进院落，寺院内有殿房 35 间。主要建筑有山门、前、中、后三大殿及东西配殿等。前殿、中殿和大殿位于南北中轴线上。前殿和中殿之间，东西两侧有配殿各 3 间。前殿正东是正门，后殿西侧是关帝庙，东侧有文昌殿和龙树殿。龙树殿东边有 3 间禅房，是住寺喇嘛居住的地方。靠东墙有 10 间房，也是寺内喇嘛僧徒居住的地方。

山门（图 5-1-100）位于前殿东侧，单层建筑，形制简单，面阔三间，明间开门为通道，前后出廊，置于四级砖砌台基上。硬山屋顶，正脊平直，端部有吻兽，垂脊有六个走兽。屋顶上覆灰色合拢瓦。结构形式为木制五架梁，梁枋上作旋子彩画。

中殿（图 5-1-101 ~ 图 5-1-105），位于前殿北 25 米，单层建筑，东西长 11.3 米，南北宽 9.7 米，高约 8 米。面阔三间，进深一间，前出廊檐后出厦，置于三级砖砌台基上。南侧立面开间内满开木制门窗，北侧立面明间为满开门窗，两侧为小圆窗。硬山屋顶，正脊平直，端部有吻兽。屋顶上覆灰色合拢瓦。结构形式为木制五架梁，前后廊有单步梁。廊檐下绘有绚丽多彩的佛家各种图案。（执笔人：徐帆）

图 5-1-100　太平寺山门南侧外观（徐帆摄）

图 5-1-101　太平寺中殿南侧外观（徐帆摄）

图 5-1-102　太平寺中殿北侧外观（徐帆摄）

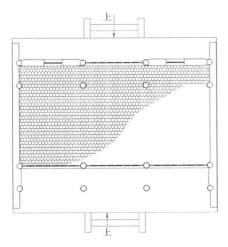

图 5-1-103　太平寺中殿平面图（沈阳建筑大学
建筑研究所绘）

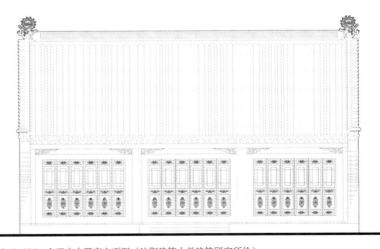

图 5-1-104　太平寺中殿南立面图（沈阳建筑大学建筑研究所绘）

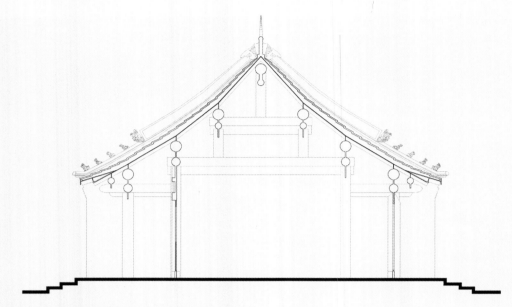

图 5-1-105　太平寺中殿剖面图（沈阳建筑大学建筑研究所绘）

图 5-1-106　大佛寺总平面图（沈阳建筑大学建筑研究所绘）

十三、沈阳大佛寺

大佛寺位于辽宁省沈阳市沈河区大南街，2008年被列为市级文物保护单位。大佛寺初建于唐代。明万历四十二年（1614年）重建，清朝乾隆十二年（1747年）又经重修，乾隆五十六年（1791年）再次加固重修。宣统二年（1910年）和民国5年（1916年）两次增修扩建之后，大佛寺成为沈阳的佛教名刹之一。民国12年（1923年），在常慧主持下修建东配殿3间，使古刹面积再增。民国15年（1926年），为进一步扩大寺院规模，常慧去黑龙江省募化筹款，于翌年，再增建两廊各3间，平房3间，至此，古刹又添几分色彩。民国18年（1929年），常慧法师与常智法师再展宏图，重修山门、中殿和大殿。伪满时期，日伪奴化统治致使寺院加速倾颓。于是，在康德二年（1935年）时，重修砖垣；两年后，再修葺山门。数年后于1939年创建地藏殿。1979年以后，政府拨款陆续重修了寺庙，恢复了以往的规模和宗教活动。

大佛寺占地面积3600平方米，主要建筑30余间，总建筑面积540多平方米。大佛寺建筑布局为两进院落，坐北朝南（图5-1-106）。

大佛寺院落中有硬山式山门（图 5-1-107～图 5-1-109）三间，硬山前后廊式中殿（也称地藏殿）三间，进深三间，殿前后出廊硬山式大殿（图 5-1-110～图 5-1-113）三间，进深三间。此外还有东西配殿和东西配房等，均为硬山式建筑。（执笔人：哈静）

图 5-1-107　大佛寺山门外观（哈静摄）

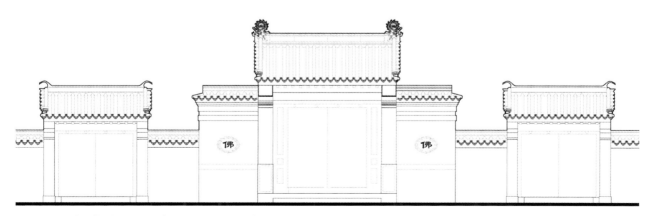

图 5-1-108　大佛寺山门正立面图（沈阳建筑大学建筑研究所绘）

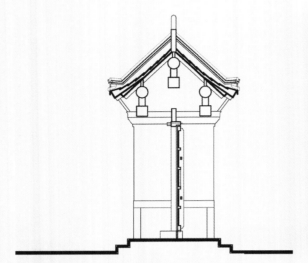

图 5-1-109　大佛寺山门剖面图（沈阳建筑大学建筑研究所绘）　　　　图 5-1-110　大佛寺大殿外观（哈静摄）

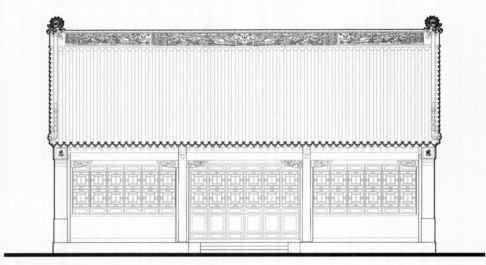

图 5-1-111　大佛寺大雄宝殿南立面图（沈阳建筑大学建筑研究所绘）

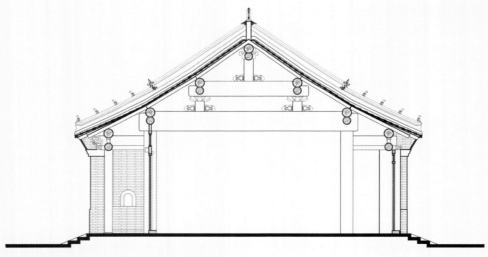

图 5-1-112　大佛寺大雄宝殿剖面图（沈阳建筑大学建筑研究所绘）

图 5-1-113 大佛寺大殿外檐廊（哈静摄）

图 5-1-114 中心庙山门外观（哈静摄）

十四、沈阳中心庙

沈阳中心庙位于辽宁省沈阳市沈河区正阳街宫后巷 46 号，被列为沈阳市不可移动文物。中心庙始建于明洪武二十一年（1388 年），与明中卫城属同期建筑。中心庙最后一次修缮是在清道光元年（1821 年）。1938 年奉天省市商会以此庙年久失修，残乱不堪为由，召集中街各主要商号五、六十家，集资修葺此庙，工程于 1938 年 7 月兴工，历时两个月，花费 2500 元大洋。1998 年经沈阳市文物管理部门批准将其重新翻修。

中心庙当时位于明代沈阳中卫城十字大街交叉路口的东南角，是沈阳古城的中心点，也是全国最小的古庙。中心庙曾经是沈阳城的中心。处于盛京都城构图的焦点，也是沈阳古城两条主要道路的交会处。这种用古庙占据构图中心的城市建设模式在中国历史上极为罕见。

中心庙院落为矩形，四周有围墙。中心庙占地面积为 260 平方米。院墙长 10.65 米，宽 14.20 米。入口在南墙中路，与中心庙主体建筑遥遥相望。中心庙主体建筑的位置在院落的中间偏后方，中心庙坐北朝南，建筑的外墙距东院墙与西院墙均为 2.72 米，距离南院墙为 6.13 米，距离北院墙为 2.20 米。

中心庙山门（图 5-1-114、图 5-1-115）为硬山屋顶，宽 2.70 米，高 4.50 米，前后有三级踏垛。

中心庙正殿（图 5-1-116 ～ 图 5-1-118）建筑面积是 15 平方米，进深 4.47 米。面阔一间、进深一间，青瓦硬山顶建筑，坐落在石造台基之上，前有三级踏垛。建筑构架为单廊三架错开梁形式。檩采用檩枋式形式，但各檩枋均为圆形断面。室内没有设吊顶，采用了彻上露明造。墀头有浮雕装饰，柱础为覆盆形，外立面采用青砖，檐椽、飞椽均为方形截面。门采用格扇门，前檐有门，后檐有窗，内外檐均施以彩画。采用了磨砖对缝，而博风砖上均刻有非常精美的凤凰牡丹图。（执笔人：哈静）

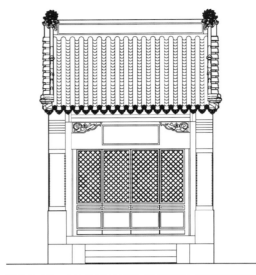

图 5-1-115 中心庙山门立面图（沈阳建筑大学建筑研究所绘）

图 5-1-116 中心庙正殿外观（哈静摄）

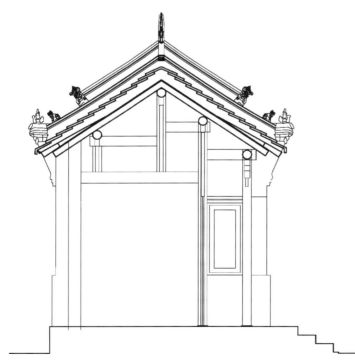

图 5-1-117 中心庙正殿剖面（沈阳建筑大学建筑研究所绘）

图 5-1-118 中心庙正殿墀头（哈静摄）

十五、沈阳长安寺

沈阳长安寺位于辽宁省沈阳市沈河区朝阳街长安寺巷 6 号。初建年代不可考。明永乐七年（1409年）沈阳指挥力盛在古刹旧基重建长安寺，明永乐十二年（1404 年）由僧人灵源、柏庭完成前殿。明宣德三年（1428 年）由灵庵僧修后殿。明正统十年（1445 年）住持洪明又建包厨、仓库。明正统十二年（1447 年）僧人涂泉建造伽蓝堂。明天顺二年（1458年）修建了天王殿、外山门。明成化十三年（1477年）僧人法宽用十年时间全面修缮了长安寺。清顺治二年（1645 年），深泉禅师建造了伽蓝殿。乾隆三年（1738 年）亦加修缮。但到清朝末年日趋颓败和荒废，后来一部分钱行、借贷行的信众捐资重修。但到 1948 年，寺内建筑又多颓毁。1985 年市政府拨款 310 余万元进行维修。1985 年 2 月，长安寺被列为沈阳市文物保护单位，设立了长安寺文物管理所。1986 年 9 月正式对外开放，1988 年又被列为辽宁省文物保护单位。

长安寺总长 132 米，总宽 42 米，形状为矩形，占地 5376 余平方米。总体布局（图 5-1-119）沿一条由南向北的中轴线布置，中轴线上由南到北依次建有山门、天王殿、大雄宝殿、后殿。轴线两侧还分别建有钟楼、鼓楼（图 5-1-120）、用作办公及其他佛教活动等东西厢房。山门（图 5-1-121 ～ 图 5-1-123）位于最南向，与其相对为天王殿，天王殿两侧以围墙与二进院落分隔，墙上设有角门将前后两院连通。二进院中与天王殿后墙连为一体建有一倒座戏楼。与戏楼相对的是寺中主殿——大雄宝殿和拜殿。大雄宝殿之后是第三进院落。

天王殿为砖木结构，面阔三间 12 米；进深一间 9.5 米，硬山灰瓦顶，殿内露明造。建筑外檐为和玺彩画，室内梁枋为以植物、云朵为主的苏式彩画。

紧接天王殿后壁有面北而建戏楼一座，虽称为"楼"，实乃单层的"台"（图 5-1-124）。两檐相连成为一体，面阔小于天王殿，呈正方形一大间，为

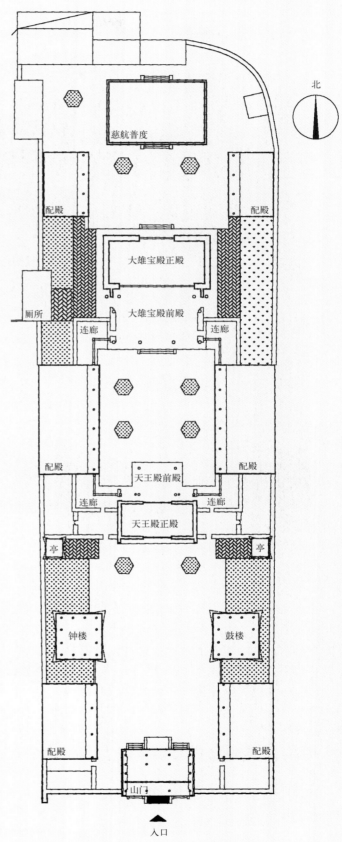

图 5-1-119 长安寺总平面图（沈阳建筑大学建筑研究所绘）

图 5-1-120　长安寺鼓楼外观（刘思铎摄）

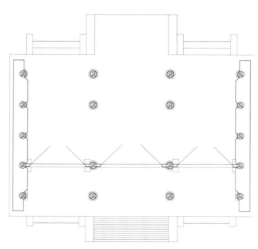

图 5-1-121　长安寺山门平面图（沈阳建筑大学建筑研究所绘）　图 5-1-122　长安寺山门立面图（沈阳建筑大学建筑研究所绘）

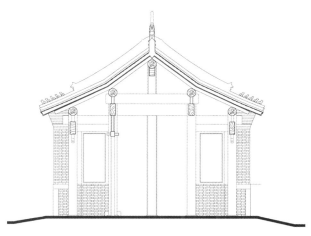

图 5-1-123　长安寺山门剖面图（沈阳建筑大学建筑研究所绘）

卷棚顶、灰瓦，三翘五踩斗栱，檩枋苏式彩画，风格独特。

大雄宝殿（图 5-1-125 ～ 图 5-1-129）为单檐歇山灰瓦顶，面阔五间，长 19.28 米，进深三间，宽 13 米，斗栱为三翘七踩，保留着明朝建筑风格，殿内露明造，檩枋有彩画。南面紧接大殿前檐的拜殿为卷棚屋顶，灰瓦，面阔四间，进深一间，前后无墙壁。东西两侧壁上嵌有道光时期重修碑记两通，殿内露明造，檩枋上均有彩画，斗栱为三翘七踩。在拜殿东西侧角门处竖立清朝重修碑四通。

院内的主要建筑为后殿，坐北朝南，亦为单檐歇山灰瓦顶，面阔五间，进深三间，室内露明造。后殿前东西两侧各建有三间配殿，硬山卷棚顶，前

图 5-1-124　长安寺戏楼外观（刘思铎摄）

图 5-1-125　长安寺大雄宝殿外观 1（刘思铎摄）

图 5-1-126　长安寺大雄宝殿外观 2（刘思铎摄）

图 5-1-127 长安寺大雄宝殿檐下（刘思铎摄）

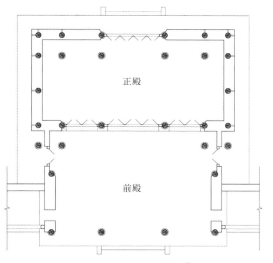

图 5-1-128 长安寺大雄宝殿平面图（沈阳建筑大学建筑研究所绘）

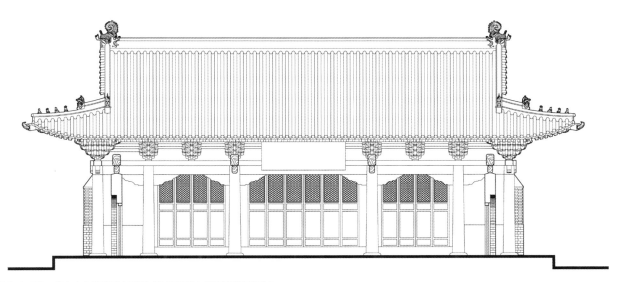

图 5-1-129 长安寺大雄宝殿立面图（沈阳建筑大学建筑研究所绘）

出廊。后殿的西北角的方丈室，面阔三间，进深一间。（执笔人：刘思铎）

十六、海城三学寺

三学寺位于辽宁省海城市内西南角，现为辽宁省省级重点文物保护单位。三学是佛教用语，指佛学者修持的戒、定、慧。戒学即戒律，防止身、口、意三不净业；定学即禅定，修持者思虑集中，观悟佛理，灭除情欲烦恼；慧学即智慧，能使修持者断除烦恼，达到解脱。

据寺内碑文及民国《海城县志》记载，该寺创建于唐。前殿为明代建筑，其他均为清代建筑，整个建筑由前殿（图 5-1-130）、后殿（图 5-1-131）、藏经楼、山门（图 5-1-132、图 5-1-133）、东西配殿、禅堂、围墙等组成，占地约 5000 平方米。到了清代道光年间已经颓败，光绪年间在此设立师范学堂，民国年间改设法院分庭。新中国成立后曾用作仓库、图书馆，1980 年代后成为宗教活动场所。

图 5-1-130　三学寺前殿外观（王严力摄）

图 5-1-131　三学寺后殿外观（王严力摄）

图 5-1-132　三学寺山门外观 1（王严力摄）

图 5-1-133　三学寺山门外观 2（王严力摄）

原有中殿于 1982 年被烧毁。现在的建筑是 1990 年代修复。

　　三学寺建筑群由前殿、中殿（图 5-1-134）、后殿等部分组成。前殿为单檐歇山式建筑，砖木结构，面阔三间，向南，东西长 15 米，宽 10 米、高 14 米，进深三间，五踩斗栱，大顶坡度长，正脊雕龙，两头有鸱吻，斜脊有跑兽，梁枋施彩绘。有前后回廊，建筑宏阔，雄伟庄严。中殿为重檐歇山式建筑，面阔五间，进深三间，东西长 20 米，宽 13 米，高 17 米，举架较高，砖木结构，七踩斗栱，正脊有雕龙，两头有鸱吻，斜脊有跑兽，前有回廊，梁枋施彩绘，建筑高阔，雕工精美。后殿为硬山式建筑，二层，石基，面阔五间，前有回廊。二层有栏板和木雕门窗，为藏书用，又名藏经楼。两旁有厢房各九间，硬山式建筑，前有回廊。在西厢房南头两侧建禅堂五间。山门三间，周砌砖墙。原有钟、鼓二楼已不存。两旁各修配房九间，均为硬山式建筑，砖木结构。

　　三学寺的前殿从木架结构和建筑风格来看，具有典型的明代建筑风格，是辽宁省目前仅存的

图 5-1-134 三学寺中殿外观（王严力摄）

几处明代庙宇群中较为重要的一处，对研究明代建筑及对后世影响等都具有重要意义。（执笔人：李培约）

十七、彰武圣经寺

圣经寺位于辽宁省彰武县城东北大四家子乡扎兰营子村。圣经寺始建于清道光二十一年（1841年）。创建人一世喇嘛包·甘曹扎兰毕（朝阳人）秉承施主宾图郡王旨意，奔走四方，募化金钱建成。初称"扎兰庙"，清光绪二十七年（1901年），二世喇嘛包·甘曹图格杰以广存经卷改称圣经寺。如今圣经寺只存大殿和一对石狮子，其他建筑都是1950年代以来陆续拆毁的。1988年，圣经寺被列为辽宁省省级文物保护单位。

圣经寺占地2万多平方米。根据1942年《满洲古迹古物名胜天然纪念物汇编》和县志记载，整体布局以三层藏式大殿为中心，院落平面呈方形，大殿后侧布置弥勒佛殿，佛殿左右布置佛塔两座，正殿前建有转经亭，右前布置关帝庙。山门为3间天王殿，院外大门两侧布置石狮子一对（现存）。整体布局严整，空间序列明确。现仅存三层楼阁式大殿一幢。

大殿（图5-1-135~图5-1-137）也称"措钦都纲"，意为"大经堂"，方形三层楼阁式建筑，基石长31.56米，宽22.15米，高1.3米，阁楼统高21.75米。一、二层为平顶，三层后部为"人"字形宫殿式建筑。原计划建81间，因故只修成78间。殿内有彩绘壁画多幅，今基本保存完好。

大殿建在高台上，前部门廊面阔五间，进深由门廊、经堂、佛殿三部分组成，前部门楼二层，底层门廊（图5-1-138）进深二间，双排方柱，柱上有绰幕枋（雀替）（图5-1-139），两侧是门楼，左侧室内设有楼梯，门楼一层有窗，二层墙面砌有装饰，系用白色小圆木砌成一个方框，内有黄

图 5-1-135　圣经寺大殿外观（汝军红摄）

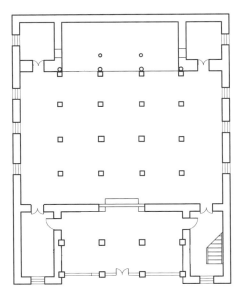

图 5-1-136　圣经寺大殿一层平面图（汝军红绘）

色大圆，上绘佛教图案。这种图案是藏传佛教建筑中所特有的装饰。中间经堂，高二层，进深四间，方柱四排，最后为佛堂，高三层，进深一间带前廊。经堂和佛殿两侧开有小窗。室内充满浓郁的宗教气氛。整个大殿在结构上采用木构梁柱与墙体共同承重的方法（图 5-1-140）。外墙厚实，门窗小，墙体收分明显，给人以一种厚实庄重之感。殿内木构部分绘有彩画，外部一层以白色为基调，和二、三层的红色形成对比，突出佛殿部分。碉房式建筑是藏传佛教所特有的建筑形式。随着宗教的传播，建筑作为意识的物质外壳，也同藏传佛教一起传播到其他地区，大约在 17 世纪传入东北，圣经寺就是这种传播的产物，具有重要的历史、科学和艺术价值。（执笔人：汝军红）

正立面图

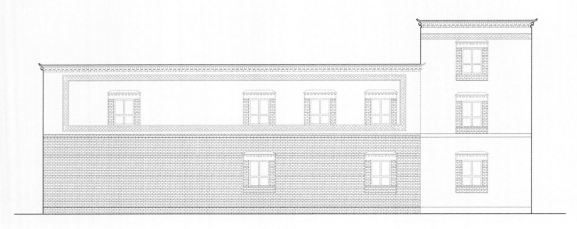

侧立面图

图 5-1-137　圣经寺大殿立面图（汝军红绘）

图 5-1-138　圣经寺大殿门廊（汝军红摄）

图 5-1-139　圣经寺大殿柱头构造及装饰（汝军红摄）　　　　图 5-1-140　圣经寺大殿内部（汝军红摄）

十八、阜新瑞应寺

　　瑞应寺（蒙古族人称"葛根苏木"，俗称佛喇嘛寺。）位于辽宁省阜新市西南 22 公里蒙古族自治县佛寺镇佛寺村，东、西、北三面岗岭环抱，东南面伊玛图河水萦回，正南面与宝旗山相对。瑞应寺始建于清康熙八年（1669 年），完成于清康熙四十二年（1703 年），道光三年（1823 年），皇帝赐金龙镶边用满、蒙、藏、汉四种文字雕刻的"瑞应寺"大匾。从此瑞应寺走向昌盛，成为东北地区最大的佛教寺庙。1984 年瑞应寺成为省内首批恢复的合法的宗教活动场所，并被列入省级重点文物保护单位。从建寺到中华人民共和国成立前的 280 年当中，曾传六世活佛。是一座具有 300 多年历史的藏传佛教寺庙。是我国东部地区蒙古族的宗教、文化、医药中心，素有"东藏"之称。

　　瑞应寺方圆十里有余，其中有大雄宝殿、祈愿殿、九大臣祈愿殿及东西配殿，大雄宝殿外有四大

扎仓和德丹阙凌及活佛殿，周围有五座庙宇，分别建在东西南北山顶或山坡上，白伞庙在东北山顶，护法殿在东南山顶、面北而坐，度母庙在西南山头，关帝庙在西南山坡，舍利庙在西北山顶。整个庙宇布局合理、主次分明，形成了内外相映、四面对称的独特格局，此外还有绕寺一周的环寺路，路边有万尊石佛，环路而立，宏伟壮观，实为佛门圣地。该寺经历了几百年来风雨侵蚀，现除前殿外，其他庙宇全无，但从前殿的建筑规模和镂雕画柱上看，仍可想象当年的宏伟雄姿。

　　瑞应寺山门（图 5-1-141）为三开间歇山顶，门内为跳鬼场，场以砖石砌成，系四方形。左右有石制狮两个，高二丈。场后为第二门，五开间。门内东西有钟、鼓楼，中央有转经轮一座，高三丈余；左右有转经轮各一，高二丈许，延北为前殿，按九九数建成，层楼耸立。前殿悬有御制匾额一方，文曰：瑞应寺。殿东南角有高房三间，内贮大锅二口，可容米三石。前殿后面依次为中殿、后殿。

中殿为斜山转角式，比前殿规模略小。殿前石路，满镌龙形。后殿九开间，形式与中殿相同，后殿前建石塔一座，高七丈余。后墙有便门四扇，左右有藏文石碑两座。

前殿（图5-1-142）是瑞应寺最宏伟的建筑，殿阁三层，方形台基每边长37米，外柱高10米，

内柱高10米多。二楼为环形平台，三楼是一个歇山式的小殿，充分表现了喇嘛教寺院建筑的风格。大殿建在高台上，整体面阔九间，前部门廊面阔五间，进深由门廊、经堂、佛殿三部分组成，前部门楼二层，底层门廊进深一间，单排方柱，柱上有绰幕枋（雀替），两侧是门楼，门楼实墙无窗，二层

图 5-1-141　瑞应寺山门外观（汝军红摄）

图 5-1-142　瑞应寺前殿外观（汝军红摄）

图 5-1-143　瑞应寺室内（汝军红摄）

墙面砌有装饰，系用金色圆木砌成一个佛龛，内有黄色大圆，上绘佛教图案。这种图案是佛教建筑中所特有的装饰。中间经堂，高二层，进深九间，方柱 8 排，最后为佛堂，高三层，进深一间带前廊。经堂和佛殿两侧开有小窗。室内充满浓郁的宗教气氛（图 5-1-143）。整个大殿在结构上采用木构梁柱与墙体共同承重的方法。外墙厚实，门窗小，墙体收分明显，给人以一种厚实庄重之感。殿内木构部分绘有彩画，外部一层以白色为基调，和二、三层的红色形成对比，突出佛殿部分。（执笔人：汝军红）

十九、辽阳首山清风寺

清风寺位于辽宁辽阳县西南十五里首山乡马伊屯村，1988 年被列为辽宁省级文物保护单位。清风寺始建于明隆庆五年（1517 年），初建规模不大，后经清乾隆四十四年（1779 年）、道光、特别是咸

丰七年（1857 年）大规模修整与扩建后，可谓气势轩昂、肃穆庄严，曾为明清两代辽阳八景之一，被誉为"辽东大观"，享有"山海关外第一寺"之美称，历史上曾有"辽南第一寺"的美称。山门墙壁上嵌有清咸丰七年（1857 年）立的石碑。正殿仍保留明代歇山式做法，是省内现存明代殿宇建筑的典型代表。正殿后有白松一株，为国内罕见。

清风寺（图 5-1-144 ～ 图 5-1-146）依山势而建，坐北朝南。整体建筑布局以山门、正殿、后殿为中轴线，东西两侧布置附属建筑。正殿东西两侧各有配殿三间，东西配殿辟有角门，直通狐仙堂后殿。山门左右为钟鼓楼，穿过角门是三间后殿，整体形成一方形院落式寺庙建筑（图 5-1-147、图 5-1-148）。整个寺庙建筑为传统木构建筑，由山门、前殿、后殿、配殿及僧塔组成寺院。

山门（图 5-1-149、图 5-1-150）面阔三间，一明两暗，面阔 21 米，进深 7.1 米，为单檐硬山式，

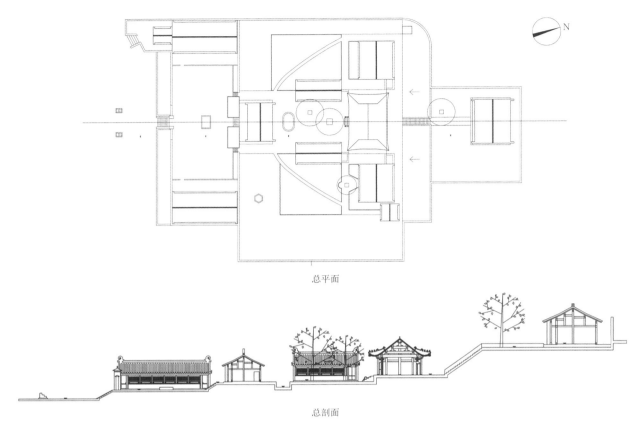

总平面

总剖面

图 5-1-144　清风寺总平面、剖面图（汝军红绘）

图 5-1-145　清风寺南海慈云殿外观（王严力摄）

图 5-1-146　清风寺观音殿外观（王严力摄）

图 5-1-147　清风寺院落 1（王严力摄）

图 5-1-148　清风寺院落 2（王严力摄）

图 5-1-149　清风寺山门外观 1（王严力摄）

图 5-1-150　清风寺山门外观 2（王严力摄）

硬山式屋顶垂脊前装有戗兽及走兽，前檐柱下垫鼓形石柱础，明间为对开板门抱厦框，前镶抱鼓石一对，两侧次间石雕卷草放的方形圆孔窗。山门前垂带踏步五级，台明前高 0.6 米，后高 0.12 米。门前原有绿砂岩石狮一对。

正殿（图 5-1-151～图 5-1-154）面阔三间，为明代主体建筑，建于青砖砌筑的台基之上，筒瓦歇山式，面阔 11.90 米，进深 8 米，台基五级高 1.20 米，主体为抬梁式木构架，单檐屋顶戗脊上有戗兽，有跑兽，梁头有套兽做成麻叶头形。斗栱连接处，饰以精美的莲花彩绘。顶部有华丽高雅的藻井、东西墙壁饰嵌大型壁画。明间为对开棂格门，三组六扇两次间对开四扇棂格窗。

左右配殿三开间，为单檐硬山式屋顶，廊心墙上雕饰山水花鸟，明间是四扇对开的棂格窗。后殿三间，长 11.8 米，宽 8 米。为硬山式屋顶，檐柱高 2.5 米，廊心墙上刻咸丰、乾隆、道光碑刻（图 5-1-155）。（执笔人：汝军红）

图 5-1-151　清风寺正殿外观（王严力摄）

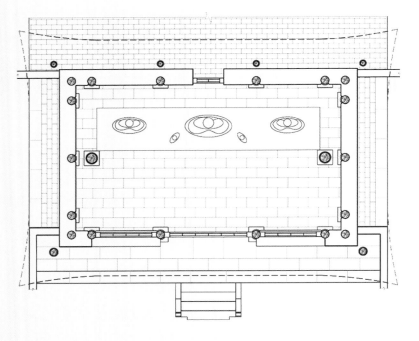

图 5-1-152 清风寺正殿平面图（汝军红绘）

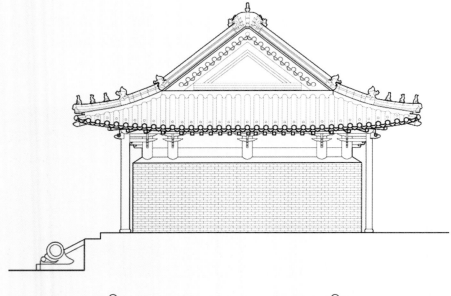

图 5-1-153 清风寺正殿侧立面图（汝军红绘）

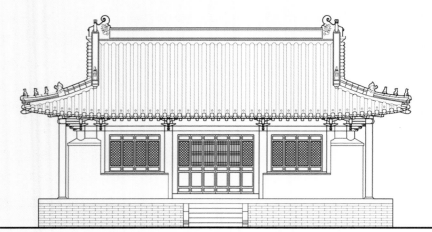

图 5-1-154 清风寺正殿正立面图（汝军红绘）

图 5-1-155　清风寺厢房外观（王严力摄）

二十、铁岭慈清寺

慈清寺坐落在辽宁省铁岭市龙首山北峰之巅，是辽北四大名胜之首，原名秀峰寺、水潮寺，清代改为慈清寺，因曾供奉玉清元始天尊、上清灵宝天尊和太清太上老君又称三清观。慈清寺是辽北最古老的寺庙，始建于唐景龙（公元 707 年），但有说寺庙是建于明初前后。明初为秀峰寺，明中期曰水潮寺。民国十一年城内士绅对慈清寺进行了扩建，改山门，建起了醉翁楼，楼前修起了两进套院。慈清寺 1988 年被列为辽宁省文物保护单位。

慈清寺为四进院落（图 5-1-156 ～ 图 5-1-158），依山就势，层阶相连，拾阶而上，一步一层天。一进套院院墙为青砖砌成的花墙，二进套院的石阶两侧有两座石碑，东侧碑为民国十一年所立的修建醉翁楼、魁星楼碑记，西侧为清代的书法家魏燮均撰并书的龙首山慈清寺碑记。

山门台阶前左右立有石狮一对，上台阶后二进套院里数株古松令人流连，迎面一座二层楼阁式木构建筑，此建筑在民国十年由原山门改建成醉翁楼（图 5-1-159 ～ 图 5-1-162），一楼为进出寺院的通道，二楼曾为文人墨客品茗赋诗之处。第三进院落的前面为醉翁楼，有正殿、东西配殿，均为三开间硬山式建筑。院内有一株 500 余年的古松，苍劲挺拔。正殿（图 5-1-163、图 5-1-164）面阔三间，进深五架椽，前檐下有廊，檐枋有鲜艳的彩绘。殿内供释迦牟尼等三尊佛像，并立有八大金刚泥塑。西殿供奉三清，正中三清高坐，两侧为封神榜故事的彩绘图，其笔法精湛，色彩灿烂，各路神仙千姿百态，栩栩如生。

秀峰寺（图 5-1-165、图 5-1-166）塔位于慈清寺南 100 米处，为八角九级实心密檐式砖塔，建于明弘治年间，1591 年重修。塔身有砖雕佛像、佛龛。秀峰寺塔的北面有陶然亭，南面是滴翠亭，滴

寺观

〇八一

图 5-1-156　慈清寺院落 1（王严力摄）

图 5-1-157　慈清寺院落 2（王严力摄）

图 5-1-158 慈清寺院落 3（王严力摄）

图 5-1-159 慈清寺山门入口（王严力摄）

图 5-1-160　慈清寺醉翁楼外观（王严力摄）

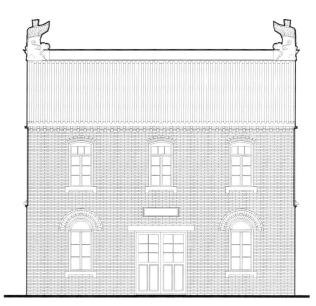

图 5-1-161　慈清寺醉翁楼外观北立面（汝军红绘）

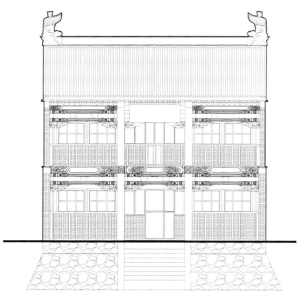

图 5-1-162　慈清寺醉翁楼南立面（汝军红绘）

图 5-1-163　慈清寺大雄宝殿外观 1（王严力摄）

图 5-1-164　慈清寺大雄宝殿外观 2（王严力摄）

图 5-1-165　秀峰寺塔（汝军红摄）

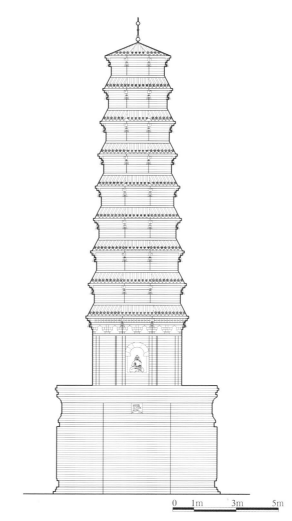

图 5-1-166　秀峰寺塔立面图（汝军红绘）

翠亭南是魁星楼。秀峰寺塔的东面还有一座小石亭（图 5-1-167），亭内的石碑上记载着古塔的重修经过。（执笔人：汝军红）

二十一、朝阳佑顺寺

　　佑顺寺，俗称喇嘛庙，位于辽宁省朝阳市区新华路北侧，是朝阳境内较大保存较好的喇嘛教寺庙。1988 年佑顺寺被列为辽宁省文物保护单位，2006 年被列为全国重点文物保护单位。清康熙三十七年（1698 年）北京白马寺喇嘛卓尔济到辽西择地建寺，经康熙皇帝批准，第二年破土动工，八年后竣工。寺院建成后，康熙皇帝赐名"佑顺寺"，并赐檀香佛教像一尊。佑顺寺早在清初就已屡受皇恩，据说乾隆皇帝在去盛京祭祖途中曾在此驻跸，并为寺院题写匾额"真如妙觉"。原建筑 1967 年拆除，1989 年恢复时，按原位置向后移 30 米。佑顺寺现已经被辟为朝阳市博物馆，向游人开放，展出朝阳地区出土文物。

图 5-1-167　石亭（王严力摄）

佑顺寺坐北朝南，南北长 163.6 米、东西宽 63.8 米，总占地面积 16975 平方米，原建筑面积 4100 平方米，现存建筑面积 3800 平方米。从南至北，共有五进院落（图 5-1-168）。其建筑布局为中轴线对称式，主体建筑从南向北依次为牌楼、山门、天王殿、藏经阁、大雄宝殿、更衣殿、后殿，其他建筑呈东西对称，从南向北依次为东西厢房、戏楼和关帝庙、钟鼓二楼、东西配房、东西配殿、东西经堂。天王殿前东有戏台，西有关帝殿。山门前原有照壁和牌坊今已不存，后期维修新建了一座牌坊。藏经阁前东有钟楼（图 5-1-169），西有鼓楼（图 5-1-170），今亦不存。

佑顺寺建筑形式多样，包括：硬山式、歇山式、庑廊式，建筑结构严谨，装饰典雅，所有建筑均为中国传统的砖木结构。

牌楼（图 5-1-171）为三楼四柱式，石基、木柱、重檐青瓦顶。

佑顺寺的山门（图 5-1-172）是中轴线的第一座建筑，山门前有广场和后建的牌坊，后面有甬路进入寺院，左右两侧设具有环抱前广场之势的墙体。山门是一座单檐庑殿顶建筑。面阔三间、进深一间；梁架为五架抬梁式。明间次间南北均辟券顶大门，南侧设木制板门，北侧通透无门。山门南侧后期加筑了长方形月台，月台置 5 步踏跺总高 0.6 米，与原有台基齐平。山门外墙上半部分涂为暗红色，下碱为条石和虎皮石墙砌筑，墙体转角处为条石。山门殿顶为筒瓦瓦面，勾头、滴水齐全。

佑顺寺的天王殿（图 5-1-173）是寺院中轴线上第二座建筑，也是第一院落的主体建筑，为单檐庑殿顶。面阔五间，进深一间。在明间前后均辟券顶门一座，两侧前后次间都有圆形洞窗共四扇。整个建筑比例匀称，造型庄重美观。

大雄宝殿（图 5-1-174）在佑顺寺的中轴线上占有重要地位，是一座单檐歇山式建筑。面阔五间，进深三间，建筑面积 600 平方米；梁架为七架前后廊抬梁式。南侧明间、次间设有六抹隔扇门，两侧尽间靠门一侧设置两扇窗。殿内天花藻井、梁枋斗栱饰有彩绘，殿外朱墙上嵌有精美石雕，其四角檐下置角柱，柱基为卧兽石础。正脊两端装有大型鸱吻，中间为一铜铸宝葫芦形小塔。其建筑风格充分体现了清初的艺术特点。（执笔人：哈静）

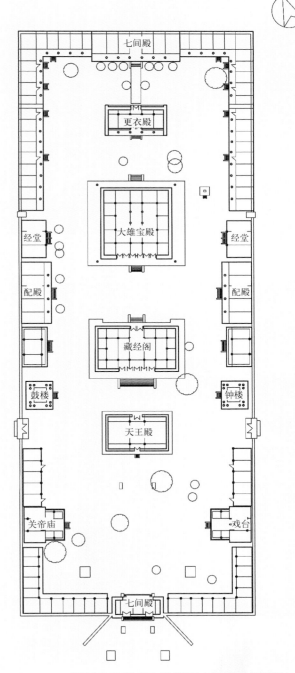

图 5-1-168　佑顺寺总平面示意图（沈阳建筑大学建筑研究所测绘）

图 5-1-169　佑顺寺钟楼外观（哈静摄）

图 5-1-170　佑顺寺鼓楼外观（哈静摄）

图 5-1-171　佑顺寺牌坊外观（哈静摄）

图 5-1-172　佑顺寺山门外观（哈静摄）

图 5-1-173　佑顺寺天王殿外观（哈静摄）

图 5-1-174　佑顺寺大雄宝殿外观（哈静摄）

二十二、凌源万祥寺

万祥寺位于辽宁省凌源市宋杖子镇康官营子村北山南坡，是凌源市境内规模最大的喇嘛庙，占地5万平方米，是清乾隆皇帝敕御修建的一座集藏、蒙、汉三个民族建筑风格于一体的喇嘛寺庙，该寺庙始建于清乾隆四年（1739年）。弘历四十八年（1783年）乾隆到盛京（今沈阳）祭祖，途经凌源驻跸于此，并赐名"万祥寺"。1988年，被列为辽宁省省级文物保护单位。

万祥寺（图5-1-175、图5-1-176）建在群山环抱、峻岭起伏的山腰上，该寺坐北朝南，依山就势，随地势高低而形成阶梯式院落。寺庙分别建在由南而北阶梯状的四个平台上，分5层跨院。自下而上，沿着南北中轴线依次建有天王殿、阎王殿、大雄宝殿、罗汉殿、钟楼、鼓楼、藏经殿、东西配殿等，共有500余间禅房（现存100多间）。

天王殿（图5-1-177～图5-1-182）位于第一进院南侧中心，兼做山门，形制简朴，一层建

图 5-1-175 凌源万祥寺总平面图（沈阳建筑大学建筑研究所测绘）

1 天王殿
2 观音阁
3 大雄宝殿
4 藏经阁

筑，硬山屋顶覆以灰色瓦顶，正脊平直，端部置吻兽。大殿面阔三间，进深一间，砖砌实墙，南北向正间各开一圆拱形门，北侧次间为圆形窗，方格窗棂，水泥抹灰雕花门窗套，具有藏式建筑风格。南侧次间开窗较大，为方形，无窗套。墙面红砖色抹灰，五花山墙，勒脚为不规则石砌，建筑砌筑在三级台阶之上。内部结构为木制五架梁，殿中供奉大肚弥勒菩萨。

大雄宝殿（或称大经堂、诵经堂、大殿）（图5-1-183 ～图 5-1-191）为第二进院主体建筑，为藏汉式风格相融合的两层建筑，共有禅房 81 间。由前廊、经堂、佛殿组成。前廊作抱厦式，面阔五间，进深一间，彩柱画梁，装饰复杂。经堂内朱红大柱纵横排列，梁架纵向布置，梁柱结合处施斗，上用十字弓形大托木过渡，中央内槽开天窗。二层中间为方形三间歇山式，正房屋顶高于厢房，正脊中心置宝顶，端部有鸱吻。室内顶棚饰藻井式天花，彩绘以龙和梵文六字真言为主题，两侧建有回廊。

寺观

图 5-1-176 万祥寺全貌（徐帆摄）

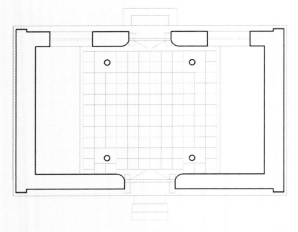

图 5-1-177 万祥寺天王殿平面图（沈阳建筑大学建筑研究所测绘）

藏经阁（图 5-1-192～图 5-1-195）位于第三进院南侧，砖木结构楼阁式二层建筑，硬山灰瓦屋顶，正脊平直，中间置宝顶，端部有吻兽。平面开间五间，进深一间，置石台阶之上。明间满开间开门，次间开满窗，除勒脚为砌筑整齐的青砖外，整个立面为木制红漆，半圆木柱分隔开间，窗棂为方格状。内部空间为中空回廊式布局，二层回廊木制红漆栏杆，木框架结构体系，木制格构平天花吊顶，每格内为金漆盘龙纹样。阁内供奉高 6 米的金漆木雕弥勒佛像。（执笔人：徐帆）

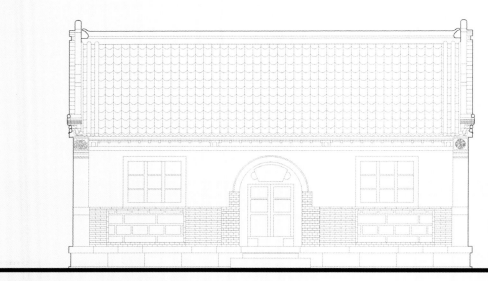

图 5-1-178 万祥寺天王殿南立面图（沈阳建筑大学建筑研究所测绘）

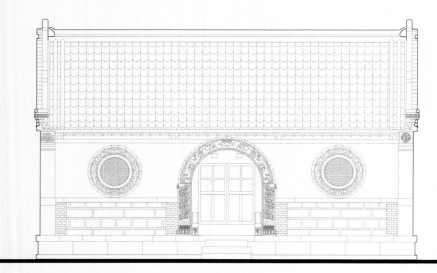

图 5-1-179 万祥寺天王殿北立面图（沈阳建筑大学建筑研究所测绘）

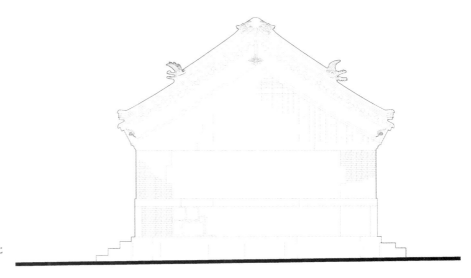

图 5-1-180 万祥寺天王殿侧面图（沈阳建筑大学建筑研究所测绘）

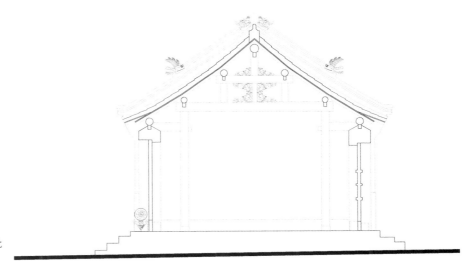

图 5-1-181 万祥寺天王殿剖面图（沈阳建筑大学建筑研究所测绘）

图 5-1-182 万祥寺天王殿内部结构（徐帆摄）

图 5-1-183　万祥寺大雄宝殿外观（徐帆摄）

图 5-1-184　万祥寺大雄宝殿南侧外观（徐帆摄）

图 5-1-185 万祥寺大雄宝殿北侧外观（徐帆摄）

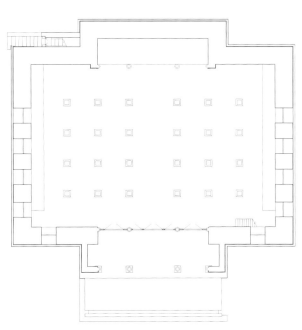
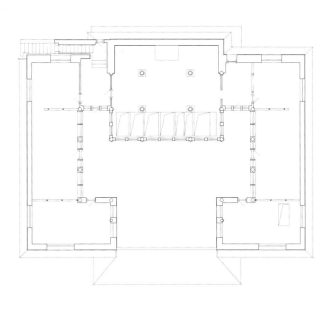

图 5-1-186 万祥寺大雄宝殿平面图（沈阳建筑大学建筑研究所测绘）

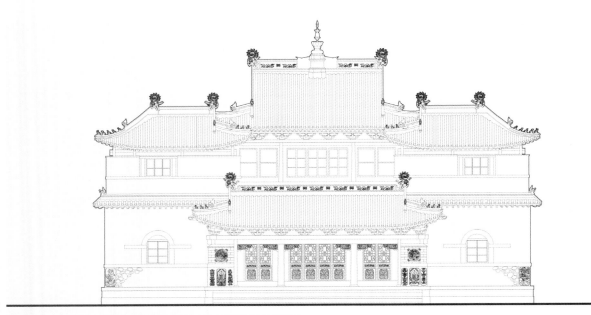

图 5-1-187　万祥寺大雄宝殿南立面图（沈阳建筑大学建筑研究所测绘）

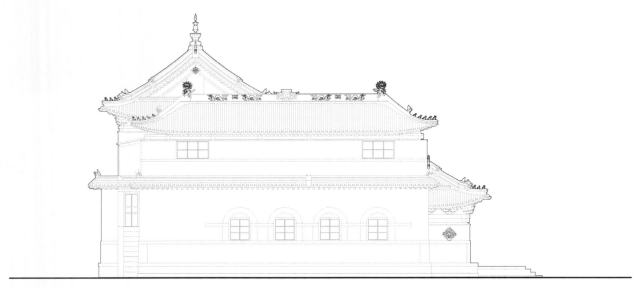

图 5-1-188　万祥寺大雄宝殿西立面图（沈阳建筑大学建筑研究所测绘）

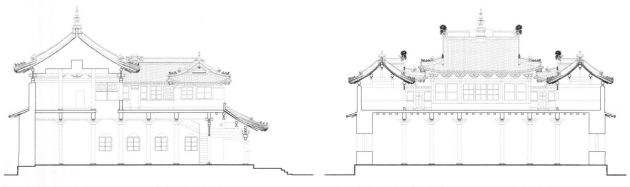

图 5-1-189　万祥寺大雄宝殿剖面图 1（沈阳建筑大学建筑研究所测绘）　　　　图 5-1-190　万祥寺大雄宝殿剖面图 2（沈阳建筑大学建筑研究所测绘）

图 5-1-191　万祥寺大雄宝殿细部（徐帆摄）

图 5-1-192　万祥寺藏经阁外观（徐帆摄）

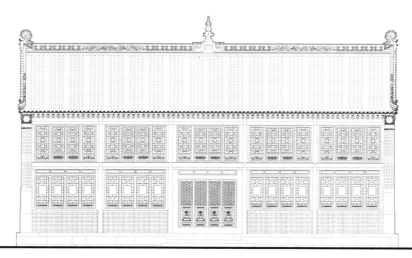

图 5-1-193　万祥寺藏经阁立面图（沈阳建筑大学建筑研究所绘）

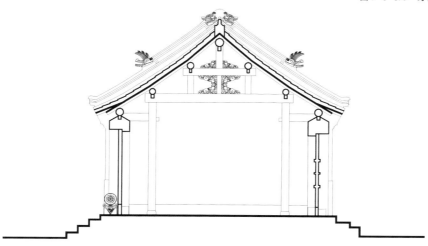

图 5-1-194　凌源万祥寺天王殿剖面图（沈阳建筑大学建筑研究所测绘）

图 5-1-195　万祥寺藏经阁内部（徐帆摄）

二十三、北票惠宁寺

惠宁寺位于辽宁省北票市下府。清初，土默特右翼旗署建于此地。惠宁寺始建于乾隆三年（1738年）。乾隆十五年（1750年）修大殿及东西两侧各三间和二门三间，乾隆二十一年（1756年）皇帝钦定庙名为惠宁寺，乾隆四十八年（1783年）修西侧五间殿供奉五皇佛，乾隆六十年（1795年）维修大殿扩建东侧殿为五间，把破旧的七间楼重新修成舍利殿，西侧修成三间关帝庙。从碑文记载分析，惠宁寺在乾隆年间就已形成了现在的规模。1988年，惠宁寺被辽宁省人民政府公布为辽宁省重点文物保护单位。

1996年，惠宁寺边的大凌河要修建白石水库，用以减轻下游洪水灾害，对下游农业资源的开发及对阜新等严重缺水城市提供生产生活用水。惠宁寺在"文革"期间遭到严重破坏以后，一直未进行过有效的修缮，致使惠宁寺险情和隐患丛生。白石水库投资建设后，惠宁寺周边的居民已全部迁走，使惠宁寺失去了原地存在的条件和环境，为更好地保护这一蒙古族藏传佛教古建筑，经多学科的专家多次论证，决定将惠宁寺整体搬迁、易地保护，使其得以全面修缮和更合理的利用。迁建后的惠宁寺和原来几乎一致，只是补齐了全部缺失的西配殿和西角门。2005年5月迁建完工验收合格。

寺院（图5-1-196）坐北朝南，北靠端木塔杜山，南临大凌河。南北长192米，东西宽63米，占地面积达12000多平方米。其建筑以南北为轴线对称布置，中轴线由南向北贯通着四重院落，依次有山门、天王殿、大殿、四方殿（藏经阁）、七间殿（舍利殿）；东西为纵轴，对称布局，东侧为东角门、钟楼、东更房、药王殿、武王殿、东配殿、弥勒殿；西侧为西角门、鼓楼、西更房、书写殿、五佛殿、西配殿、关帝殿、西配殿；东、西角门现已无存。东侧保留较完整的二座院落是石佛仓和东石佛仓。惠宁寺周围的原建筑有兆万仓、帅佛仓、拉僧仓等12个喇嘛仓，其中两个是官仓，十个是私仓。

惠宁寺整体建筑形式多种多样，有殿堂及二、三层楼阁，就屋顶形式而言，有最高等级的庑殿顶，也有歇山、卷棚、硬山瓦顶等；既有筒瓦、干槎瓦、棋盘心等屋面，也有以板筒瓦为主的屋面。整体施工的做法虽然大同小异，但又各有千秋，这在其他地方的组群建筑中是很少见到的，这也是藏传佛教建筑组成的特点。

山门（图5-1-197～图5-1-200）位于惠宁寺的最南部，是惠宁寺主入口，建成于清嘉庆八年（1803年）。山门坐落在长21米，宽15.5米，高0.6米的月台上，月台面积178.05平方米。月台上置石

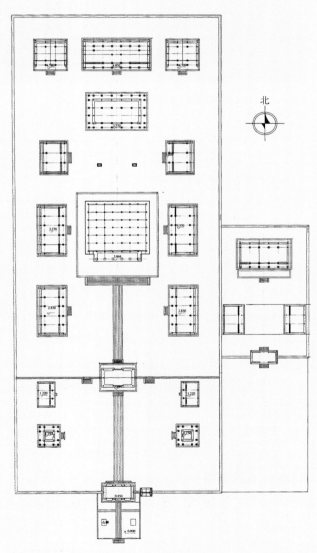

图5-1-196 惠宁寺迁建新址总平面图（引自《辽宁省惠宁寺迁建保护工程报告》）

图 5-1-197　惠宁寺山门外观（谢占宇摄）

狮子一对。山门建筑面阔三间，进深一间，单檐歇山顶，高度约 6.26 米，建筑面积 102.56 平方米。明、次间面阔均为 3.2 米，进深 4.6 米。山门的殿身正面及背面各间辟拱券门，白石券额，其上浮雕二龙戏珠。侧脚浮雕为博古花瓶、蔓草花纹，背面的拱券石未做雕饰，内外皆无斗栱。外墙白灰砂浆抹面，殿内未涂色，殿外涂深红色。屋面用黑色筒板瓦做法，正面为棋盘式，设大吻一对。梁架部分为五架梁，步架脊步为 1.21 米，檐步为 1.06 米，出檐 1.08 米，山面采用 45° 抹角梁的做法，两抹角梁交于山面中柱上。室内五架梁下有井口天花。室内地坪到五架梁底皮高 3.16 米，到脊檩高 5.10 米。

　　钟鼓楼（图 5-1-201 ~ 图 5-1-205）位于惠宁寺山门内两侧，东侧为钟楼，西侧鼓楼，建筑形式相同。建筑两层平面下大上小，呈方形，面阔进深均为一间，带围廊。建筑面积皆为 95.7 平方米，明间面阔 3.2 米，次间 1.6 米，同进深约 6.44 米，廊深 1.6 米。钟鼓楼为大式木作结构，重檐歇山顶，楼阁式建筑，建筑高度约 9.53 米。一层廊柱上设

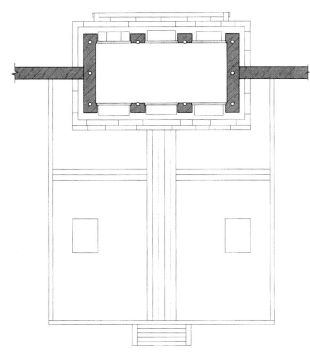

图 5-1-198　惠宁寺山门平面（引自《辽宁省惠宁寺迁建保护工程报告》）

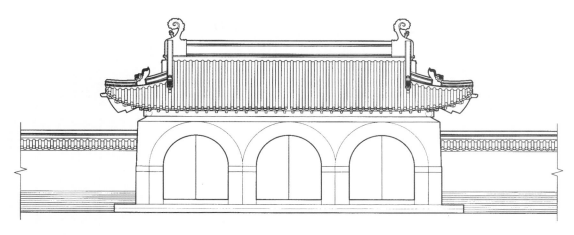

图 5-1-199 惠宁寺山门正立面（引自《辽宁省惠宁寺迁建保护工程报告》）

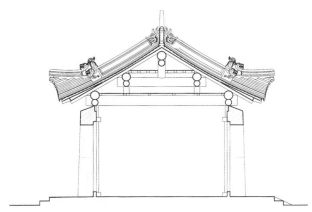

图 5-1-200 惠宁寺山门剖面（引自《辽宁省惠宁寺迁建保护工程报告》）

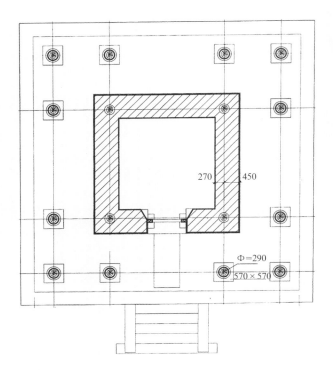

图 5-1-201 惠宁寺鼓楼外观（谢占宇摄）

图 5-1-202 惠宁寺钟鼓楼一层平面（引自《辽宁省惠宁寺迁建保护工程报告》）

有夔龙卷草纹雀替，雀替上有额枋和平板枋，枋上施三踩斗栱，上承挑檐枋。斗栱布置明间平身科二攒，柱头科二攒，转角科二攒。建筑一层正面辟门，为券拱式，楼内北面置扶梯一座。二层的外檐柱间设莲柱式挂落，内檐柱落在抱头梁上，一层的金柱直接升到二层。二层的梁架为五架梁。步架脊步0.96米，金步0.62米，檐步0.80米，出檐0.80米。山面采取抹角梁，收山为0.62米。二层的斗栱与一层相同，只是额枋下用挂落而不用雀替，二层明间原用隔扇封闭，现已被破坏。建筑的一层室内地面到二层楼地面高3.5米，到五架梁底皮高6.81米。到脊檩上皮为7.93米。

大雄宝殿（图5-1-206～图5-1-209）位于惠宁寺的中心处，是寺内的主要建筑。据大殿东侧清道观二年（1822年）的蒙古碑文记载："大殿始建于乾隆十五年（1750年）"。后毁于光绪二年（1876年）正月初四晚上一场大火。于光绪八年（1882年）动工重修。现在的大殿，应是光绪八年的建筑，后整体迁建而成。大雄宝殿为3层楼阁式建筑，建筑高度约14米，建在高1.5米的石制台基上，前有6米月台、十级踏跺。台基面宽29.1米，进深18.4米，建筑面积855.1平方米。它是藏、汉、蒙民族建筑艺术巧妙结合的产物。它采用了藏族的碉房建筑形式与汉族的歇山、庑殿顶相结合的方法，在其装饰上又采用了藏族的盲窗、卞玛（汉语称"圣柳墙"）拆角柱、绰幕杭（汉语称"雀替"）、祥鹿、法轮和汉族的斗栱、门、窗、栏杆以及具有蒙古意味的菱花格、莲花瓣等，使汉、藏、蒙建筑手法相互融通，相得益彰。大殿一层面阔七间，明间3.2米，余2.88米。进深七间，均为2.88米。在使用功能上，分前廊、经堂、佛殿三部分。正面五间设前廊，廊深一间、南面明、次间设大门，梢间设墙，尽间后退设盲窗。廊柱为藏式的折角柱，柱漆朱红色，柱头和檐口装饰有龙和幢幡纹图案。大殿柱网布局为"都纲"式纵横成网。内柱方形34厘米×34厘米，檐柱方形48厘米×48厘米，柱础石随形略大。柱上承雀替（藏语为绰幕杭），雀替上梁枋刻莲花瓣和菱花格进

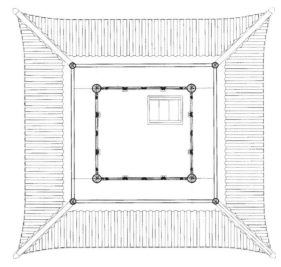

图5-1-203　惠宁寺钟鼓楼二层平面（引自《辽宁省惠宁寺迁建保护工程报告》）

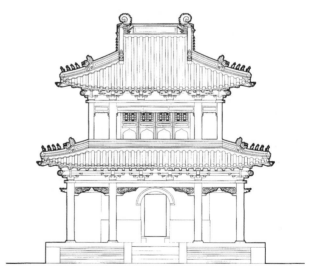

图5-1-204　惠宁寺钟鼓楼立面（引自《辽宁省惠宁寺迁建保护工程报告》）

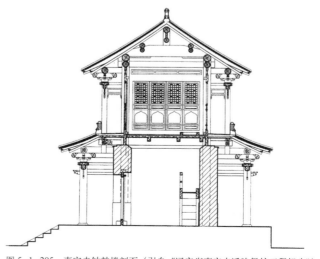

图5-1-205　惠宁寺钟鼓楼剖面（引自《辽宁省惠宁寺迁建保护工程报告》）

图 5-1-206　惠宁寺大殿外观（谢占宇摄）

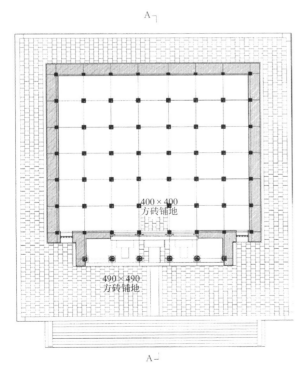

400×400
方砖铺地

490×490
方砖铺地

图 5-1-207　惠宁寺大殿一层平面图（引自《辽宁省惠宁寺迁建保护
工程报告》）

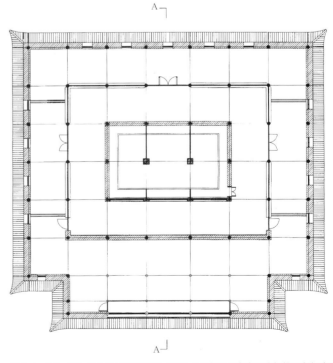

图 5-1-208　惠宁寺大殿二层平面图（引自《辽宁省惠宁寺迁建保护工程报告》）

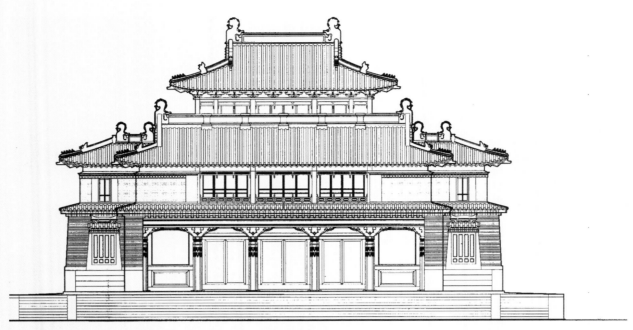

图 5-1-209　惠宁寺大殿正立面图（引自《辽宁省惠宁寺迁建保护工程报告》）

行装饰。一层高 4.28 米，经堂柱网中设天井，共占三间，两根内柱直达二层楼顶。一层北部为佛龛，供奉三世佛；西南角设楼梯上二层。大殿一层墙体厚 1 米，既是围护结构，又起承重作用。下碱条石砌筑，上身青砖淌白墙。二层建筑平面呈"回"字形。南面为五开间的歇山顶建筑；东、西、北三面连成 17 开间的庑殿顶建筑，四面相同相连，中间为天井。南面五间为七檩抬梁式大木构架，明间面阔 3.2 米，次、梢间 2.88 米，进深二间，每间 2.88 米。中三间随檐柱加栏杆、倒挂楣子。七架梁下置中柱，用抹角梁法出山面，梢间结构与两厢木架相连。南面梢间采用荆条（藏称"圣柳"）砌筑。东、西、北三面 17 间，五檩抬梁式结构，梁下均有随梁枋，步架均为 0.72 米，出檐为 0.87 米。三面外墙均采用藏式的"圣柳"（油炸过的荆条）墙以减轻荷载，还在其中镶嵌象征日月星辰的白色圆形木雕。建筑室内高 3.7 米。天井为一层与三层的过渡部分，内设回廊，木制栏杆，三面壁画，南面设窗。东、西、北三面均采用庑殿顶，而南面采用歇山顶。南面正脊当中还存有五个砖雕的须弥座。三层为大殿最高层，举高 4.5 米，面阔三间，进深三间，带周围廊，

明间面阔 3.2 米，次间为 1.92 米，进深每间为 1.92 米，廊深 0.96 米。为单檐歇山顶，七檩抬梁式结构，五架前后各出一步架，各步架相同，均为 0.96 米，出檐为 0.88 米。梁下均有随梁枋。外檐柱上置平板枋和额枋，平板枋上施三踩斗栱。明间平身科两攒，次间一攒，进深方向每间一攒。额枋下面还有挂落，檐柱间还有栏杆。另外为了减轻重量，三层殿的东、西、北三面采用木板墙，南面明间设六抹隔扇门。山面采用 45 度抹角梁的做法，两抹角梁交于山面中柱上。惠宁寺主体建筑的雕刻构件较多，以大殿为例，大殿槛墙下石作以及大殿南面明间上部安装的木雕龙，其雕刻手法自然，线条流畅，人物花草逼真，有较高的艺术价值。大殿彩画种类也很多，枋心画有行龙、草龙、什锦、花草、云秋木等，尤其是三层楼阁的彩画更是让人耳目一新，室内硕大的柱头雀替和柱头上都绘有各种缨珞花纹，虽属杂式做法，但绝大部分沥粉贴金，使殿堂熠熠生辉，显示了藏传佛教文化底蕴深厚的特点。

　　藏经阁始建于清乾隆三年（1738 年），位于惠宁寺中轴线上、大殿后面，是该寺的主要建筑之一。藏经阁是寺内藏经和学习密宗经典的地方，故

也称为"密宗殿"，当地称之为"四方殿"。藏经阁为单檐庑殿顶建筑，建筑高度约8.8米，建在一层条石砌筑的台基上，散水为青砖铺墁。该殿的东、西、北三面均为砖墙封砌。下肩墙以上的墙体开始有收分，墙体内侧的东、西绘有佛祖释迦牟尼从出生到圆寂的六十八幅壁画。建筑面阔五间，进深两间，山面显三间，建筑面积314.75平方米，为增大殿内空间柱网采用减柱造。明间面阔3.5米、次间为3.53米，梢间2.9米，廊宽1.64米。进深方向明、次间均为2.9米，廊深1.64米，其中明、次间辟隔扇门四扇，梢间辟隔扇窗二扇。大木构架为九檩五柱式，后上金檩，下施通柱，承插前五架梁，后双步梁，四周出廊步，以麻叶单步梁及穿插枋与金柱相连。各步架除檐步为1.62米外，其余均为1.44米。明间出檐为1.09米。梁的上面均有随梁，室内地面到七架梁随梁枋底皮为4米。檐柱略有侧角。檐柱上置平板枋和额枋，额枕下有蟠草和云龙纹两种雀替，平板枋上设三踩斗栱，每间平

身科二攒。庑殿顶的山面采用顺梁及递角梁，上施瓜柱；单步梁逐级退步与次间太平梁上所承脊檩形成45度角，各角梁沿45度角施放形成庑殿木架。各柱均向内侧有侧角。藏经阁屋面为筒板瓦做法，四坡背为筒瓦坐中，正脊两端微微翘起，正中有一塔座，塔座两侧的正脊的正面上有行龙砖雕，背面有卷草砖雕。垂脊也有卷草雕饰。（执笔人：郝鸥、谢占宇）

二十四、普兰店清泉寺

巍霸山城坐落在辽宁省普兰店市星台镇葡萄沟村。巍霸山城俗称吴姑城，至今有1900多年历史。海拔约420米的巍霸山风光旖旎、山色秀丽，地处辽东半岛南端，东、西、南三面濒临大海，北面与东北大陆相连，扼守着辽东半岛南部地区与东北大陆的交通咽喉之地。出于军事防御的考虑，巍霸山城是高句丽政权在辽南地区布防的一个重要城池。清泉寺（图5-1-210）建于山城的怀抱中，是辽南

图5-1-210 清泉寺局部外景（邵明摄）

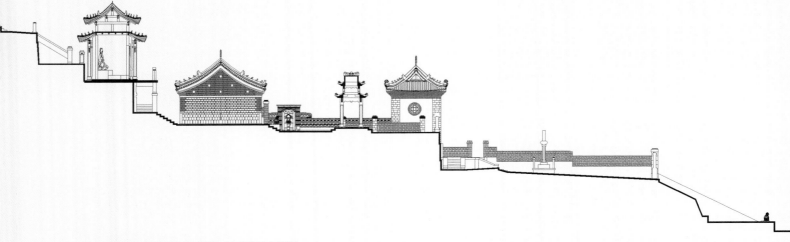

图 5-1-211 清泉寺总体剖面图（大连理工大学绘）

地区保存最完整、最古老的古刹。寺中现存石碑记录"唐王建刹"、"吴姑重修"等重大事件。巍霸山城始建于东汉光武年间。清泉寺始建于唐贞观年间，后经明万历三十五年、清乾隆二十六年、同治三年、民国十六年四次复修。藏经殿为1996年建。作为一座集道、佛、儒三教为一体的综合性寺庙，清泉寺被赞誉为"辽南第一刹"。为辽宁省重点文物保护单位。

清泉寺顺山势逐层高起（图5-1-211），总占地面积约1700平方米。巍霸山城依山起伏，西、南、北三面环山，整体成簸箕形。城墙下层为高句丽时期残存，上层为修复后的城墙部分。现存城墙外壁最高处达14米，内壁高1.24米，顶宽3.29米。东城门是全城保存最好的一面城墙，城墙宽约6米，高约9米，是出入山城的主要通道。

清泉寺依山而建，坐北朝南，逐层抬高。全寺处于高大的古银杏绿荫包围之中，呈三进式坡形建造。三道石阶楼梯连接前后大殿，石阶衔尾相随，曲径回廊，盘桓交错。建筑组群由仪门和前、中、后三层大殿及侧殿组成。寺门前伏有138级石阶，两旁分列石狮。寺内分三层殿阁六座殿堂。由山门（图5-1-212、图5-1-213）、前殿、左右配殿及后殿组成，前殿和后殿属硬山式建筑，左右配殿为歇山式阁楼。主殿娘娘殿、大雄宝殿及配殿均为

图 5-1-212 清泉寺山门楼（邵明摄）

硬山式建筑。主殿三开间、配殿单开间。七架前檐廊抬梁式结构。条石台基，中间两根檐柱为八角石柱、柱础石作为莲花造型。屋面铺设筒板瓦。各殿采用旋子彩画，属烟琢墨石碾玉，枋心为行龙（图5-1-214～图5-1-218）。

图 5-1-213　清泉寺山门楼立面图（大连理工大学测绘）

图 5-1-214　清泉寺汉白玉诗屏（邵明摄）

图 5-1-215　清泉寺佛殿外观（邵明摄）（上）
图 5-1-216　清泉寺彩画（邵明摄）（左下）
图 5-1-217　清泉寺九飞檐翼角（邵明摄）（右下）

图 5-1-218　清泉寺屋脊吻兽（邵明摄）

图 5-1-219　观音阁地势（邵明摄）

历经多次修复，现清泉寺基本展现了明清宗教建筑的基本特色。其依山就势，因地制宜，与山林地形完美结合，且轴线明晰，布局均衡。从群体布局到建筑单体，清泉寺堪称典范。从巍霸山城到清泉寺，印证并保留了大连最悠久的历史文化及建筑艺术，从古城风貌到古刹建筑，千年文化一一展现，斑驳历史跃然眼前。

巍霸山城是高句丽在辽东半岛发展历史的重要遗迹，高耸的山岭和坚固的城墙共同见证了这个民族发展的历程。作为辽南地区遗留下来的一个保存最完好完整的古寺院精品，清泉寺就像一部悠久的历史，幽密深邃，隐藏着无数苍茫而寂寞的神秘故事。漫步于寺院古旧的痕迹中，人们会发现她不同凡响的秀美之处，也会感觉到心灵的净化。（执笔人：邵明）

二十五、大连观音阁

观音阁又称圣水寺。位于辽宁省大连市金州新区大黑山东麓。1985 年被大连市政府定为市级文物保护单位。始建于辽金时代，具体时间不详。据碑文记载，现存古刹为明洪武初在原古刹的废墟上重建的，至今已有 600 多年的历史，以后又经明、清两代的修缮。原建筑按地势分为上院和下院两部分。现在的下院建筑、隐仙洞内的七层密檐百佛塔都是近些年新修的。每年农历三月十六的观音阁庙会是辽南地区最大的庙会之一。所谓的"南阁飞云"，是古金州八景之一。观音阁为宗教建筑，古寺胜水寺的一部分，举行庙会活动的重要场所。始建于明洪武初年，明、清至民国曾有多次重修。

观音阁主体建筑依山势而建，分为上、下两个部分（图 5-1-219～图 5-1-223）。上院古建筑保留相对较好，下院建筑为 20 世纪 90 年代重修。主要由观音阁、钟鼓楼、寮房、仙人洞及其他附属建筑构成。新修建山门距主体建筑群落较远，有一条石阶路通往观音阁。下院建筑分布呈现出自由与规整两种布局特点。中间两座寮房与上院观音阁保持中轴对称的格局。下院寮房之间，位于中轴线上设一垂花门，作为向上的起点。顺石阶向上，呈合上双分式，由两侧开于石基中的拱形通道上升进入上院空间。观音阁位于最上方，上下院高差约 19 米。上院建筑依托面积约 300 平方米的天然石洞——隐仙洞，观音阁及其两翼寮

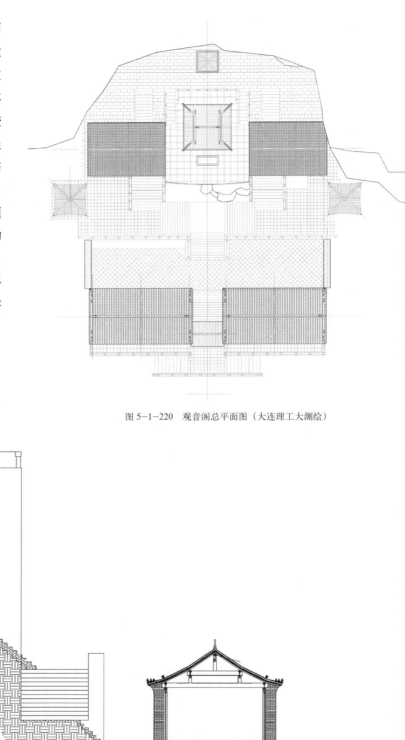

图 5-1-220　观音阁总平面图（大连理工大测绘）

图 5-1-221　观音阁山地纵剖图（大连理工大学测绘）

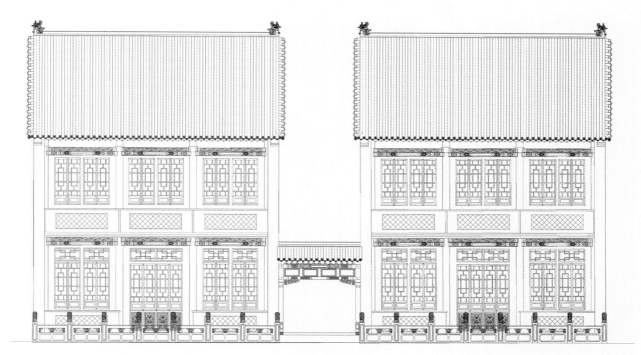

图 5-1-222　观音阁前排正立面图（大连理工大学测绘）

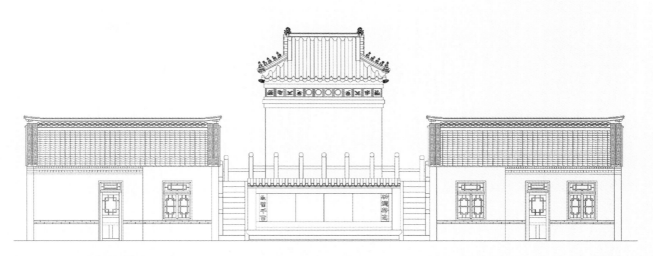

图 5-1-223　观音阁后排后立面图（大连理工大学测绘）

房呈一字型在洞口外围面东而设。这种结合山势石洞而建的空间格局，导致了从山下上山至观音阁并不是常见的直线式递进的关系，而是在进入上院之后，继续上升回旋 360 度，才能到达观音阁的正面，形成了丰富的空间体验。观音阁与隐仙洞之间，新建有七层密檐百佛铁塔（图 5-1-

224）。上下两院建筑自下而上共有五个主要台地（标高）。依次为下院院落，下院寮房，中间钟鼓楼台地，以及上院隐仙洞台地，最后是观音阁标高处。

观音阁台基较高，约 2.5 米，毛石砌成，四周设石栏。主体为单层歇山式建筑，平面呈方形，

图 5-1-224　百佛塔（邵明摄）

边长约 4 米，砖石承重，外刷铁锈红涂料。正面开石拱门，无窗，内部空间狭小，仅供观世音造像。屋面瓦作为琉璃瓦，歇山山面悬鱼造型为几何植物。四角用石角梁，梁头为龙头形状。两侧附属建筑为硬山式建筑，屋面铺蝴蝶瓦。（执笔人：邵明）

二十六、庄河法华寺

　　城山古城坐落在辽宁省大连市庄河城山镇北部，法华寺原名觉僧寺，位于古城之内。始建于明

朝万历四十二年，清末损毁，民国初重建、1968 年毁于"文革"，1994 年再次重建。

　　法华寺坐落于山城之中，位于半山坡朝阳位置，寺院依坡就势，利用自然高差，建造为上下两院，下院为主殿，供奉主佛，上院为弥勒院。该寺总占地面积约 26100 平方米，建筑面积 3900 平方米。法华寺（图 5-1-225、图 5-1-226）是典型的四面围合的院落形式（图 5-1-227、图 5-1-228），合院建筑中的庭院四周闭合而露天，可以营造出内部良好的小气候，减少不良外在气候的影响，尤其

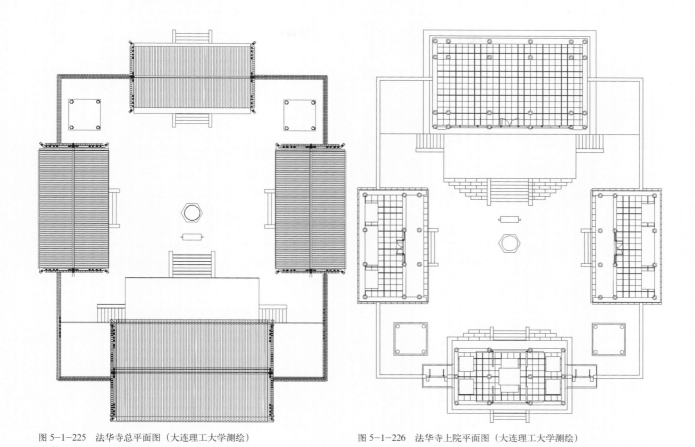

图 5-1-225 法华寺总平面图（大连理工大学测绘）　　　　图 5-1-226 法华寺上院平面图（大连理工大学测绘）

图 5-1-227 法华寺庭院（邵明摄）

图 5-1-228 法华寺游廊（邵明摄）

是庭院内游廊的设置，夏天可以有效地遮阴、纳凉。冬天又可以很好地采光、保暖，抵御风沙。露天通透的庭院即是入风口，又是出风口，通过自然风得到顺畅的通风，保证健康清新的空气质量。充分体现了"天人合一"的思想，也保障了佛家清修的安静。

法华寺建筑包括大门（图5-1-229、图5-1-230）、正房、厢房、耳房等。法华寺大门远看十分气派，门前有开阔的广场，大门属于门屋的形式，设有门槛，大门两侧有两只威猛雄壮的石狮，正面墙体上两个硕大的汉字"吉""祥"分列两侧，大门前广场中间有一个巨大的香炉。主要单体建筑（图5-1-231～图5-1-233）为抬梁式，三开间、七架前檐廊。屋面形式为悬山式，筒板瓦。细部构造精巧，旋子彩绘。附属建筑（图5-1-234）多为硬山式。法华寺中大量使用了砖作（图5-1-235～图5-1-238），应用在铺地、砌墙、砖雕、散水、甬路等方面。法华寺在建筑主体的木、砖、石三种材料的构件上都刻有大量精美的雕饰和图案，大多表现为佛教题材和民间题材。有些石雕还同时具有实用功能。（执笔人：邵明）

图 5-1-229　法华寺山门外观（邵明摄）

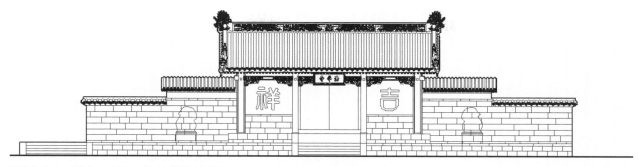

图 5-1-230 法华寺山门南立面图（大连理工大学测绘）

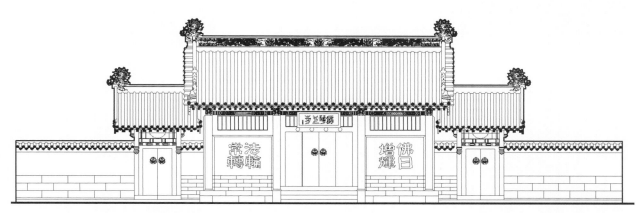

图 5-1-231 法华寺上院前殿南立面图（大连理工大学测绘）

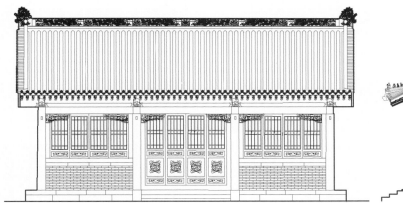

图 5-1-232 法华寺山下正殿正立面图（大连理工大学测绘）

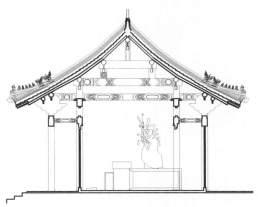

图 5-1-233 法华寺山下正殿剖面图（大连理工大学测绘）

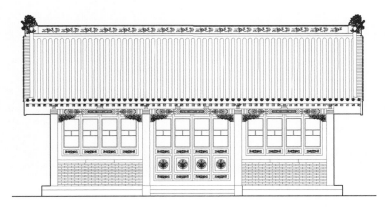

图 5-1-234 法华寺山下侧殿正立面图（大连理工大学测绘）

图 5-1-235　法华寺砖作 1
（邵明摄）

图 5-1-236　法华寺砖作 2
（邵明摄）

图 5-1-237　法华寺砖作 3（邵明摄）

图 5-1-238　法华寺砖作 4（邵明摄）

二十七、吉林观音古刹

吉林观音古刹，旧称观音堂。坐落在吉林省吉林市船营区巴虎门内路南，光华路与昆明街交叉路口处南侧。观音古刹是吉林市较大的佛寺之一，始建于清乾隆三十五年(1770年)。道光三年(1823年)复葺，同治八年（1869年）经吉林将军富明阿倡捐重修，伪满康德五年（1938年）又补修一次。有正殿三间、藏经殿三间、东西配殿各五间、仙人堂一间、钟鼓楼各一、大门三间。此外尚有戏台一座，共占地4620平方米，是当时吉林境内最大的寺院。1987年被公布为吉林省重点文物保护单位。

吉林观音古刹为方整的两进四合院式院落，正殿采用坐南朝北的倒座形式，很有特点。

山门（图5-1-239、图5-1-240）为硬山顶，小青瓦仰瓦屋面，三开间。山门内有四大天王像。

图5-1-239 观音古刹山门（王烟雨摄）

图5-1-240 观音古刹山门南侧的天王殿和两侧的钟鼓楼（王烟雨摄）

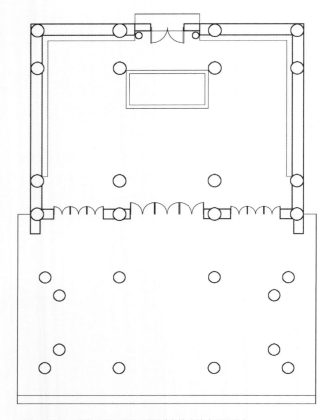

图 5-1-241　观音古刹正殿平面图（吉林建筑大学测绘）

穿山门而入，左右两侧分别为四角攒尖顶的钟鼓楼，东西厢房为僧舍和客房。

正殿观音殿（图 5-1-241 ~ 图 5-1-243）位于院内正中，三开间。平面的进深尺寸远大于开间尺寸，为硬山抱厦式。前面抱厅（图 5-1-244、图 5-1-245）用卷棚歇山顶与硬山式观音殿连造，十二柱落地，没有围护墙。虽然抱厦式的做法是北方传统建筑的特点，但抱厅采用通透的处理方法在北方还很少见。抱厅与殿堂的排水采用木制明沟的排水形式，上面有彩绘图案，与其他建筑构件融为一体。

正殿东配房为"藏经殿"（图 5-1-246）。室内靠四壁书柜里保存着雍正十三年（1735 年）木板印刷的一套完整的大藏经（十五柜七百二十函计 1200 卷），是全国仅有的三部雍正版清藏之一。西配房为法堂。正殿前东侧为斋堂，西侧为客堂兼僧人住处，各六间。客堂中间供奉西方三圣佛，正中为阿弥陀佛，左侧为大势至菩萨，右侧为观世音菩萨。

"文化大革命"期间，寺院遭到破坏，佛像被洗劫一空。从 1981 年起，吉林市政府对观音古刹进行重新修复（图 5-1-247），新增建天王殿三间。重建钟楼和鼓楼。1984 年正式开放。（执笔人：张俊峰）

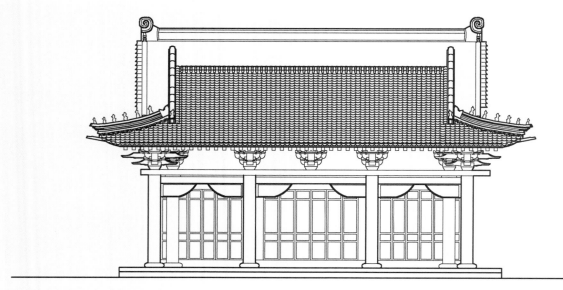

图 5-1-242　观音古刹正殿立面图（吉林建筑大学测绘）

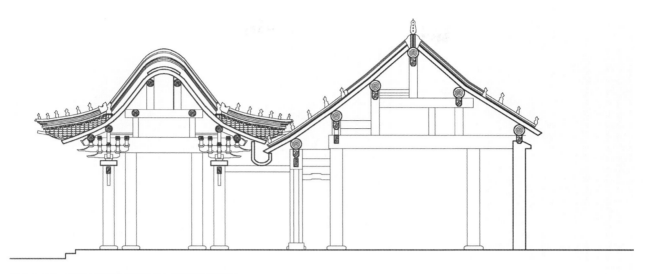

图 5-1-243 观音古刹正殿剖面图（吉林建筑大学测绘）

图 5-1-244 观音古刹观音殿及前面的抱厅（李之吉摄）

图 5-1-245　观音古刹观音殿前的抱厅（王烟雨摄）

图 5-1-246　观音古刹观音殿东配殿（王烟雨摄）

图 5-1-247　观音古刹观音殿北侧新建的大殿（王烟雨摄）

二十八、吉林北山药王庙

　　药王庙，又称三皇庙（图 5-1-248 ~ 图 5-1-250），位于吉林省吉林市北山山顶，为北山古建筑群的主要组成建筑之一。药王庙始建于清乾隆三年（1738 年），乾隆五十二年（1787 年）、光绪十三年（1887 年）先后进行过重修。占地面积为 1474.60 平方米建筑面积为 507.164 平方米。1987 年被公布为吉林省重点文物保护单位。

　　该庙有正殿（图 5-1-251 ~ 图 5-1-256）三间，东西配殿各三间，西南为眼药池，西有春江山阁，阁亭有灵心堂和花窖。药王庙正殿居中布置，面阔三间，前面接出卷棚硬山廊厦，使正殿呈现出纵深式的空间特征。正殿主奉天皇伏羲氏、地皇神农氏、人皇轩辕氏。左龛主像是药王李时珍，右龛主像是药圣孙思邈，东西两侧祀我国历史上十大名医，即扁鹊、华佗、张仲景、淳于意、葛洪、王叔和、陶

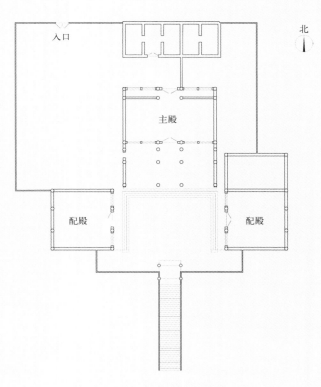

图 5-1-248　药王庙总平面图（吉林建筑大学测绘）

图 5-1-249 药王庙山门（李之吉摄）

图 5-1-250 药王庙南门及大台阶（王烟雨摄）

图 5-1-251 药王庙正殿（王烟雨摄）

图 5-1-252 药王庙正殿前卷棚（王烟雨摄）

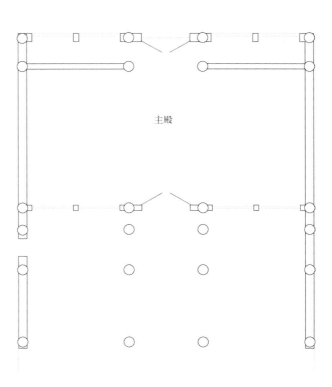

主殿

图 5-1-253 药王庙主殿平面图（吉林建筑大学测绘）

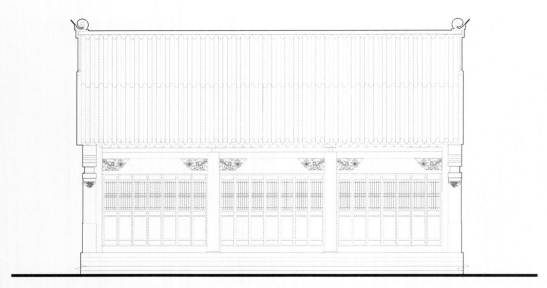

图 5-1-254　药王庙主殿正立面图（吉林建筑大学测绘）

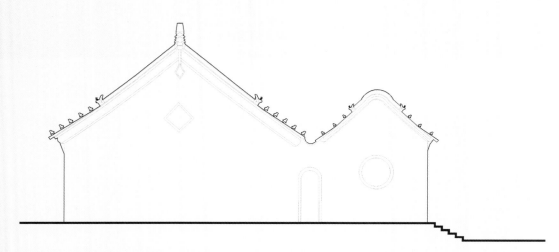

图 5-1-255　药王庙侧主殿立面图（吉林建筑大学测绘）

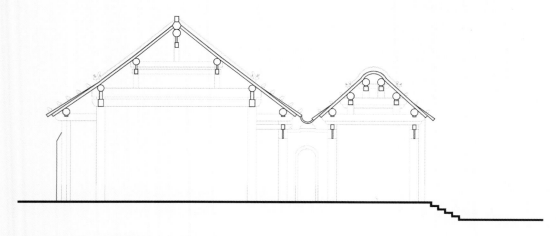

图 5-1-256　药王庙主殿剖面图（吉林建筑大学测绘）

图 5-1-257　从药王庙俯瞰关帝庙（王烟雨摄）

弘景、李东垣、吴岐伯和雷公的塑像。正殿殿面对称设置东西配殿。

　　吉林北山关帝庙、药王庙两组建筑在总体布局上都沿用了东北地区的做法，庭院宽敞，建筑物体型规则，灰色的清水磨砖墙，灰板瓦屋面，局部用筒瓦在屋面两端镶边和处理卷棚屋面的顶部，只有木构件表面施浓烈色彩（图 5-1-257）。

　　出药王庙后门，往北约七、八十米，便是坎离宫。
（执笔人：张俊峰）

二十九、渤海兴隆寺

　　兴隆寺俗称"南大庙"，坐落于黑龙江省宁安市渤海镇西南隅，唐代渤海国上京龙泉府外城内的中轴线——朱雀大街南端东侧，距外城南垣 600 余米。现在的兴隆寺建在渤海上京城内的寺庙旧址上，始建于康熙五十二年（1713 年），道光二十八年（1848

年）兴隆寺的部分殿宇被火焚毁，咸丰五年（1855 年）重建，咸丰十一年（1861 年）竣工。

　　兴隆寺的院落为矩形，南北长 142 米、东西宽 63 米。在南北中轴线上有五重殿宇，自南向北分别为马殿、关圣殿、天王殿、大雄宝殿、三圣殿。各殿用大木构架承托屋顶，墙体均为青砖和规整的玄武岩石块砌筑，台基均为玄武岩。五座殿宇中以歇山顶的大雄宝殿最为华丽，其余四座硬山顶建筑则以三圣殿最具代表性。

　　三圣殿（图 5-1-258）长 13 米、宽 11.5 米，三开间硬山前出廊。台基用月台与台明组合，月台与台明同宽，前设三步正阶踏跺。北面用檐墙封护，东西两山墙在南面出墀头，墀头的盘头部分有荷叶墩和枭混线脚，饯檐砖上雕有狮子踏绣球。大殿正脊中段前雕四龙戏珠，中段后雕四凤与芙蓉花，两端做透空花脊，花脊外有卷尾吞脊的鸱吻，鸱吻下

图 5-1-258 兴隆寺三圣殿外观 (刘洋摄)

方的山墙上有悬鱼，垂脊中段有垂兽。檐柱上做卧栏，柱间设立栏，卧栏与檐檩之间除梁头外无隔架构件。明间用较大的云龙透雕雀替，两次间用较小的卷草平板雀替。檐口有檐椽和飞椽。南面采用金里装修，各开间均做五抹隔扇四扇，码三箭式隔心。殿内有一座 3 米高的大石佛居中而坐，是渤海时期遗留下来的石佛造像。

大雄宝殿（图 5-1-259）长 14.5 米、宽 10.8 米，五开间七檩歇山周围廊。台基低矮，前后设正阶踏跺。正脊略呈下凹曲线，上有二龙戏珠浮雕。正脊两端安卷尾正吻，其背部插有剑把，尾部雕有背兽。四条垂脊的上下端部均安有垂兽，四条戗脊上端始于戗兽，下段布有五个跑兽。博脊上方的山花用勾头坐中的排山勾滴和砖博风，无悬鱼。檐柱上置卧栏，柱间施立栏，明间用较大的龙透雕翅形雀替，两次间用较小的卷草透雕雀替。卧栏上方置 28 攒斗栱，除廊间外每

间用一攒平身科斗栱。采用里拽三翘外拽三昂七踩斗栱，全部计心造，柱头科斗栱挑尖梁头雕成龙头状，其二昂昂头雕成象鼻状，平身科和角科斗栱的二昂昂头雕成龙头状，其要头前部则做成象鼻状。除正心檩和挑檐檩外，其余各檩采用檩枋组合。脊瓜柱前后使用了脊角背。采用金里装修，明间南北各用六抹隔扇四扇，两次间南北各用四抹槛窗四扇，下为槛墙，明次间均用码三箭式隔心，次间山面用山墙。大殿内供奉的横三世佛同坐于佛坛之上。

在三圣殿和大雄宝殿之间，矗立着渤海时期（公元 698 ~ 926 年）的大型石灯幢（图 5-1-260）。石灯幢由玄武岩石叠筑雕凿而成，现高 6 米，由下至上可分为基座、幢身和灯室三部分。石灯基座为八角形，有上枋、束腰、下枋和圭角四层，似简化的须弥座，束腰部分每面阴刻壶门。幢身由三层莲瓣的覆盆、覆盆之上的长鼓形圆柱和柱上的三层仰

图 5-1-259 兴隆寺大雄宝殿外观（刘洋摄）

图 5-1-260 兴隆寺石灯幢外观（刘洋摄）

莲莲瓣组成。幢身之上是八角形的灯室，灯室似八角小亭子，有完整的上、中、下三分，下分为仿台基的八角形底盘，呈上大下小的两层，形成由莲瓣到灯室自然过渡。中分有八根角柱，柱下有圆形的柱础，柱间设阑额和地栿并向内刻出立颊（抱框）和上下槛，柱头上置一斗三升转角铺作，铺作上刻出替木与柱头枋相连，每根柱头枋上置五根檐椽。上分为攒尖屋顶，有八道垂脊，脊间刻瓦垄五道，幢顶由塔刹和四层相轮构成。整座石灯幢构思巧妙，每部分都相对完整又衔接自然，整体比例古雅壮硕，材质粗犷而刻工精练，是不可多得的唐风艺术珍品。

兴隆寺是黑龙江省为数不多的清代寺庙之一，对于研究黑龙江建筑的历史序列，建筑的营造风格及文化交融等方面有重要价值。1981 年兴隆寺被公布为省级文物保护单位。（执笔人：刘洋）

第二节　道教宫观

一、北镇庙

北镇庙为道教庙宇。位于辽宁省锦州北镇市城西2公里处的山冈上。北镇庙是历代帝王祭祀中国五大镇山之一的北镇——医巫闾山的山神庙，也是现存唯一一座保存完好的大型镇山庙。据史料记载，北镇庙始建于隋文帝开皇十四年（公元594年）。大规模修建北镇庙是在明代。明洪武二十三年建庙，每年祭享。于大殿东侧建宰牲亭、神库、神橱等附属建筑。明永乐十九年（1421年），朝廷下令对北镇庙进行大规模的扩建。此次扩建曾撤其旧制，而创建前殿5间、中殿3间、后殿7间，在后殿左右各建配殿5间，前殿东、西各建左右司11间，增建还御香殿、神马门及外垣、朱门等，基本上确立了今日北镇庙的整体格局和布局。明成化十九年（1483年），朝廷命御马监太监韦朗对殿宇、左右司及围墙进行维修。明弘治七年（1494年）朝廷命指挥闵质再次对北镇庙进行维修和扩建。此次扩建，复铸铜像，增建了钟、鼓楼及左右翼殿20间，增建山门5间，在山门前建牌坊一座，并增展前面台基。清朝时增建御碑亭、石坊，还在庙的东侧建广万寿寺、宁行宫、观音堂等。民国年间战乱，北镇庙遭受损坏。"文革"期间毁损惨重。20世纪90年代至今，经历了几次重新修建，基本恢复了明清时期的原貌。北镇庙就山冈建起，布局严整规模宏大，气势雄伟，是东北地区现存最为完整的一座大型古建筑群之一。1988年，被列为全国文物保护单位。

北镇庙坐北朝南，为一长方形的院落。南北长296米（庙前石坊在内），东西宽178米，占地面积49700平方米（包括庙东侧行宫遗址），其中建筑面积5000平方米。庙依山势而建，北高南低。主体建筑分布在由南向北的中轴线上，依次为石牌坊、山门、神马殿、御香殿、大殿、更衣殿、内香殿、寝宫，神马殿后东西两侧为钟楼、鼓楼。附属建筑分布在中轴线两侧，左右对称，形制相同。整个建筑群从山坡脚下直到山冈顶部，依天然地势自南至北将整个建筑群辟为四个部分，每部分各建月台，用踏跺相连，周边以石栏杆为装饰，各幢建筑设立于月台之上。最南面是第一层月台，上建一座六柱五楼五间式石牌坊，石坊前后用红、青两种绵石雕成4个3米高的石狮，狮子按喜、怒、哀、乐四种神态排列，造型生动雄健。北上20级踏跺是第二层月台，上为北镇庙正门，两侧是青砖对缝的红心围墙，中间是三开间的三券拱门（亦称仪门），正中拱门的门额上嵌石雕一方，上刻楷书"北镇庙"三字。进入山门，就是第三层月台，东西两侧置朝房五间。北上20级踏跺上是神马门（图5-2-1），此殿面宽五间，进深三间，殿内原塑有一对神马及马童，意为山神出门骑的马和随从，原物已失。殿内尚存清光绪年间修葺时增进的一方石碑，记载着奉天省总监左宝贵监修北镇庙的经过。过神马门，是一个面积为6000平方米的方形广场，东西两侧建有重檐歇山式钟楼、鼓楼各一座，相对而立。沿钟楼往北依次建有土地祠、真官祠、僧房、神库。沿鼓楼往北依次建有土地祠、城隍祠、道房、神厨等建筑。在钟楼东侧建有"万寿寺"及"观音堂"，在鼓楼西侧建有"大仙堂"。这些附属建筑与庙浑然一体，显得十分肃穆、古朴，为北镇庙增添了雄伟气势。这些附属建筑现已无存，但基址尚在，为考证北镇庙的建筑规模和布局提供了重要的实物依据。御香殿、正殿、更衣殿、内香殿、寝宫等五重大殿都建于第四层月台之上，因此，第四层月台是北镇庙院内建筑的主要部分。北镇庙的整体布局体现了我国传统布局的"前朝后寝"的特点。

山门，又称仪门，位于石牌坊以北25米的第一层月台之上。面阔三间，通面阔17.45米，进深三间四架椽，通进深5.58米。单檐歇山顶，绿琉璃瓦盖顶，正脊两端饰吻兽，垂脊和戗脊上置走兽。檐下无斗栱，椽以琉璃砖代替。角梁为花岗岩雕造。底裙由四层条石砌筑。以上墙体由青砖砌筑。山门正面辟三券洞门，门高3.43米，宽2.82米，深5.58米。明间门额上嵌有石匾额一方，上书双勾楷书"北

图 5-2-1 北镇庙神马门外观 (赵兵兵摄)

镇庙"三个大字,传为明代宰相严嵩所书。山门两侧围墙各辟一角门,门高 2.11 米,宽 1.28 米。门前及左右有花岗岩台阶,月台边缘有白石栏杆围绕,给人以明洁之感。

钟楼、鼓楼始建于明代弘治年间,后于万历、清康熙、乾隆、光绪各朝多次重修或维修。其位于神马殿东西两侧,钟楼坐东朝西,鼓楼坐西朝东,形制相同,均为重檐歇山式堂阁型建筑。两座建筑为方形,建在方形石砌平台上,楼体分上下两层。下层面阔及进深各三间,长 7 米。中间开一券顶门,门高 2.15 米,宽 0.91 米。楼内有木制楼梯至上层,上层面阔及进深各三间,为 5.60 米。四周环有回廊,每面置有格扇式望窗,前檐柱下装有木制栏板。顶覆灰瓦,吻兽及走兽俱全。檐檩、柱施以彩绘。钟楼之脊檩上悬挂有大铁钟一口,为清光绪十六年(1890 年)所铸。钟高 1.80 米,最大直径 1.50 米,重 2 吨,钟上铸有"风调雨顺,国泰民安,声垂千古,夜镇八方,累代威灵",以及监修此钟的清代官员名字和工匠名字。鼓楼原二层楼上置大鼓一面,晨钟暮鼓之音远近徐闻,象征神奠一方,世间永远安宁,今鼓已经丢失。钟鼓楼整体建筑结构合理,形制美观大方。登于楼上,北镇庙北部的所有建筑和行宫可一览无遗。

御香殿,位于神马殿后 24.50 米的第四层月台之上,是用以储藏历代帝王降香诏书之所,故又称龙亭。御香殿面阔五间,宽 20.30 米,进深三间深 8.90 米,单檐歇山顶,上覆灰瓦及吻兽,檐下置斗栱作单昂三踩。殿堂木架结构作五架梁,分别施以彩绘。殿前及左右有台阶,并环以白石栏杆。殿前月台下东侧上层平台上建有石造歇山顶焚香亭一座,西侧石造日晷一座(今基座犹存),同时东西两侧还立有清代皇帝祭祀、游山诗文碑 14 甬,有较高的历史价值和书法艺术价值。

大殿,又称正殿,位于御香殿后 23.50 米处,是历代君王祭祀医巫闾山之神、举行祭典活动的重要场所。其面阔五间，总宽 23.32 米，进深三间，总深 13.88 米。单檐歇山顶，上覆绿琉璃瓦顶，飞檐下有斗栱，正殿斗栱采用了双昂五踩。殿内梁架有丰富鲜明的彩绘，红柱画枋，上画和玺彩画、旋子彩画图，明显地保留着明清时期宫廷建筑的特征。东西北三面墙壁上绘有三十二位明代开国文武功臣像，以蓝、绿、赭三色用墨线勾勒，间以金粉，画工细腻，色彩鲜明，栩栩如生，有较高的历史价值和艺术价值。殿内中部有砖砌长方形须弥神座，座上置神龛，神龛内供奉泥塑医巫闾山神像一尊。龛上原挂有乾隆皇帝亲书"乾始坤枢"牌匾一块。神台下左右有泥塑文武神像 44 座。殿内东西两侧各立有元代御祭碑 3 甬。殿前东西两侧分别立有石碑 3 甬和 2 甬。这些碑均有较高的历史研究价值。

更衣殿（图 5-2-2～图 5-2-4）与内香殿形制大体相同。更衣殿，又称更衣厅，位于大殿后

12.20 米处，是历代帝王拜祭山神更换衣物的场所。面阔三间，总宽 14.20 米，进深两间四架椽，总深 5.20 米。单檐歇山顶，上覆灰瓦，格扇式门窗，殿内梁架饰以彩绘。内香殿位于更衣殿后 11.50 米处，是存放地方官员的祭品和香火之处。面阔三间，总宽 14.20 米，进深两间四架椽，总深 8.25 米。同样采用了单檐歇山顶，上覆灰瓦，格栅式门窗，其殿内梁架也饰以精美的彩画。

北镇庙中的建筑大都采用了我国传统的砖木结构体系，台基、墙体和屋顶都具有北方特色，它构法新颖，布局独特，壮丽雄伟，其中建筑细部和装饰的简繁程度也体现了宫殿式建筑森严的等级制度，如御香殿斗栱采用的是单昂三踩（图 5-2-5），正殿的斗栱则是双昂五踩，寝宫斗栱应用的是三翘七踩（图 5-2-6），如此等级变换，烘托出重点；在神马门两侧的围墙上，还装饰以生动形象、富丽堂皇的蟠龙砖雕；而主要的殿、门之前，还用日晷、

图 5-2-2　北镇庙更衣殿外观（赵兵兵摄）

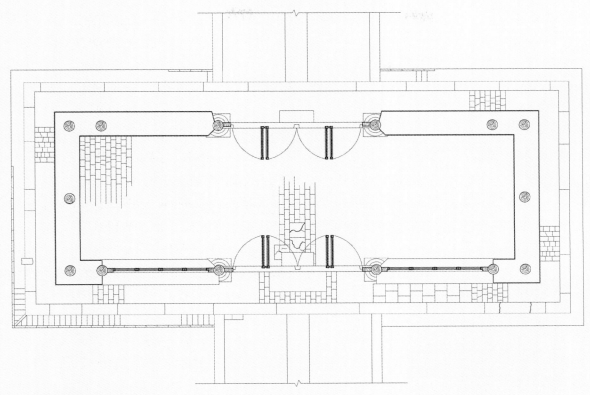

图 5-2-3　北镇庙更衣殿平面图（赵兵兵绘）

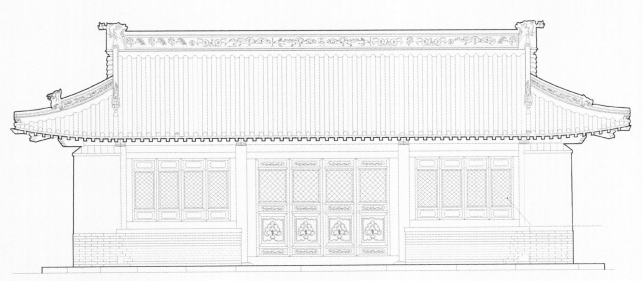

图 5-2-4　北镇庙更衣殿立面图（赵兵兵绘）

焚香亭、石碑等建筑小品加以点缀并与主体建筑在尺度与装饰上形成对比，反映出不同单体建筑的等级关系。在总体的色彩搭配上，整个建筑群又显得如此和谐：白色台基、土红墙面、朱色门窗、青绿彩画，再加上绿色琉璃屋面，使北镇庙在蓝天碧野的衬托下，显得格外绚丽璀璨，光彩夺目。

北镇庙建筑群，充分体现了我国古代建筑的优点，无论是总体布局、单体设计，还是色彩、空间、尺度等方面，它都无愧为我国古代匠人的一部杰出之作。（执笔人：赵兵兵）

图 5-2-5　北镇庙御香殿角科斗栱（赵兵兵摄）

图 5-2-6　北镇庙寝殿角科斗栱（赵兵兵摄）

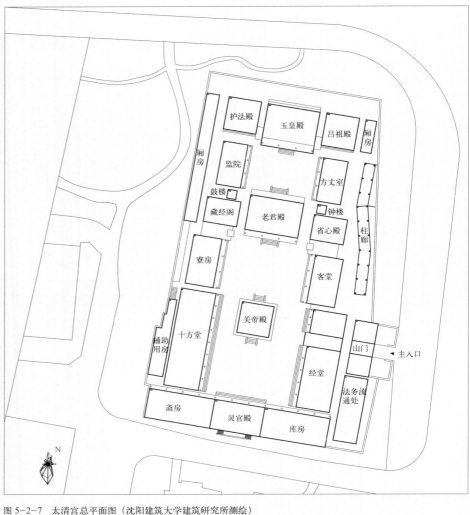

图 5-2-7　太清宫总平面图（沈阳建筑大学建筑研究所测绘）

二、沈阳太清宫

　　太清宫又名太清丛林，是仅次于北京白云观的全国第二大道教场所，也是东北地区规模最大的道教宫观。位于辽宁省沈阳沈河区西顺城街 16 号，始建于清康熙二年（1663 年），当时的太清宫祖师郭守真将内城西北角楼外的一片水泡撇水填平，建此道观，取名"三教堂"。由于初建时该地段即处于一片低洼地，至今 400 多年来内院及建筑竟比相邻的街道低将近 3 米，周围形成独特的空间关系。三教堂当时只有大殿、玉皇阁、关帝庙、究堂、丹堂等建筑。至乾隆四十三年（1779 年）经扩建，房屋计 35 间。翌年，重修扩建祠宇达 88 间，改名为"太

清宫"。此后，嘉庆十三年（1808 年）、光绪三十四年（1908 年）、民国十六年（1927 年）都曾对其进行过扩建和重修。

　　太清宫占地 5000 余平方米，坐北朝南，南宽北狭，平面为梯形，建筑面积 1600 余平方米（图5-2-7）。总体布局共四进院落，沿一条由南向北的中轴线展开，山门位于中轴线的最南端，由于观内地面原本就低，再加上周围的道路地面不断增高，使得从外边看去，山门犹如被"土埋半截"。后来干脆将它改建为二层的楼式建筑——从外面看 1 层高，院内看则为 2 层，并将其功能和名称改作"灵官殿"。而将山门移至第一进院落的东向，以坡道作为进入院内低地平的联系和过渡。灵官殿面阔三

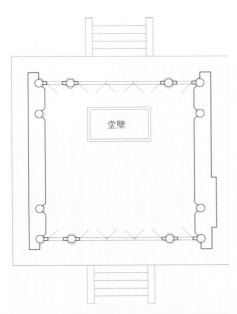

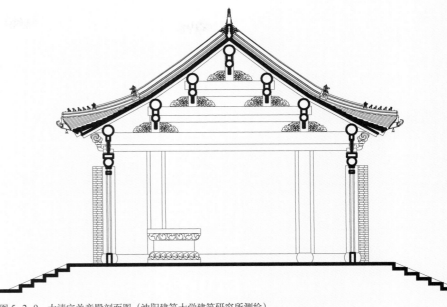

图 5-2-8 太清宫关帝殿平面（沈阳建筑大学建筑研究所测绘）

图 5-2-9 太清宫关帝殿剖面图（沈阳建筑大学建筑研究所测绘）

图 5-2-10 太清宫关帝殿正面外观（朴玉顺摄）

间，前后出廊、硬山顶。院中东西两厢分别设有配殿——东为十方堂，西为云水堂。其中十方堂的北次间后被辟作门洞，代替原位于灵官殿处的观院山门。北面是关帝殿（图 5-2-8 ～图 5-2-10），这是一座面阔、进深皆为三间的青瓦歇山顶前后廊式建筑，青布瓦顶，正脊素立面，两端有鸱吻，垂脊

图 5-2-11　太清宫老君殿正面外观（朴玉顺摄）

图 5-2-12　太清宫老君殿檐下（朴玉顺摄）

有走兽。建筑坐落在石造台基之上，台基为须弥座，前后皆三级踏垛。殿内木雕暖阁，关羽塑像居中，伴有关平、周仓塑像。

　　二进院中的北侧正殿为老君殿（图 5-2-11、

图 5-2-12），建筑为硬山式青瓦顶，面阔三间，进深二间，前出檐廊，屋面正脊中间为双龙戏珠雕，两端有鸱吻，垂脊有立兽等脊饰。建筑建在平座式石砌台基之上。梁枋上作苏式彩画；殿内藻井天花绘白鹤祥云，在垂花式木阁中雕置老子座像。老君殿前东有客堂、省心室，西为执事室和经堂。

　　三进院的东厢有斋堂和吕祖楼。吕祖楼为三间两层硬山顶，前出廊，楼内供奉吕洞宾。西侧为善功祠、丘祖楼，建筑形式与东侧一一对称。北面中轴线上的建筑为玉皇阁（图 5-2-13 ~ 图 5-2-15），这是一栋二层楼阁，面阔三间，进深二间。硬山青瓦顶，屋面有吻兽、脊兽等饰物，前后出廊，梁枋作和玺彩画，玉皇坐像设在二层暖阁内，天花画有龙凤彩画。

　　第四进院中，原有郭祖塔、碑楼，以及中轴线上的法堂。郭祖塔即太清宫创始人郭守真的墓塔，

图 5-2-13　太清宫玉皇殿外观（朴玉顺摄）

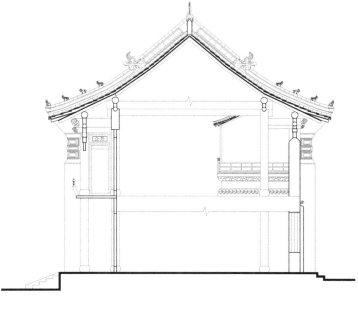

图 5-2-14　太清宫玉皇殿二层檐廊门（朴玉顺摄）（左）
图 5-2-15　太清宫玉皇殿剖面图（沈阳建筑大学建筑研究所测绘）（右）

后迁到千山。碑楼中置《郭真人碑记》一方。法堂前两侧横墙内嵌置《太清宫特建世系承志碑》和《玉皇阁碑记》。这些碑刻记载了太清宫的创建历史及其沿革。现这一组建筑与碑石已无存。

太清宫是重要的道家圣地，它的建筑亦反映了浓郁的民族风格和道家色彩，具有历史和艺术价值。沈阳市和辽宁省先后于1962年1月、1963年9月公布为市、省级文物保护单位。宫院归道教协会管理使用，现已成为道教活动和人们休憩、游览的胜地。（执笔人：朴玉顺）

三、千山无量观

无量观古建筑群位于辽宁省鞍山市千山北沟，是千山道观中建筑最早的一个，规模宏大。1962年被辽宁省政府公布为省级重点文物保护单位。

无量观又称无梁观、老观，始建于清代康熙年间，由龙门派第八代弟子郭守镇的徒弟刘太琳所建，

后经历次重修与扩建，逐步形成现在的规模。整个建筑群坐北朝南分别处于不同的高度（图5-2-16、图5-2-17），整个建筑群包括：罗汉洞、观音阁、玉皇阁、山门、老君殿、三官殿、观音洞、八仙塔、祖师塔、葛公塔、客堂、经房等。

山门（图5-2-18）是硬山式建筑，砖木结构，石雕门枕上雕有小石狮一对，门上方悬挂"无量观"三字匾额，门两旁柱间联，篆刻"灵谷空青元鹤起舞，仙华隐秀天赖齐鸣"。斋堂始建于清道光二十六年（1846年），为硬山式建筑，砖木结构，五间，前面有回廊。南修配房二间，东修配房三间。斋堂柱枋之间嵌有燕尾木雕，施彩绘。西山墙上开一个小券门通往回廊，门券上刻有"抱元守一"四个字。

三官殿（图5-2-19）是无量观的正殿，始建于清道光二十六年。为硬山式建筑，砖木结构，面阔五间，进深三间，前面有回廊、石柱，柱枋之间嵌燕尾木雕，施彩绘。殿脊上砖雕游龙，斜脊砖雕

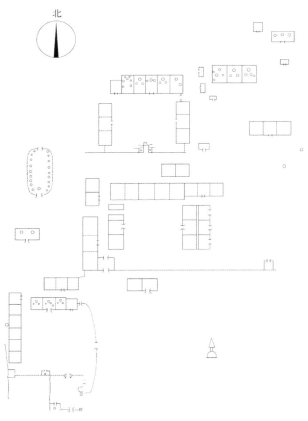

图5-2-16 无量观总平面图

图5-2-17 千山无量观外景（王严力摄）

图 5-2-18 无量观山门（王严力摄）

图 5-2-19 无量观三官殿外观（王严力摄）

图 5-2-20　无量观老君殿外观（王严力摄）

图 5-2-21　无量观西阁 1（王严力摄）

跑兽。殿内泥塑天官、地官、水官、土地、王灵官、八仙过海、瑶池赴会等。殿两旁修东、西配房各三间，为硬山式建筑。老君殿（图 5-2-20）始建于清康熙年间，后经嘉庆九年（1804 年）、道光五年（1825年）、同治元年（1862 年）多次重修。殿内奉泥塑老君。殿外建有道士房三间。

观音洞，又称观音阁。是清乾隆二十七年（1762年）人工开凿。高约 1.5 米，宽约 1.5 米，深约 1.5米。洞内奉观世音菩萨。玉皇阁为砖木结构，面阔一间，歇山式，正脊两头有鸱尾，滴水瓦雕游经，檐下有仿木砖砌斗栱，造型古朴，阁内奉玉皇，阁院外有石经幢一甬，立于莲花座上。西阁（图5-2-21、图 5-2-22）建在弥勒峰上。出无量观山门，有"紫气东来"角门，门两侧有翼墙，进入二道门有一院落，建有观音殿。硬山式建筑，正脊两头有大吻，斜脊雕跑兽，前面有回廊，柱枋之间嵌有燕尾木雕，施彩绘。殿内奉有观世音、子孙娘娘等。观音殿西面建有客房五间，殿后修有监院三间，

图 5-2-22 无量观西阁 2（王严力摄）

图 5-2-23 无量观钟塔（王严力摄）

殿前二道门外有钟楼（图 5-2-23），内悬挂铸铁钟一口。

罗汉洞（图 5-2-24）是一天然石洞，长约 10 米，宽约 5 米，高约 6 米，洞口安装木栅门，洞中间砖砌一道隔墙，留一个小门，形成南、北两个洞，北洞两侧塑十八罗汉，中间塑观世音菩萨；南洞内砌有石板火炕一铺。祖师塔（图 5-2-25）位于无量观山门外，用花岗岩石叠砌成，六面七级密檐实心塔，高约 5 米，底为须弥座。

葛公塔（图 5-2-26）位于祖师塔南，为花岗岩石砌筑，六面七级密檐实心。塔基为须弥座，塔身六面均嵌汉白玉石板，在南侧小龛内，嵌汉白玉塔铭："太清堂上二十代律师月潭真人明新之墓"。龛外石刻"澹泊宁静"四个字，北侧刻有"海为龙世界，天是鹤家乡"，其余四面刻有各种形态的山石、兰花等，均为葛公生前精心题绘。塔身各层均

用大石块凿成檐角叠砌，略有内收，塔顶为圆宝瓶。葛公塔的下面是地宫，宫门在塔基南面，深约 2 米，宫内与地面上的塔一样也是六面，相对的两面距离 6 米。

在葛公塔的西南是聚仙台，聚仙台是在一块巨大的石头上设一个圆形石桌，石桌周围有六个鼓形石墩，四周修筑八角形望柱、栏板，南、北各有一个门，相传曾有仙人在此聚会，在聚仙台南面的石壁上横刻篆体"聚仙台"三个字，竖刻"震庚道人月潭题"。

八仙塔（图 5-2-27）为六面十三级密檐实心砖结构，高约 30 米，塔基为砖砌须弥座，塔基周围有砖砌仿木围栏，六角有砖砌圆柱。伴云庵又称遁颐庵，建在半山腰，是一个十分幽静的小院，依山修建小屋一面，院内有一眼水井，一棵松树，山门外的石额上刻"遁颐庵"。（执笔人：李培约）

图 5-2-24　无量观罗汉洞（王严力摄）

图 5-2-25　无量观祖师塔（王严力摄）

图 5-2-26　无量观葛公塔（王严力摄）

图 5-2-27　无量观八仙塔（王严力摄）

四、喀左天成观

天成观位于辽宁省朝阳市喀左县大城子镇青安路 1 号，始建于清康熙六年（1667 年），扩建于乾隆四年（1739 年），原规模宏大有戏楼、马厩等建筑，占地 15000 平方米，现存建筑占地面积 3000 多平方米，建筑面积达 1800 多平方米，是一座典型的道教建筑，为辽宁省级重点文物保护单位。

天成观按阴阳八卦布局，坐东北朝西南，结构严谨，楼殿亭阁之间互相连接互相支撑，组成了三个严整的四合院。总体建筑布局分为两部分（图5-2-28），主要部分是沿南北方向依次展开，是以七真殿、三清殿为主体建筑的两个院落，以山门为入口，两侧辅以东西配房、钟鼓楼、十王殿、观音殿、玉皇阁、龙王殿等建筑。另一部分沿东西方向，是以藏经阁为主体建筑的院落，地势较低，以东山门为入口、两侧辅以方丈楼、药王殿、娘娘殿、八仙殿等建筑。建筑规制严谨，依轴线在位置、体量、装饰、排列上保持均衡和对称。全观院内均用青砖铺地。间联、横额较多，除部分石刻外，均为蓝地金字木刻而成。殿堂多为砖木结构硬山式建筑。楼阁的基石、斗板、海漫均用石条砌成，粗大的明柱

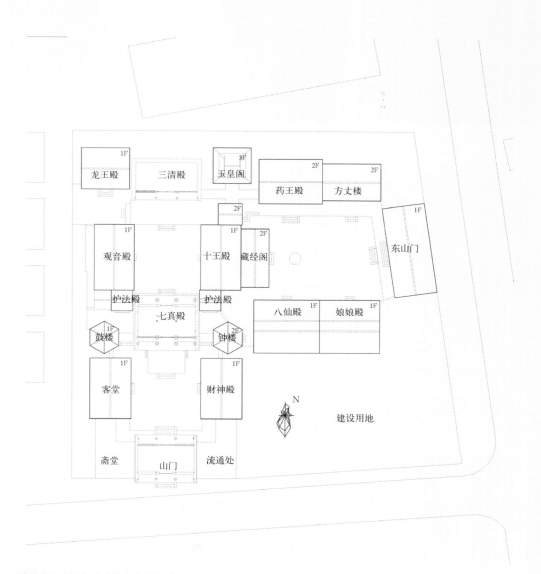

图 5-2-28 天成观总平面图（沈阳建筑大学建筑研究所绘）

图 5-2-29　天成观山门外观（谢占宇摄）

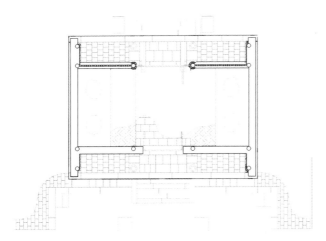

图 5-2-30　天成观山门平面图（沈阳建筑大学建筑研究所绘）

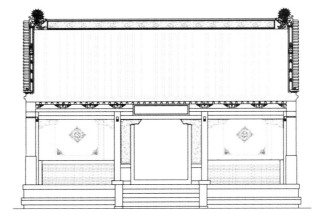

图 5-2-31　天成观山门背立面图（沈阳建筑大学建筑研究所绘）

漆成朱红色，脚柱、迎风和挑檐的石雕生动细腻，玲珑剔透，透雕的雀替、博风头、鸱吻、走兽造型逼真，栩栩如生。还有各脊上矗立的舍利子闪闪发光，与日辉映。

山门（图 5-2-29 ~ 图 5-2-31）位于天成观的西南部，是天成观主入口。山门建筑为前后廊大式木结构五脊硬山式建筑，面阔三间，进深一间，建筑高度约 5.5 米，建筑面积 64.26 平方米。明、次间面阔均为 2.8 米，进深 4.2 米，廊深 0.9 米。山门明间置隔板门，次间置棋盘式槛窗，有廊心墙。背立面明间辟券门，次间裙肩为青砖砌筑，墙身为白灰抹面，上有一个菱形石雕。建筑额枋上设单翘三踩斗栱，柱头科四攒，平身科六攒。梁架部分为五架梁，前后各加一部架，覆盆式柱础。山门彩画精美，额枋上饰有龙草和玺彩画，雀替为蔓草花纹，山墙墀头、墙身都有卷草花纹石雕。屋面是青灰色板瓦，正面为棋盘式，正脊设大吻一对，垂脊上置吞兽、中置垂兽、下置走兽，两山面设置铃铛排山，下置博风砖。

钟鼓楼（图5-2-32～图5-2-34）位于天成观山门内七真殿两侧，东侧为钟楼，西侧鼓楼，建筑总高度约7.3米，下层高台约3.6米高，建筑形式相同，为六攒尖亭子式建筑。建筑平面为八角形，六根明柱，柱距约1.2米，二层有台阶与七真殿相连。建筑面积约为38平方米。檐柱内外两侧都设莲式垂柱，其上有额枋，枋上饰有龙草和玺彩画。枋上施单昂三踩斗栱，上承挑檐枋。檐柱间设抹梁，

逐级叠起。屋面为灰色筒瓦屋面，垂脊中置垂兽，下置走兽。

七真殿（图5-2-35～图5-2-38）是天成观第一进院落的主要建筑，正对天成观主入口。建筑两层，为大式木结构五脊楼阁硬山式建筑，面阔三间，进深一间，建筑建在凸字形月台上，月台高约

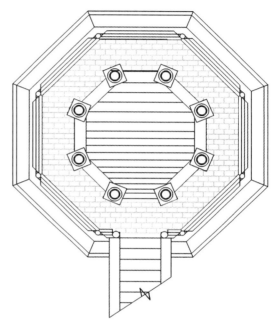

图5-2-33　天成观钟鼓楼平面图（沈阳建筑大学建筑研究所测绘）

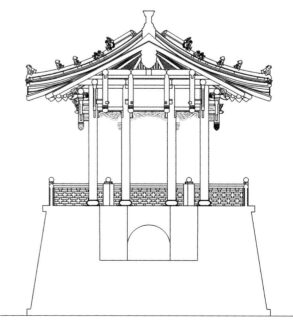

图5-2-32　天成观钟楼外观（谢占宇摄）

图5-2-34　天成观钟鼓楼剖面图（沈阳建筑大学建筑研究所测绘）

图 5-2-35 天成观七真殿外观（谢占宇摄）

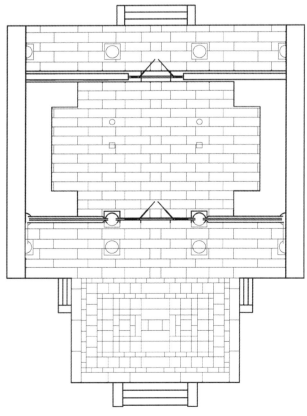

图 5-2-36 天成观七真殿一层平面图（沈阳建筑大学建筑研究所测绘）

0.67 米，建筑高度约 11.9 米。建筑面积 178 平方米。一层平面明、次间面阔均为 3.3 米，进深约为 5.63 米，前后廊深 1.15 米。一层明间置隔板门，次间置棋盘式槛窗。背立面明间辟券门，次间裙肩为青砖砌筑，墙身为白灰抹面，上有一个菱形石雕。外檐柱为朱红色，鼓式柱础，其间设卷草花纹雀替，其上设额枋，额枋上设三踩斗栱，上承挑檐枋，柱头科四攒，平身科六攒。二层平面中一层的金柱直接升到二层，南面形成廊，北面砌筑砖墙并开三个槛窗。梁架部分为五架梁，前后各加一部架，步架脊步约为 0.83 米，檐步约为 1.1 米。一层山墙墀头、墙身设有卷草花纹石雕。二层南面斗栱与一层相同，北侧无斗栱。屋面是青灰色筒瓦，正面为棋盘式，正脊设大吻一对，中央设脊刹，垂脊上置吞兽、中置垂兽、下置走兽，两山面设置铃铛排山，下置博风砖。

三清殿（图 5-2-39 ～图 5-2-43）是天成观第二进院落的主要建筑，建筑两层，为五脊楼阁硬山式建筑，面阔三间，进深一间，南侧有外廊，建筑高度约 9.47 米，下置 0.7 米的台基。一、二层平面相近，明、次间面阔均为 3.0 米，进深约为 5.0 米，廊深 0.92 米。一层建筑正立面明间置板门，次间置棋盘式槛窗。背立面为青砖砌筑。外檐柱为朱红色，鼓式柱础，直通二层。一层柱间设夔龙卷草纹雀替，

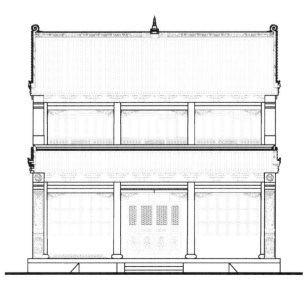

图 5-2-37 天成观七真殿正立面图（沈阳建筑大学建筑研究所测绘）

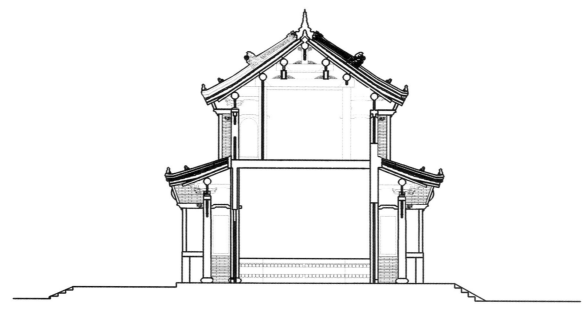

图 5-2-38　天成观七真殿剖面图（沈阳建筑大学建筑研究所测绘）

图 5-2-39　天成观三清殿外观（谢占宇摄）

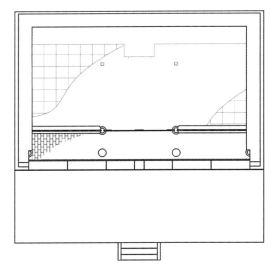

图 5-2-40 天成观三清殿一层平面图（沈阳建筑大学建筑研究所绘）

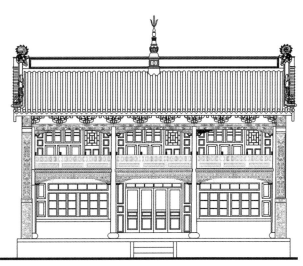

图 5-2-41 天成观三清殿正立面图（沈阳建筑大学建筑研究所测绘）

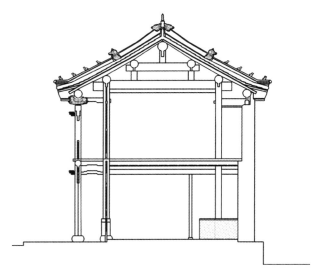

图 5-2-42 天成观三清殿剖面图（沈阳建筑大学建筑研究所测绘）

图 5-2-43 天成观三清殿斗栱（谢占宇摄）

其上设平板枋与额枋，施植物花纹的旋子彩画，建筑二层，柱上仍设额枋，在其上设三踩斗栱十攒，上承挑檐枋。二层建筑明间、次间均设棋盘式门窗，二层背立面砌筑砖墙并开三槛窗，无斗栱及彩画。梁架部分为五架梁，前后各出单步梁，各步架相同约为 0.95 米。三清殿建筑山墙墀头及墙身通体设有卷草花纹石雕，异常精美。屋面是青灰色筒瓦，正面为棋盘式，正脊设大吻一对，中央设宝瓶，垂脊上置吞兽、中置垂兽、下置走兽，两山面设置铃铛排山，下置博风砖。（执笔人：郝鸥、谢占宇）

五、庄河青堆子天后宫

天后宫又名普化寺，坐落于辽宁省大连市庄河青堆子镇，南距黄海仅 1 公里。青堆子天后宫是现存中国最北的妈祖庙。始建于唐代，后历经战乱。曾于明朝永乐年间建设过玉皇殿、火神庙等，但无典籍记载难以考证。详细史料记载于清乾隆 11 年（1744 年）修设天后宫。"文革"期间，群庙悉遭破坏，1980 年代起，政府展开修复工作，最后一次改扩建完成于 2009 年，形成现在的大连文化保护单位。天后宫以其独特的建筑艺术，博大精深的佛学文化，在一定程度上促进了当地经济、文化的发展。

天后宫（图 5-2-44）占地面积 1490 平方米，建筑面积 312 平方米，是供奉海神娘娘的庙宇，为当地渔民祈求海上平安、保佑人财兴旺的恭拜场所。

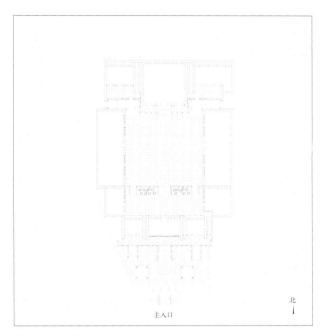

图 5-2-44　天后宫总平面图（大连理工大学测绘）

图 5-2-45　天后宫院落（邵明摄）

天后宫建筑群采用的是北方传统四合院围合布局，但不同于典型的四合院围合。天后宫布局上分为前后两进院子，前院更多表现为山门和围墙的围合关系，后院为主体，是一个四面建筑围合的庙宇式布局。由于天后宫建于青堆子主街东侧的一较高台地上，且西侧与南侧毗邻街道，因此辅助建筑（厨房、斋房等）布局于主体建筑东侧，脱离院落式布局，有入口联系，顺应地势，前后院有较大高差。由于交通上的限制，现天后宫将南门封闭，由西侧门进出。围合出的庭院（图 5-2-45），闭合露天，尺度宜人，随地势跌落，收放有序，形成小气候庭院的同时，也营造出独立清静的院落空间，配合庙宇建筑上的彩画、轴线上的巨大香炉、绿化景观，人们于萦绕的香烟中可体会出佛家的出世情怀。院落就围合的建筑来看为一进式院落，但是院落分为两个标高面。因此从视觉上会自然地把院落分为两个部分，台阶下的与台阶上的空间。入口院落也就是台阶下的空间相对狭小一些。右手边台阶旁立有一石碑，记录了清末民国初期庙宇修缮等事宜。

　　天后宫修复重建的建筑以两坡的硬山顶为主，随各部分体量大小变化，形成高低、宽窄和朝向上

的区分。主殿大雄宝殿（图 5-2-46 ～图 5-2-49）分前后两部分，结构形式为抬梁式，后部分为七架，前部分为五架带前檐廊。屋面形式，前部分为卷棚顶的歇山式，带斗栱。后部是硬山式。前后两部分均为三开间。配殿多为硬山式。在 2009 年完成的最后一次改扩建工程中，针对主殿空间不足的问题，向南扩建出一跨，西侧入口至院落的廊道上方加建出一个游廊，而这两部分的屋顶均设计为卷棚顶，在保留木作特征的同时，与原有硬山顶形成整体，很好地柔化和丰富了建筑群的屋顶形式。台基为须弥座，高 600 毫米左右，夯土基础上由青石封砌。栏杆为简洁的望柱、栏板构成。斗栱（图 5-2-50、图 5-2-51）为典型的清式五踩单翘单昂式。建筑的屋顶上包括吻兽，垂兽，仙人指路，狻猊等瓦作的制作十分精良，显示出很高的水准。彩绘为和玺式，枋心为行龙。（执笔人：邵明）

图 5-2-46 天后宫大雄宝殿外观（邵明摄）

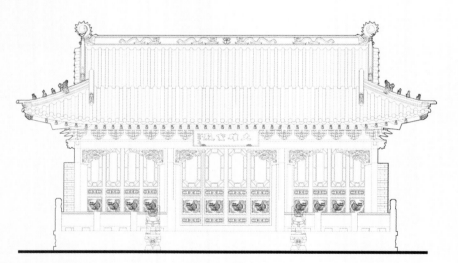

图 5-2-47 天后宫大雄宝殿正立面（大连理工大学测绘）

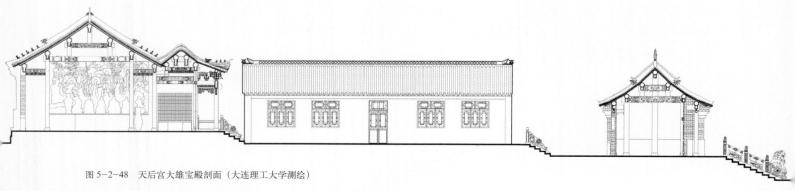

图 5-2-48 天后宫大雄宝殿剖面（大连理工大学测绘）

图 5-2-49　天后宫大雄宝殿局部（邵明摄）

图 5-2-50　天后宫彩画（邵明摄）

图 5-2-51　天后宫斗栱（邵明摄）

六、普兰店三清观

　　三清观坐落在辽宁省大连市历史文化名镇——普兰店市城子坦镇。始建于公元15世纪明代万历年间。1994年靠民众集资得以重修。1998年，城子坦三清观被列为普兰店市文物保护单位。2001年被列为大连市文物保护单位。2002年1月被大连市人民政府认定为大连市第一批重点保护建筑物。据史料记载，城子坦三清观是明万历年间，城子坦称

为归服堡以后修建的。因观内塑有三清老祖，即道教体系中地位最高的三位尊神：玉清——元始天尊、上清——灵宝天尊、太清——道德天尊，故名三清观。后来随着周边人口的不断增加，其规模也开始逐渐扩大。城子坦三清观饱经历史沧桑，在经历了明清两朝的战乱纷争以及新中国成立前的战火洗礼后，一度已经面目全非。在"文革"期间还曾被强拆并改为校舍。观内有包括佛、儒、道三教的神像120余尊和精美壁画（图5-2-52）。

图5-2-52　三清观壁画（邵明摄）

三清观（图 5-2-53）占地 1130 平方米，建筑面积为 600 平方米，庙宇为 20 间。由一洞天（图 5-2-54）、观音殿（图 5-2-55）、三清殿、财神殿、玉皇殿、药王殿、护法殿等组成。

三清观依地势而建，整体坐北朝南，为三进合院式建筑群体。在三进院落中让主要殿堂各沿轴线并排布置，在第二进院落和第三进院落中的左侧还布置了辅助功能的建筑。另外，它的布局又与传统的道观略有不同。三进的院落由南向北逐次展开，但又不完全按中轴线对称设置。这种由单座建筑组成庭院，再以庭院空间为单元叠加成三合院式的建筑群体的平面布局方式，在宫观建筑布局体系中也是并不多见的。三清观山门前设有两根幡杆，山门两侧各设一座石狮，山门倒座为观音殿，前殿为药王殿和文昌殿，东侧设有垂花门。中殿为三清殿与财神殿（图 5-2-56），两侧设有钟楼碑亭和道士住房。后殿为娘娘殿与玉皇殿并列，西侧为护法殿。城子坦镇是辽宁历史文化名镇，这里有众多的近代历史建筑。是中原文化与本地融合的汇集地。三清观虽然是道观的名称，但属于三教合一的宗教建筑。在同等性质的宗教建筑中具有一定的规模。是研究 19 世纪末到 20 世纪初的大连建筑文化的发展比较重要的节点，也是研究民间泛宗教崇拜文化的理想素材。

三清观主体建筑多为"硬山式"（图 5-2-57），均不建高台基。三清殿、财神殿等均为三开间、七架、前檐廊抬梁式结构（图 5-2-58）。中院、后院诸殿如三清殿等中间两根檐柱为八角石柱，较为少见。各殿在檐廊两侧山墙处开拱形门洞，以利于交通联系。观音殿则为紧凑三开间歇山式，其平面为方形。三清殿彩绘为和玺彩画（图 5-2-59），其余诸殿为旋子彩画，财神殿彩绘图案则有大量的铜钱造型。屋面瓦作均为筒板瓦。（执笔人：邵明）

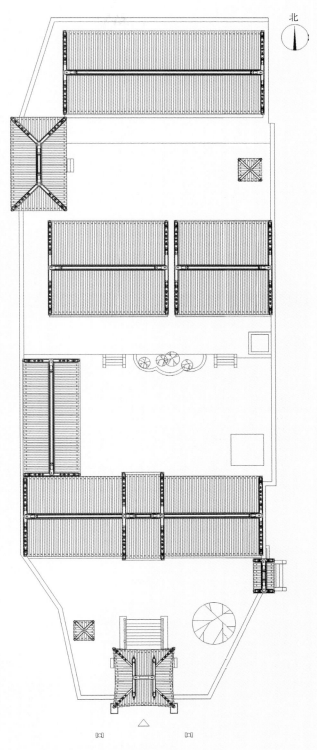

图 5-2-53　三清观总平面图（大连理工大学测绘）

图 5-2-54 三清观一洞天外观（邵明摄）

图 5-2-55 三清观观音殿外观（邵明摄）

图 5-2-56 三清观三清殿与财神殿外观（邵明摄）

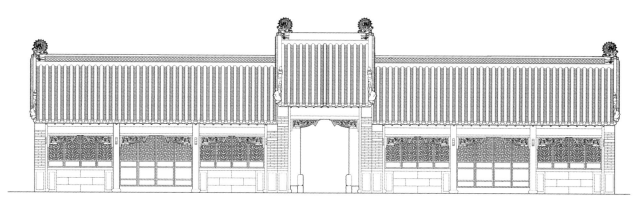

图 5-2-57 三清观立面图（大连理工大学测绘）

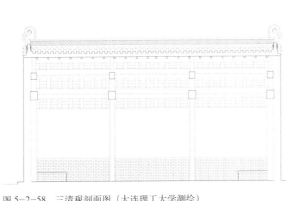

图 5-2-58　三清观剖面图（大连理工大学测绘）

图 5-2-59　三清观三清殿细部（邵明摄）

七、大连响水寺

位于辽宁省大连市金州新区大黑山西麓。响水观始建于唐代，也称响水寺、韵水寺。是辽南著名的道观，位于大黑山风景区的西北麓。康有为在1925年曾到此，并在石壁上题诗一首"金州城外百果美，瑶琴洞内三里深。尚记唐皇曾驻跸，犹留遗殿耐人寻。""响泉消夏"是古金州八景之一。至今也是大黑山比较有名的旅游地。主殿后土殿约90平方米，三清殿约110平方米。辽南著名道教场所，现为朝拜、参观之用。

响水寺依山势、山泉而建，总体呈不规则布局。由山门、后土殿、三清殿及其他附属建筑构成。竖向上由低至高分别是入口泉池广场、山门前场地以及主建筑及其院落空间。入口山泉水池内养有锦鲤（图5-2-60）。池中曲桥与亭子为池子平添了一份景致。泉水经过主院落的蓄水池以及铺设在地面的石渠，穿过第二进院落，也就是三清殿院落，从西侧的高台跌落至院外入口广场的大池之中，落差近10米，水声激荡，故曰响水。

建筑主体群落分为三进式庭院式空间布局。主殿院落为第一进（图5-2-61），三清殿院落为第二进院落，第三进院落为内部院落。

山门（图5-2-62）为砖石仿木构建筑，体量虽小，却是重檐歇山的形制，给人一种庄严肃穆的感觉。

主殿后土殿（图5-2-63～图5-2-65）为五架前檐廊抬梁式结构，硬山式建筑，三开间。台基以条石砌成，无栏杆。对应明间是条石踏步，宽度较明间面宽略窄。屋面瓦作为陶制筒瓦。彩画（图5-2-66）作为旋子，枋心为花卉，其余以锦纹为主。箍头盒子内绘有万字几何图形。三清殿（图5-2-67）为五开间七架抬梁式结构，硬山，也有前檐廊。山墙为灰砖砌成，窗槛墙则是毛石。柱枋间无雀替。彩画亦为旋子，属墨线小点金。（执笔人：邵明）

八、吉林北山玉皇阁

玉皇阁，又名大雄阁，位于吉林省吉林市北山山顶，为北山古建筑群的主要组成建筑之一。初建于乾隆四十一年（1776年）。玉皇阁自建成后，曾进行多次修葺，其中以民国十五年（1926年）吉林事务督办兼省长张作相筹款维修规模最大，重建后的玉皇阁占地面积为5124.00平方米，建筑面积为1527.00平方米。1987年被公布为吉林省重点文物保护单位。

图 5-2-60 响水寺龙口（邵明摄）

图 5-2-61 响水寺殿前院落（邵明摄）

图 5-2-62　响水寺山门（邵明摄）

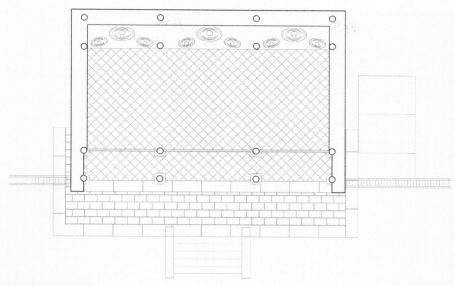

图 5-2-63 响水寺主殿后尘殿平面图（大连理工大学测绘）

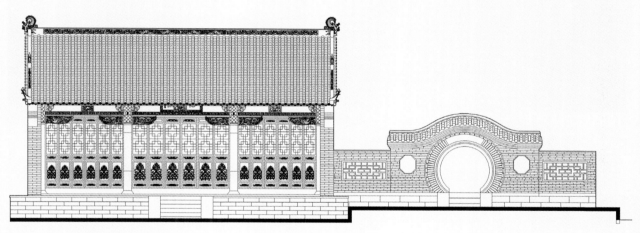

图 5-2-64 响水寺土殿立面图（大连理工大学测绘）

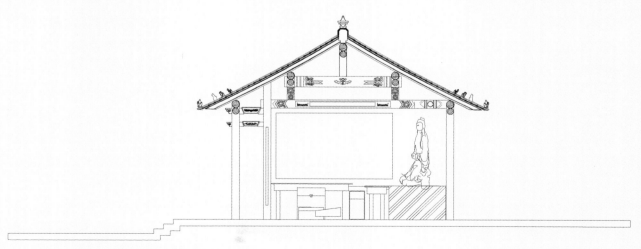

图 5-2-65 响水寺土殿剖面图（大连理工大学测绘）

图 5-2-66　响水寺彩画（邵明摄）

图 5-2-67　响水寺三清殿外观（邵明摄）

玉皇阁由两进院落组成，依山势布置，前低后高。院落平面呈矩形，有着明显的中轴线，但两进院落均进深较短，横向比较开阔，与中轴线形成方向上的强烈对比。前院（图 5-2-68 ~ 图 5-2-71）由山门，钟鼓楼及祖师庙、观音阁、老君殿和胡仙堂组成；后院（图 5-2-72 ~ 图 5-2-74）由正殿"朵云殿"和东西配房组成，全部建筑物都按中轴线严格对称配置。

山门采用了佛寺建筑的常用做法，开三个圆券门洞。两侧是简单的墙门，上施屋顶，中间设三开间屋宇式门，正面厚墙封闭，仅设一个大圆券门洞，上部硬山两坡顶，以较大体量强调出中轴线的位置。大门北侧朝内院完全敞开，门内摆放四大天王塑像。钟、鼓楼没有布置在前院中轴两侧，而是在前院东南和西南角上建高台方亭，上施攒尖顶，通透轻盈，飞落在封闭沉重的院墙和山门之上。山门内一反在

中轴线上布置主要殿堂的传统，迎面设置大台阶，台阶上架立三开间木牌坊，强调了第二进院落的入口标志。木牌坊（图 5-2-75、图 5-2-76）形制简洁古朴，仅在明间枋下设置雕饰华丽的雀替装饰。木柱断面为正方形，前后设戗柱支撑。牌坊东西两侧由数间殿堂组成，东侧有祖师殿和观音殿，西侧有老君殿和胡仙堂。整组建筑物都为前廊式两坡硬山顶，规模依距中轴线远近而变化。

后院有正殿和东西配房各五间。正殿称"朵云殿"（图 5-2-77 ~ 图 5-2-79），其面阔三间，殿高两层，是整个建筑群体量最大，装饰最华丽的建筑物。朵云殿正面为两层柱廊，底层装饰比较简洁，二层设平座，平座及屋顶均用三朵斗栱出挑。檐下绘有精细的青绿色调的油漆彩画（图 5-2-80）。朵云殿实为"阁"式建筑物，它的屋顶为单檐歇山顶，是全院建筑物中等级最高的屋顶形式。

图 5-2-68　玉皇阁山门及两侧的钟鼓楼（王烟雨摄）

图 5-2-69　玉皇阁前院空间（王烟雨摄）

图 5-2-70 玉皇阁前院西侧的老君殿及胡仙堂（王烟雨摄）

图 5-2-71 玉皇阁前院的观音阁及关帝庙（李之吉摄）

图 5-2-72 玉皇阁朵云殿（王烟雨摄）

图 5-2-73 玉皇阁后院东厢房（李之吉摄）

图 5-2-74　玉皇阁后院西厢房（李之吉摄）

图 5-2-75　玉皇阁木牌坊正面（王烟雨摄）

图 5-2-76　玉皇阁木牌坊背面（王烟雨摄）

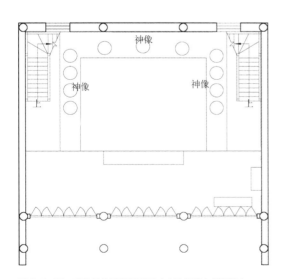

图 5-2-77　玉皇阁朵云殿平面图（吉林建筑大学测绘）

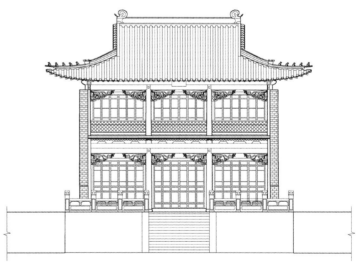

图 5-2-78　玉皇阁朵云殿立面图（吉林建筑大学测绘）

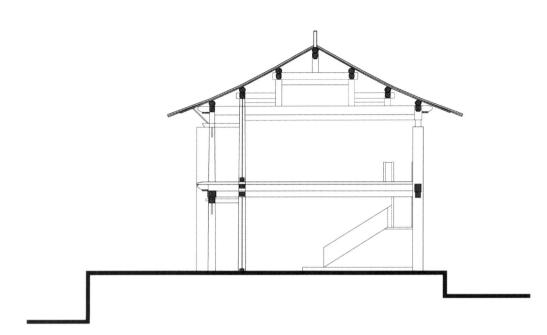

图 5-2-79 玉皇阁朵云殿剖面图（吉林建筑大学测绘）

图 5-2-80 玉皇阁朵云殿雀替及彩画（李之吉摄）

整个玉皇阁建筑群布局严谨，既强调了严格的对称统一，又有高低错落，富于对比变化。大小殿堂均用灰砖灰瓦，墙面磨砖对缝，梁柱油漆彩画是重点装饰。屋面铺设板瓦，局部用筒瓦剪边，不失为北方劳动人民的杰出创作。

玉皇阁奉祀以道教为主兼容儒、释为一寺。玉皇阁是吉林北山现存规模最大、建筑位置最高的一组古代建筑群。（执笔人：张俊峰）

九、吉林北山坎离宫

坎离宫（图 5-2-81 ～图 5-2-83）位于吉林省吉林市北山山顶，为北山古建筑群的主要组成建筑之

图 5-2-81　坎离宫山门外观（李之吉摄）

图 5-2-82　坎离宫前院空间（王烟雨摄）

图 5-2-83　坎离宫后院配殿外观（王烟雨摄）

图 5-2-84　坎离宫正殿外观（李之吉摄）

图 5-2-85　坎离宫东配殿弥勒殿外观（王烟雨摄）

一。初建于清光绪二十三年（1897 年），光绪三十四
年（1908 年）、民国五年（1916 年）重修。占地面积
为 334.88 平方米，建筑面积为 248.532 平方米。现
有正殿（图 5-2-84）三间，东配房（图 5-2-85）
三间，西侧原有胡仙堂一间。坎离宫原属道教庙宇，
曾经是道教活动中心，现为佛教庙宇。1987 年被公
布为吉林省重点文物保护单位。

　　正殿（图 5-2-86 ~ 图 5-2-88）正中原祀太
阳神、月亮神，两侧配祀土地、山神、龙王、雷公
和火德神等。一侧原祀胡仙，"文革"中此庙的神
像全部被毁，但庙宇保存尚好。

　　现今，坎离宫正殿内奉祀"西方三圣"，即西
方极乐世界阿弥陀佛，以及观世音菩萨和大势至菩
萨，殿外奉祀伽蓝菩萨和韦陀菩萨立像。

　　在坎离宫后，是北山寺庙群中地势最高，建筑
最宏伟的庙宇——玉皇阁。（执笔人：张俊峰）

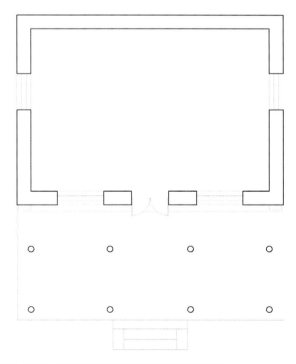

图 5-2-86　坎离宫大雄宝殿平面（吉林建筑大学测绘）

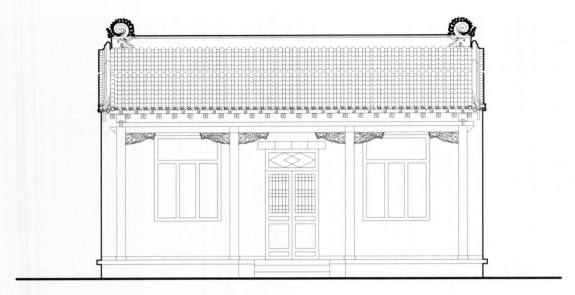

图 5-2-87 坎离宫大雄宝殿正立面（吉林建筑大学测绘）

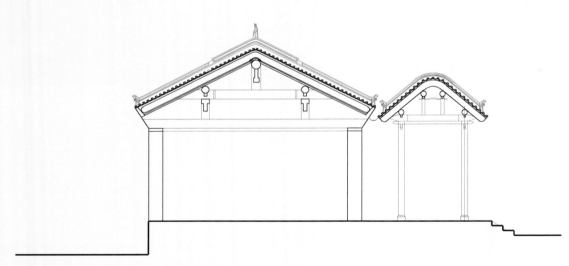

图 5-2-88 坎离宫大雄宝殿剖面（吉林建筑大学测绘）

第三节 伊斯兰教清真寺

一、开原老城清真寺

　　开原清真寺位于辽宁省北部古城开原境内。据《开原县志·卷二·祠庙》记载："清真寺，在东街，清顺治年创建，嗣后历加修理"。伪康德二年（1935年）曾对此寺院进行过一次较大规模的维修。新中国成立后，清真寺归中共开原县委统战部管辖下的回民联合会管理。"文革"期间，清真寺遭到严重破坏。1980年春开始修复清真寺，整修大殿、门房，修复了净间和围墙。1984年翻修东厅堂。1992年对清真寺大殿进行了一次全面彩绘，并对木构进行了简单的维修。2007年，开原老城清真寺被辽宁省人民政府公布为省级文物保护单位。

　　清真寺建筑群总体布局（图 5-3-1）采用伊斯兰教的典型特点之一房屋围绕内院布置，总占地面积为3383平方米，建筑面积800平方米。包括大殿、厅堂、讲堂、净间等主要建筑5座。主要建筑布置没有在一条南北中心轴线上，而是分布在横纵两条轴线上，建筑群南向开门，大门和阿訇办公室南北连接，形成了南北纵向轴线，大殿与厅堂分布在以米哈拉布西部墙体中点的东西向的横轴上。整个院落的建筑群以礼拜大殿为中心，大殿绝对按照伊斯兰教信仰坐西朝东。礼拜大殿在建筑群中体量最大，位于院落中心偏西位置。厅堂位于整个院落东侧，又称为"东厅堂"。正对礼拜大殿，坐东朝西。门房位于整个建筑群的最南端。

礼拜大殿（图5-3-2～图5-3-6）建筑坐西朝东，由前卷棚、礼拜殿、后窑殿三部分组成。礼拜大殿屋顶采用"一卷一殿一楼"勾连搭形式，其中前卷棚屋面对应的平面为矩形，面阔三间，进深一间，构成大殿入口的门廊。礼拜殿为大殿的主体建筑，单檐歇山式屋顶，石仿檩、石仿梁头，木制斗栱，基座为青石贴面，朱漆木柱，面阔五间，进深四间。室内为了获得更大的空间，采用了减柱造大厅式，并且室内不再分隔。室内铺设地板，地板之上满铺了南北向排列的拜毡，整个礼拜大殿的墙体采用复合墙体的形式砌筑，内为一甃一卧土坯砖墙，外为青砖砌筑。建筑最西侧是米哈拉布，又称后窑殿（图5-3-7），平面呈六角形，三层亭楼式建筑，攒尖顶，铁制塔刹。建筑以极具伊斯兰教特色的颜色和装饰物构成，色彩以绿、白、黄、蓝为主。装饰纹样多为几何花纹、植物花纹、文字花纹。彩画集中在前卷棚部分。梁、檩、枋、垫板等均有彩绘，图案丰富，有旋子图案、各式锦纹、流云、支花、连珠带等，色调以伊斯兰教传统蓝绿为主。

厅堂建筑平面为矩形，面阔三间，前后廊，明间辟门，单檐硬山顶建筑。屋面为青布瓦顶，干槎瓦覆盖，正脊为沙锅套花脊。为了使室内达到良好的采光效果，南北山墙各开两扇圆窗。前檐部分的梁、檩、枋、垫板、雀替等均有彩绘，其余木构部分为红色油饰，后廊用实墙封堵，通面阔10米，通进深7.6米，有各式锦纹、流云、支花、连珠带等，色调以蓝绿为主（图5-3-8、图5-3-9）。

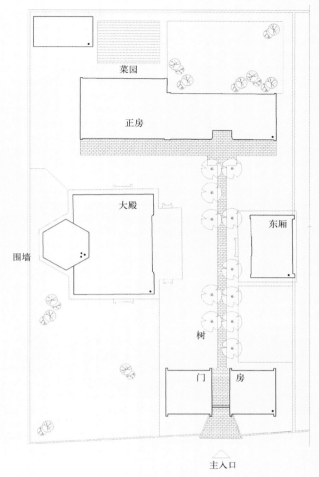

图5-3-1 开原清真寺总平面图（沈阳建筑大学建筑研究所测绘）

位于整个建筑群的最南端。建筑平面形状为矩形，通面阔七间，进深一间。屋面为青布瓦顶，干槎瓦覆盖。该建筑由三部分组成：左右两侧为面阔三间的硬山式建筑，北侧明间为门；中间利用左右两建筑山墙，上覆盖屋顶，形成相对独立的面阔一间的单体建筑，为清真寺的入口（图5-3-10）。其两侧布置有普通的撒山照壁，由青砖砌筑。照壁与大门之间形成开放式的小型广场，便于组织人流和车流。门房明间前檐檩与枋间有隔架雀替，图案植物，手法采用透雕形式。前檐檩、枋、雀替等有彩绘，图案以植物为主题，色调以蓝绿为主。

开原清真寺同其他中国内地大多数的清真寺不同，它采用了围合式非中轴对称的平面布局形式，但从建筑单体来看，虽然其具有伊斯兰教所要求的

图 5-3-2　开原清真寺礼拜殿外观（朴玉顺摄）

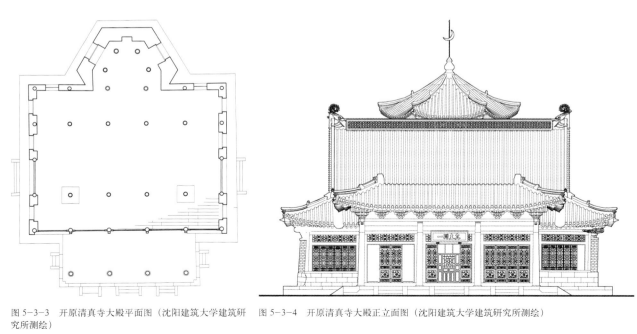

图 5-3-3　开原清真寺大殿平面图（沈阳建筑大学建筑研究所测绘）

图 5-3-4　开原清真寺大殿正立面图（沈阳建筑大学建筑研究所测绘）

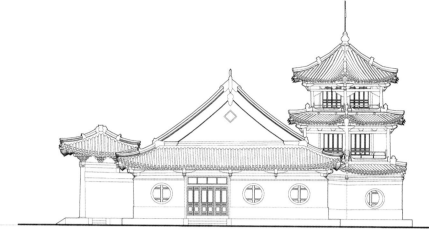

图 5-3-5 开原清真寺大殿侧立
面图（沈阳建筑大学建筑研究
所测绘）

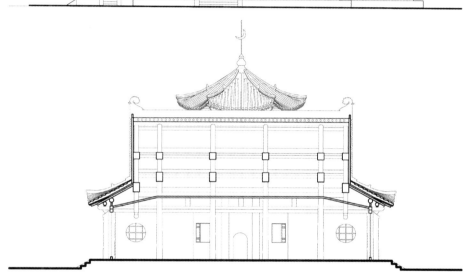

图 5-3-6 开原清真寺大殿剖
面图（沈阳建筑大学建筑研究
所测绘）

图 5-3-7 开原清真寺望月楼
（朴玉顺摄）

图 5-3-8　开原清真寺厅堂雕花（刘思铎摄）（左上）
图 5-3-9　开原清真寺厅堂龙雕（刘思铎摄）（右上）
图 5-3-10　开原清真寺入口门房（刘思铎摄）（下）

建筑内容，如礼拜堂、邦克楼、净间、经堂等，但这些建筑采用的是中国东北传统建筑样式，建筑单体无论从平面还是立面均采用传统建筑开间、进深的比例关系，用几座屋顶相连的殿堂取代了圆拱形穹顶；用中国传统建筑的六边形角楼取代了细高的邦克楼，但从其建筑的色彩和装饰上以及局部的圆形开窗中仍能够体现出浓郁的清真寺伊斯兰教的特色与文化。（执笔人：刘思铎）

二、沈阳南清真寺

沈阳市南清真寺，坐落于辽宁省沈阳市沈河区小西路三段回民里18号，是市内最早兴建的一座建筑格局为中国古典殿宇式、砖木结构的寺殿建筑。该寺今占地面积9323平方米，建筑面积1662平方米，是沈阳市重点文物保护建筑物之一。

沈阳清真南寺始建于清初，据《清真寺史料》记载，沈阳清真南寺于明代崇祯九年（1636年）就曾有"院落较小，房屋不多的简陋寺院"的史文，《省伊斯兰教志》考证为"始建于清初天聪年间（1627～1636年间）"。据清康熙二十四年（1685年）乙丑撰修的沈阳《铁氏家谱》史料记载：创建人铁魁在清初有战功，官拜骑督尉，封显将军、光禄大夫，热心教门事业，施舍家资建造了这座寺院，其总面积为500余平方米。该寺院经过康熙、乾隆、嘉庆历代的增建，形成今日的规模。寺内的主要建筑有礼拜殿、望月楼，南北讲经堂、男女沐浴室、茶房、灵台等。前后三进院落。

南清真寺（图5-3-11）现为沈阳地区穆斯林活动中心，有阿訇主持教务。每逢伊斯兰教节日如古尔邦节、尔代节，寺内便热闹非凡。这里还经常接待巴基斯坦等伊斯兰国家的外宾。南清真寺已被列为省级重点文物保护单位。

总体布局（图5-3-12）沿东西中轴线有次序、有节奏的布置三进四合院，形成一组完整的空间序

图5-3-11　沈阳南清真寺全貌（王严力摄）

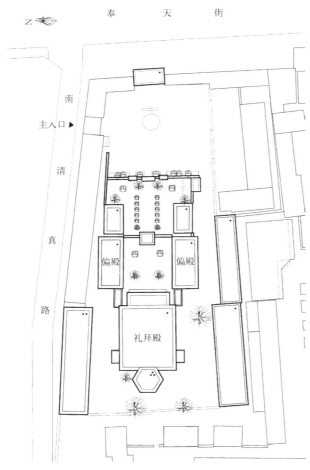

图 5-3-12　沈阳南清真寺总平面图

（图中文字：奉天街　Z　南　主入口▶　清　真　路　偏殿　偏殿　礼拜殿）

列，每一进院都有自己独具的功能要求和艺术特色，有主有次，循序渐进，是一个完整的建筑艺术群体（图 5-3-13 ～ 图 5-3-17）。该寺坐西朝东，占地面积 6116 平方米，建筑面积 1706 平方米。这是以青砖墙围廊的中国古代殿宇建筑，全寺以第二进院落正中的礼拜殿（亦称大殿）为中心，三进院落，具有民族和宗教特点。

礼拜殿（图 5-3-18 ～ 图 5-3-23），东西向，砖木结构，20 余间，面积 415 平方米，前后分为两层，檐下悬挂阿拉伯文匾额，具有典型的伊斯兰风格。望月楼（亦称遥殿），紧接礼拜殿，三层楼，高 30 米，平面呈六角形，面积 22.5 平方米。顶端高悬铜鎏金新月，飞檐凌空，檐端镶四只望兽，并挂有风波铜铃。南北讲经堂建于乾隆二十年（1755 年），室内铺大理石地面，飞檐望兽。建筑装饰中阿合壁的建筑装饰，将伊斯兰教装饰风格与中国传统装饰手法融会贯通，以红、蓝、绿建筑群的色彩基调，构成分别代表华夏、突厥、阿拉伯的文化融合。突出伊斯兰宗教内容，或彩绘，或书法，或木雕、砖雕、石刻，或悬匾挂联，或富丽堂皇，或淡雅明快，艺术珍品不胜枚举。（执笔人：汝军红）

图 5-3-13　沈阳南清真寺院门（王严力摄）

图 5-3-14　沈阳南清真寺院落 1（王严力摄）

图 5-3-15　沈阳南清真寺院落 2（王严力摄）

图 5-3-16 沈阳南清真寺院落 3
（王严力摄）

图 5-3-17 沈阳南清真寺院落 4
（王严力摄）

图 5-3-18 沈阳南清真寺礼拜殿
外观（王严力摄）

图 5-3-19　沈阳南清真寺望月楼外观（王严力摄）

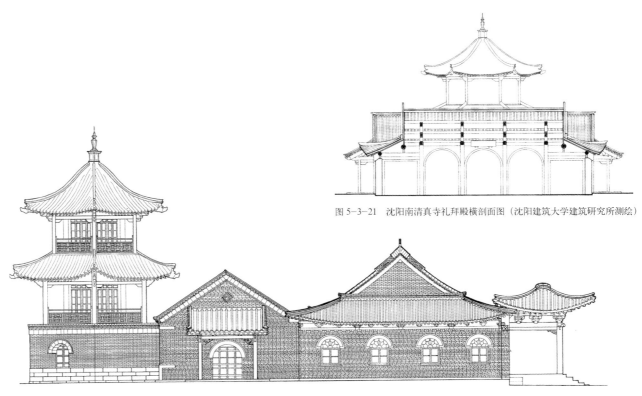

图 5-3-21　沈阳南清真寺礼拜殿横剖面图（沈阳建筑大学建筑研究所测绘）

图 5-3-20　沈阳南清真寺礼拜殿南立面图（沈阳建筑大学建筑研究所测绘）

图 5-3-22　沈阳南清真寺礼拜殿室内 1（王严力摄）

图 5-3-23　沈阳南清真寺礼拜殿室内 2（王严力摄）

三、瓦房店清真寺

复州城清真寺坐落于辽宁省瓦房店市复州城镇大公委甜水巷。始建于清顺治六年（1649年），清乾隆二十九年（1774年）后经多次修葺和扩建。该寺有教职人员1人，寺管会成员11人，辖区穆斯林群众300余户、1000多人。该寺有300多年历史，1995年登记为宗教活动场所，2004年被大连市政府列为市重点建筑保护单位。

该清真寺占地面积716.35平方米，是当地回民做礼拜的重要场所。在遵循中国内地清真寺普遍格局的基础上，复州城清真寺的建筑群和院落总体布局都是别具特色的。从平面布局上看，该寺为一进院落，沿东西中轴线设有卷棚殿，大礼拜大殿（图5-3-24、图5-3-25）与后窑殿。复州城清真寺寺门开设于南侧院墙上，在院落空间上形成南北轴线，教长室、经堂、水房、埋汰房及其他生活用房正对寺门位于大殿北侧，南面则为阿訇住宅。此为主轴线中心坐落礼拜大殿和南北轴线尽端设置教长室的格局。位于大殿北侧的角井亭正在修复建设当中，其外立面为四脊攒尖形式，设有宝顶为二层，又称克朗楼。此外，在东西轴线上，大殿月台正对一排高大杨树，更使得清真寺中心院落空间具有"三合院"的感觉。殿门前采用干净平坦的草坪，设石桌石凳，院中更栽有银杏和悬铃木庇荫。整体院落（图5-3-26～图5-3-28）景观结构完全没有采用传统中国古典园林的方式，反而回归伊斯兰教园林的十字中轴对称的经典园林结构，使得复州城清真寺的院落景观体现了伊斯兰宗教精神的传承感和庄重感。整座寺院在绿树掩映下，平添了许多清净超然的建筑意境。复州城清真寺建筑群体布置符合中国内地清真寺的布置方式，唯独特别的是其将寺门设于南侧，这种设置明显不同于清真寺院落常规的做法。

图5-3-24　瓦房店清真寺礼拜大殿外观1（邵明摄）

图 5-3-25　瓦房店清真寺礼拜大殿外观 2（邵明摄）

图 5-3-26　瓦房店清真寺月亮门位置（邵明摄）

图5-3-27　瓦房店清真寺月亮门正面（邵明摄）

图5-3-28　瓦房店清真寺建筑精细木雕（邵明摄）

大礼拜大殿（图5-3-29～图5-3-35）由中间五开间、八架卷棚式建筑与入口的五开间、六架卷棚前殿以及后部的窑殿相连组成。前殿正面中心三跨设檐廊。柱、梁枋及内部椽子均涂成大红色。山墙开有圆拱窗。大礼拜殿建于清顺治年间为清真寺最早建筑，后于1920年在其前后分别增建卷棚殿（前殿）和窑殿（后殿）。大殿两侧各有一月亮门，其他的附属建筑还有尖宝顶四角井亭，经匣室，会客室，寝室等。清真寺对规模和形式无统一要求，但每座清真寺必须有大门，礼拜殿，水房三组必不可少的建筑以满足基本功能需求。（执笔人：邵明）

四、长春清真寺

长春清真寺位于吉林省长春市南关区长通路北侧清真寺胡同内，始建于清同治年间（1862～1874年），为长春市现存历史最悠久的建筑群。1987年，长春清真寺被公布为吉林省文物保护单位。

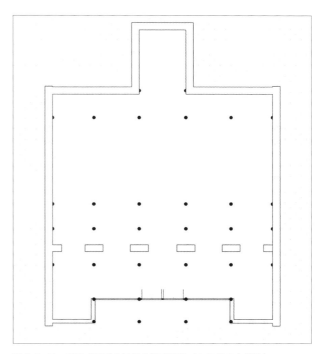

图5-3-29　瓦房店清真寺礼拜大殿平面图（大连理工大学绘）

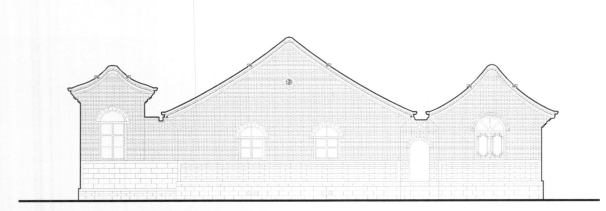

图 5-3-30 瓦房店清真寺礼拜大殿侧立面图（大连理工大学测绘）

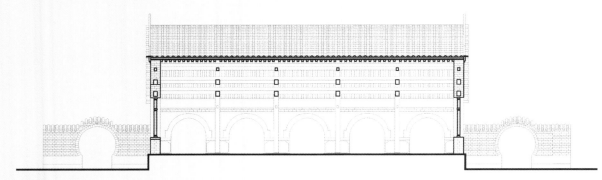

图 5-3-31 瓦房店清真寺礼拜大殿剖面图 1（大连理工大学测绘）

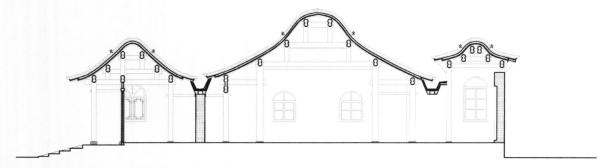

图 5-3-32 瓦房店清真寺礼拜大殿剖面图 2（大连理工大学测绘）

图 5-3-33 瓦房店清真寺礼拜堂（邵明摄）

图 5-3-34 瓦房店清真寺室内凹壁（邵明摄）

图 5-3-35　瓦房店清真寺吻兽石雕（邵明摄）

　　清道光四年（1824 年），长春的回民捐助集资在老城内东三道街修建了清真寺。随着信徒数量的增加，原寺已经无法满足需求，后又集资购地，于清同治年间（1862 ～ 1874 年）在现址（当年位于商埠地内）重建清真寺。清光绪十七年至十九年间（1891 ～ 1893 年）重修寺门、讲堂、正殿以及围墙。2011 年，长春清真寺进行了历史上最大规模的一次修缮，维修加固了原有建筑，增加了一些服务性用房，最醒目的地方是临长通路一侧新建了一座三开间的落地牌坊（图 5-3-36）。

　　长春清真寺（图 5-3-37）采用我国北方传统的建筑形式建造，坐西向东，寺门开在南侧。整个寺院占地 5000 多平方米，沿寺院的东西纵轴线，北侧为教长室、女礼拜殿（图 5-3-38）和其他一些附属用房（图 5-3-39），南侧有寺门和无字碑，轴线最东侧为讲堂，正殿（礼拜殿）位于纵轴线的

图 5-3-36　长春清真寺南侧新建的牌坊（王烟雨摄）

图 5-3-37　长春清真寺全景（王烟雨摄）

核心位置，在纵轴线的最底端建有高大的望月楼。长春清真寺与当地传统寺庙的院落布局既有相似的做法，又有自身独特之处，正殿朝向东侧就是为了满足信徒礼拜必须朝向圣城麦加方向的要求。

正殿前面建有巨大的月台，月台东西宽 10 余米，南北长 20 余米，便于进行各种祭祀活动。正殿前部为五开间的抱厅（图 5-3-40、图 5-3-41），屋顶为卷棚歇山式，斗栱飞檐，雀替透雕，十分华丽，隔扇、槛窗做工细致，彩绘以蓝色为主，体现了伊斯兰教建筑的特点。在正殿前建有抱厅是当地传统寺庙常用的做法，有些抱厅采用开敞式，没用窗子和墙体进行封闭，更是别有意境。

建寺初期正殿只有一个进深，为了能够容纳更多的信徒来做礼拜，民国 18 年（1929 年）重修正殿，将原来只有 7 米进深的大殿进行改造，增加两跨，采用三座连造的形式，屋顶形成"勾连搭"，高低错落，走兽相对，极富变化。正殿前部的南北山墙上有吉林传统民居常用的"山坠"和"腰花"

砖雕（图 5-3-42），并有"垂花门"的造型，砖雕上再施以彩绘，下部设有圆窗，造型组合丰富，很有新意。

望月楼平面呈六边形，上部为木结构，重檐彩绘，六角攒尖顶。紧靠望月楼的正殿屋顶正吻高大，保存完好。

教长室（图 5-3-43）为教长居住的地方，面阔五间，硬山式屋顶，仰瓦屋面，屋脊上有砖雕，门前有一枯树，名为"九龙榆"。讲堂为五间，硬山式屋顶，设有檐廊，两侧有看墙，山墙有"山坠"、"腰花"，其尺度和形式都与吉林传统民居相似。

寺门（图 5-3-44、图 5-3-45）采用北方传统的山门形式，中间为一大门，两边分设小门并用墙体分隔开，寺门墙面及正殿抱厅的墙面都涂成黑色，华丽之中又显庄重。

长春清真寺是北方传统寺庙建筑和传统民居建筑的融合，其形式有很多民居的色彩，同时又受到当时京师建筑风格的影响。（执笔人：李之吉）

图 5-3-38　长春清真寺女礼拜殿（李之吉摄）

图 5-3-39　长春清真寺大殿对厅（李之吉摄）

图 5-3-40　长春清真寺抱厅及大殿北侧（王烟雨摄）（上）
图 5-3-41　长春清真寺大殿抱厅斗栱（李之吉摄）（左下）
图 5-3-42　长春清真寺大殿局部（王烟雨摄）（右下）

图 5-3-43　长春清真寺大教长室檐下雀替（李之吉摄）

图 5-3-44　长春清真寺山门西侧拴马桩顶部的石狮（李之吉摄）

图 5-3-45　长春清真寺山门东侧拴马桩顶部的石狮（李之吉摄）

五、卜奎清真寺

卜奎清真寺位于黑龙江省齐齐哈尔市，分为东西两寺。清康熙时，为抗击沙俄的侵略，作战基地设在齐齐哈尔一带，从山东、河北移来戍边的"格迪木派"回民于康熙二十三年（1684 年）盖起几间茅舍，即为最初的东寺。咸丰二年（1852 年），甘肃十二家伊斯兰教徒放逐于齐齐哈尔，他们分属于"哲合林耶"教派，因其宗教仪式与"格迪木派"有别，于是另建西寺。东西两寺建筑格局相似，主要建筑都是由拜殿及与之相连的窑殿、对厅、讲经堂、浴室等组成。两寺仅一墙之隔，且有门廊相通，共同组成了具有地方文化特色的伊斯兰教建筑群。

清真寺东寺主入口设在东南方向，主入口正中是个三开间的门楼，在其两边设置了两个带左右影壁的小门楼。东寺门楼（图 5-3-46）为塾门型大门，明间为门道，两次间设房间，前后出廊。墙体用青砖丝缝砌筑，山墙前后出墀头，盘头部分有砖雕，下碱部分用花岗石做墀头角柱，山墙两山面有砖雕

的悬鱼和腰花。明间板门外有两个门鼓石。两次间的房间向外面开矩形窗，向内开六角形窗。平板枋宽且厚，额枋则窄而略高，额枋下均有雀替，为翅形，木透雕。穿端头有收分。屋顶为硬山，黑色筒板瓦。正脊两端有鸱尾，垂脊中部有垂兽，兽后高于兽前。两边带左右影壁的小门楼中间的门洞上方起一券一伏的拱券，门楼的屋顶是硬山顶，檐下有砖仿木的椽飞及望板，山墙前后有盘头，无上身和下碱。左右影壁墙上有屋顶，屋顶中部起脊。院内与左右门洞正对有独立的影壁。

东寺的拜殿（图 5-3-47）和窑殿（图 5-3-48）是整个建筑群中的主体建筑。拜殿坐西朝东，由前厦、中殿和后殿组成，屋顶采用勾连搭式组合，可容纳五百人诵经。

前厦面阔五开间，进深一间，卷棚歇山式屋顶。屋顶翼角起翘很高，出翘也非常深远。卷棚部分的山面辟有圆形小窗。平板枋高同额枋，宽大于额枋，额枋下均有雀替，为翅形，木透雕。平板枋上边有斗栱，斗栱分斜栱和直栱两类，角科、柱头科

图 5-3-46　卜奎清真寺东寺入口门楼（刘洋摄）

图 5-3-47 卜奎清真寺东寺拜殿（刘洋摄）

和每间正中的平身科为较大的斜栱，其余的平身科斗栱用较小的偷心造直栱。坐斗硕大，栱臂纤细而弯曲且带有雕刻，斗与斗之间用纤细的枋相连。金檩下边有上下两圈枋，上层枋与六架梁相交，上下层枋之间用垂莲柱相连，垂莲柱之间装有木透雕倒挂楣子。正门中槛上方悬挂阿拉伯文"太斯米"赞主词横匾，左边匾额题有"急公好義"，右边匾额题有"獨掾國諏"。隔扇上雕刻着琴棋书画、四季花卉等精美花饰。中殿和后殿的形式大体雷同，室内空间连通为一体。屋顶采用硬山顶。山墙前后出墀头，下碱部分均为花岗石墀头角柱，前墀头上身部分满布砖雕，后墀头上身上部与盘头部分做砖雕（图 5-3-49、图 5-3-50）。山墙人字形博风板正中有砖雕的山坠和腰花，腰花两边有圆形通气孔。腰花之下是圆形窗的窗头，窗头是从墙上向外伸出的半个硬山屋顶，顶部是清水脊，脊端有砖花饰（图 5-3-51）。窗头屋面采用灰瓦的筒板瓦，端部有瓦

图 5-3-48 卜奎清真寺东寺窑殿（刘洋摄）

图 5-3-49　卜奎清真寺东寺前檐墀头（刘洋摄）

图 5-3-50　卜奎清真寺东寺后檐墙（刘洋摄）

图 5-3-51　卜奎清真寺东寺侧窗（刘洋摄）

当滴水。山面的博风头做圆形的砖雕装饰。檐下有椽飞望板，檐椽下面是大小檐檩、垫板及檐枋，檐枋下有七攒重翘品字科斗栱立于平板枋之上，平板枋下面是垂莲柱和雀替，除斗栱为木制并涂以砖灰色外，其余木构件部分采用砖构仿木的做法。窗头墀头的盘头和上身部分做砖雕装饰。中后殿的背立面檐下也做仿木的椽飞望板和木制斗栱，斗栱自墙内出一翘，翘上承托一斗二升。斗栱下面有平板枋、垂莲柱和雀替。

窑殿为方形塔式建筑，三层三重檐，各层自下而上依次内收。底层为米哈拉布，在南北两面开圆窗，檐下有仰俯莲、垂莲柱、雀替等砖雕。中间一层通体砖雕，雕有鲤鱼卧莲图案，图案呈水平分布，基本元素有柱形、菱形、回纹形，每面还有九个圆形砖雕，上刻阿拉伯文的圣主名字和圣形。顶层正面东面刻有"天房捷镜"四个金字，四面都开六边

形窗，屋顶为四角攒尖，攒顶用"风剥铜"材料建成，莲花座上镶有高 1.9 米，直径 0.9 米的镀金莲座葫芦，葫芦尖上嵌有 0.4 米长的金色新月朝向麦加圣地，是伊斯兰教"弯月涵星"的象征，金光闪耀。

东寺拜殿的对厅是一座三开间硬山顶的建筑，檐柱之间有雀替，山墙出墀头，墀头的盘头与上身上部施砖雕。对厅的南侧的耳房一开间，其山墙紧贴对厅的山墙。

清真寺西寺的大门是一个悬山顶的大门带两个硬山式的小门楼，小门楼外侧有八字影壁。西寺的主体建筑由前厦、中殿（拜殿）（图 5-3-52、图 5-3-53）和后殿（窑殿）（图 5-3-54）组成。前厦三开间，卷棚歇山顶。檐下每开间施一攒平身科斗栱，角科与柱头科斗栱为斜栱，雀替做镂空木雕，倒梯形。山墙内廊心墙的四个岔角雕有暗八仙。前厦与中殿做勾连搭，其水平天沟下方亦开敞作为前厦的一部

图 5-3-52　卜奎清真寺西寺拜殿（刘洋摄）

图 5-3-53　卜奎清真寺西寺侧面（刘洋摄）

图 5-3-54　卜奎清真寺西寺窑殿（刘洋摄）

分。中殿部分面阔比前厦稍大，硬山顶。正脊较高，采用银锭玲珑脊，山墙中部开圆窗，冰裂纹式窗棂。后窑殿平面为矩形，二层楼阁式建筑，面阔小于中殿部分。底层外墙体为砖砌，二层平面向内收进，外露木构架，庑殿顶。底层檐下是砖砌仿木的椽飞望板、檩垫枋、雀替和垂莲柱，南北外墙上开八角形窗，东侧正中凸出一间小龛，上做单坡硬山顶。后殿与中殿相接部分南北两侧山墙开拱形门。

卜奎清真寺的砖雕极其精美，斗栱做法非常奇特，有很高的艺术价值，是黑龙江省内不可多得的古建筑艺术珍品。1981 年，卜奎清真寺被列为黑龙江省级文物保护单位，2006 年被国务院公布为第六批全国重点文物保护单位。（执笔人：刘洋）

六、呼兰清真寺

呼兰清真寺位于黑龙江省哈尔滨市，始建于清嘉庆十五年（1810 年），初创时仅有 3 间草房。光绪元年（1875 年）当地回民集资扩建，历时 3 年竣工，此时寺院占地面积 5000 平方米，青砖围墙，大门内外有木刻"清真古道"与"认主独一"两块匾额。由于呼兰河水逐年东侵，危及整个建筑群，1953 年被迫将窑殿拆除。1955 年 1 月 10 日签订协议，将迁建寺址定在和平街八间砖瓦公产房处，占地面积 3000 平方米。迁建工程用上了原寺拆下的砖瓦木料，1956 年礼拜殿竣工，比原大殿多了一层窑殿。"文革"期间该寺曾遭到严重破坏，"文革"后修葺了部分大殿，1982 年 10 月竣工。

清真寺通进深 12.8 米，通面阔 11.15 米，主入口朝向东。清真寺的主体建筑是连为一体的拜殿（图 5-3-55）和窑殿。拜殿分为前殿和后殿，屋顶为一殿一卷式勾连搭（图 5-3-56），前殿为卷棚硬山式，后殿为硬山，木构架结构体系，外墙为青砖砌筑。窑殿（图 5-3-57）为青砖砌筑的三层方形塔式建筑，四角攒尖屋顶。前殿屋顶用橙色琉璃筒

图 5-3-55　呼兰清真寺正立面外观（刘洋摄）

图 5-3-56　呼兰清真寺侧立面外观（刘洋摄）

图 5-3-57　呼兰清真寺窑殿背立面外观（刘洋摄）

瓦，后殿屋顶正面中间用橙色琉璃筒瓦，两端及后殿屋顶背面用蓝色琉璃筒瓦。后殿正脊中间立二龙戏珠，两端的正吻为蓝色琉璃瓦材质，正吻龙嘴朝向外侧，没有作吞脊状。

前后殿均三开间。前殿隔扇门做金里安装，形成前出廊。隔扇门裙板及绦环板有华丽的雕刻。檐柱两端出翘形透雕雀替，大小额枋之间做透雕垫板。抱头梁梁头从檐柱伸出部分雕成龙头状。前后殿的山墙正中均有"山坠"和"腰花"砖雕（图5-3-58），并施彩绘。前殿两侧山墙偏后位置开圆窗，圆窗上方有横向方池子，池子内雕刻有荷叶、莲藕与玉兰花。后殿每侧山墙开一大二小三个窗户，大窗居正中，二小窗左右对称设置，窗户上圆下方，每个窗户上方均有精美的窗头。窗头是从墙上向外伸出的半个硬山屋顶，顶部是清水脊，两端翘起蝎子尾，其中，正中的窗头屋脊中组合有阴阳瓦（图5-3-59）。屋面采用灰瓦的筒板瓦，端部有瓦当滴水。山面的博风头做圆形的砖雕装饰。檐下有椽飞望板，檐椽下面是檐檩、大额枋、垫板及小额枋，中间的窗头另有垂柱和雀替，这些木构部分采用砖构仿木的做法。窗头墀头的盘头戗檐部分，北立面左右两边的窗头分别是"明"、"命"，"顾"、"諟"四字，其余的做砖雕装饰。前后殿的墀头均在盘头部分做精美的砖雕，其中前檐墀头的盘头中部做束腰，其砖雕装饰从正面延伸到两侧檐柱位置。后檐墀头的盘头戗檐部分做高浮雕砖雕。前后檐墀头下碱部分用角柱石护角。

窑殿檐下的砖构件都采用仿木的做法，有砖构的椽飞望板与檩垫枋，垫板部分正中和两端有砖雕装饰。四条垂脊分兽前和兽后，兽前部分有两只小跑兽，指路仙人的位置是一只鸽子。窑殿首层在南北立面上开圆窗，二层和三层每面开上圆下方的窗。西立面三层窗上正中有"清真寺"三字，两端写有"西"、"域"，南立面三层顶部两端有"古"、"風"，东面写有"宗"、"風"，北面同一位置则为砖雕花饰。

整幢建筑造型古朴典雅，装饰与构造结合紧密，局部与整体相呼应。该清真寺于2007年被列入哈尔滨市文物保护单位。（执笔人：刘洋）

图5-3-58 呼兰清真寺山坠腰花（刘洋摄）

图5-3-59 呼兰清真寺窗头（刘洋摄）

七、哈尔滨阿城清真寺

阿城清真寺旧称阿城礼拜寺，位于黑龙江省哈尔滨市。始建于清乾隆四十二年（1777年）。嘉庆七年（1802年），由管寺乡老杨华先出面以满人名义购置了地产用于建寺，再经道光、咸丰年间不断扩建，已具相当规模，惜于同治十二年（1873 年）毁于战火。光绪十六年（1890 年）于旧址重建清真寺，至光绪二十六年（1900 年）竣工。

清真寺的主体建筑礼拜殿坐西朝东，由前厦、中殿和后窑殿组成，三殿用勾连搭方式连接为一体。前殿（图 5-3-60、图 5-3-61）三开间，屋顶为卷棚硬山，殿前出月台。卷棚正门两侧有一揽联，右书"艺本公输，功成乐境，三载内心存圣道"；左书"名垂竹帛，意赞清真，百年后履地恩人"。礼拜殿对面为 3 间对厅，两侧为角门。隔扇做金里安装，形成前出廊，廊内穿插枋中段呈向上的弓形。檐柱上边有卧栏，檐柱间有上大下小两个立栏，大小立栏之间用木透雕垫板。檐柱两端为雁翅形透雕雀替。山墙前部出墀头，墀头上身的上部做玲珑剔透的砖雕。山墙前廊内侧做廊心墙，上有墙帽，池心磨砖对缝，四角和中心设砖雕（图 5-3-62）。山墙中部开半圆额窗，窗上方有较小的窗头，窗头有屋脊屋面和砖砌的椽飞望板及额枋。山墙后部与中殿连接处开半圆额门洞，门洞底部有门鼓石。

中殿五开间，屋顶为歇山式。两梢间前檐墙开方池子，池心用方砖磨砖对缝，中间施砖雕，两梢间后檐墙开圆窗，南北两侧山墙各开三个半圆额窗。檐墙与山墙墙顶用冰盘檐，檐下有砖构仿木的檩垫枋和垂莲柱雀替。拜殿面积为 323 平方米。

后殿面阔三间、进深三间，共 3 层，底层做卷棚歇山式，后殿南北山墙各开三个窗，窗上部呈多边形。后殿卷棚山花部分有腰花，后檐墙次间开两个六角形窗。窑殿位于后殿正中，为六角攒尖式三层楼阁，其内金柱为四根贯通全楼的朱漆大柱，顶端有宝葫芦式锡顶，上镶月牙。

阿城清真寺共占地面积约 5800 平方米，院内遍植花草、树木，郁郁葱葱，幽静宜人。寺院南北各有对称的 5 间讲堂。该寺尚存有数块珍贵匾额：有阿勒楚喀副都统德英于同治九年（1870 年）所赐

图 5-3-60　阿城清真寺拜殿前厦（刘洋摄）

图 5-3-61　阿城清真寺后窑殿（刘洋摄）

图 5-3-62　阿城清真寺中殿梢间前檐墙（刘洋摄）

手书匾额"西域宗风";有世袭恩骑尉哈广和于光绪四年（1828年）所赠的"教隆宇宙";还有光绪年间所立"大可参悟"、"万古清真"等匾额。

阿城清真寺是东北地区规模较大、历史悠久的清真寺之一，造型端丽舒展，秀雅精致，是珍贵的历史文化遗产，1986年被确定为黑龙江省级重点文物保护单位。（执笔人：刘洋）

八、依兰清真寺

依兰清真寺位于黑龙江省依兰县依兰镇清真路5号，依兰镇西南第二小学路南50米处。该寺始建于清顺治十二年（1655年），初为草房三间，清乾隆二年（1737年）于现址改建。

全寺占地面积3560平方米，现存门殿（图5-3-63）、影壁（图5-3-64）、正殿（图5-3-65）和南北讲堂等建筑。门殿、影壁和正殿排列在一条东西轴线上。

清真寺大门由一个塾门型门殿和两侧两个小门楼组成。门殿三开间，明间设门道，两次间为门房。门殿为硬山顶，正脊两端翘起，正脊中部有鲤鱼卧莲花式砖雕，没有垂脊。山墙有博风板、山坠和腰花，山墙内侧前廊部分做廊心墙。墀头的戗檐部分做重点装饰。屋面采用灰色筒板瓦。

门殿木构架为六檩前出廊，廊内两侧有廊心墙。除前后檐檩下皮贴檐枋外，其余都用檩枋组合。脊檩位于前后檐正中，其前后步架距离前小后大。前后檐檩同高，金檩前高后低，前檐檩与前金檩之间的老檐檩位于老檐柱之上。后金檩置于三架梁上，而前金檩位于前金瓜柱之上，三架梁前端被前金瓜柱贯通，前金瓜柱与老檐柱上方的瓜柱之间设单步梁。前后檐柱之间做六架梁，梁下有老檐柱与门房的内墙。

板门设于金柱之间，门两边有余塞板。余塞板前出木质的门鼓石。中槛外有四个门簪，门簪的底

图5-3-63 依兰清真寺门殿（刘洋摄）

图 5-3-64　依兰清真寺影壁（刘洋摄）

图 5-3-65　依兰清真寺正殿（刘洋摄）

座和花瓣为方形，中间出圆柱状花蕊。两次间墙面各开一圆窗。檐枋和卧栏之间设木透雕垫板。

门殿与正殿之间靠近门殿一侧设有一字影壁。影壁为硬山顶，筒板瓦屋面，正脊两端翘起蝎子尾，山面有排山滴水和砖博风板，檐下有仿木的橼飞望板。影壁正中的方池子朝向正殿一侧仅用方砖斜铺，朝向门殿一侧中心和四个岔角有砖雕花饰。

正殿即拜殿，坐西朝东，一殿一卷式勾连搭硬山顶建筑，前后殿均三开间，后殿之后无窑殿（图5-3-66、图5-3-67）。前殿卷棚带檐廊，檐廊内设廊心墙，廊心墙中心和岔角有砖雕花饰，上方象眼做抹灰镂画。檐柱上有扁宽的卧栏，卧栏下为高厚的立栏。檐柱两端的翘形木透雕雀替，明间雀替内为花卉植物，两次间为卷云。四架梁梁头伸出瓜柱部分有一插栱承托，六架梁梁头伸出到卧栏之外承托檐檩，檐檩下有檐枋，檐枋与卧栏之间有木雕花饰。除檐檩外，各檩采用檩枋组合。檐橼为方形

断面，飞橼内大外小。隔扇用金里装修，每开间六扇，共十八扇，隔扇心为码三箭式。明间隔扇上方有光绪八年左宝贵题书的"开天古教"匾额。墀头的盘头和上身上部有生动的砖雕花饰。卷棚垂脊上有垂兽，兽前有小跑兽。后殿正脊两端有龙形卷尾正吻，垂脊分兽前兽后，兽后部分有小跑兽，后檐采用三层抽屉檐。两侧山墙中线上有砖雕山坠和腰花，腰花之下有一拱形窗洞，窗洞内四扇码三箭式槛窗，窗上有华美的窗头。窗头为三开间硬山顶前檐及墀头，墀头戗檐部分、仿木的雀替及额枋之间满布砖雕，屋脊两端翘起，端部上方各有一葫芦形花饰。前后殿之间的水平天沟两端下方的山墙上各开有一拱形门洞，门洞内两隔扇门下部是平板隔扇心，上部圆弧部分用码三箭。门洞上方是一开间硬山顶前檐及墀头，墀头戗檐部分、仿木的雀替及额枋之间满布砖雕，屋脊两端翘起（图5-3-68、图5-3-69）。

图5-3-66　依兰清真寺正殿侧面（刘洋摄）

图 5-3-67　依兰清真寺正殿室内（刘洋摄）

图 5-3-68　依兰清真寺山墙装饰（刘洋摄）

清真寺建筑组群布局严谨合理，单体建筑造型简洁明快，砖雕和木雕丰富细腻，有很高的艺术价值，是研究清代东北地区伊斯兰教建筑的重要实例。该清真寺于1999年1月被列为黑龙江省文物保护单位。（执笔人：刘洋）

九、乌拉街满族镇清真寺

乌拉街满族镇简称"乌拉街镇"，现属吉林省吉林市龙潭区管辖，南距吉林市北30公里，是我国满族的主要发祥地之一，清王朝也自封为"本朝发祥之地"；"乌拉"的满语之意是"沿江"，现在全镇仍西临松花江，有"先有乌拉，后有吉林"之说。

清真寺（图5-3-70）位于乌拉街镇内"萨府"的西南，是当地回民的礼拜堂，始建于清康熙三十一年（1692年），院落坐西向东，现存的正殿和北廊（亦称北讲堂）于2013年和"萨府"、"魁府"、"后府"一起，以"乌拉街清代建筑群"之名，被国务院公布为全国重点文物保护单位，其余原有的南廊和对厅均已损毁。

图5-3-69　依兰清真寺山坠和腰花（刘洋摄）

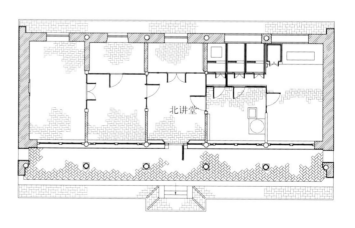

北

注：院墙无存，院落地面被掩埋，形制均不祥

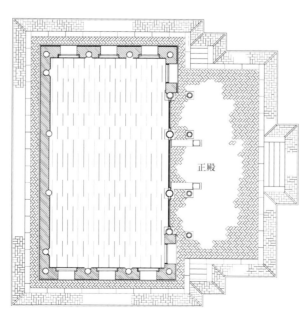

图5-3-70　乌拉街清真寺总图（肖东测绘）

图 5-3-71　乌拉街清真寺正殿外观（李之吉摄）

现存正殿（图 5-3-71 ～图 5-3-75）台明平面呈"凸"形，似 5 间主体外加 3 间抱厦的空间格局；主体部分面阔 15.575 米，进深 9.555 米，砖砌地垄架铺木地板，平台部分面阔 11.935 米、进深 4.275 米，这两部分室外没有高差，从抱厦前面的雨水落地后会溅淋其柱子并在地面向主体部分回流至门槛处；此外，从抱厦进深较小（柱中 1.150 米），柱位与主体部分及侧面两幅台阶对位不规整，还有台明的现代机制红砖（240 毫米 ×120 毫米 ×50 毫米）拐锦铺墁等情况推测，主体部分前面的形制不应如此。但据后檐残迹和调研情况，可知后面曾有抱厦作为阿訇讲经使用，后被拆毁，后檐墙因而被封堵。其余三面墙上均有券洞式棂条窗，明、次间为格栅门，但因后砌改动，原棂花形制均不详。抱厦明间柱上的多宝阁式花牙子雀替长 1.150 米、高 0.410 米，花式突出，尺寸较大，占明间净距 3.260 米的

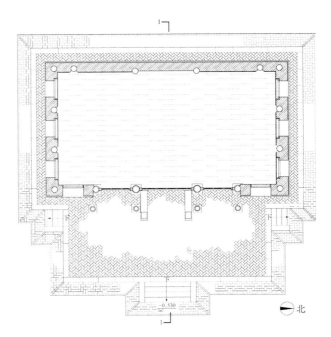

图 5-3-72　乌拉街清真寺正殿平面图（肖东测绘）

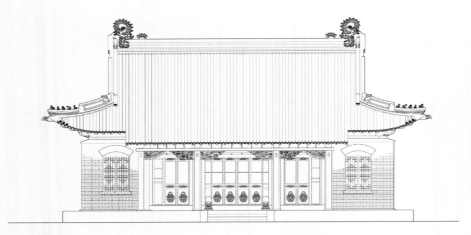

图 5-3-73　乌拉街清真寺正殿东立面（肖东测绘）

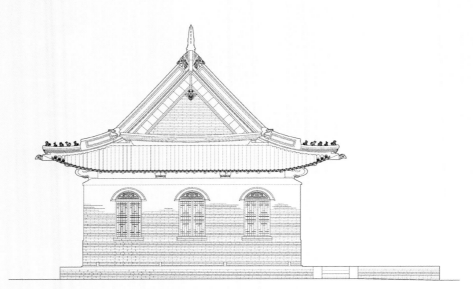

图 5-3-74　乌拉街清真寺正殿南立面（肖东测绘）

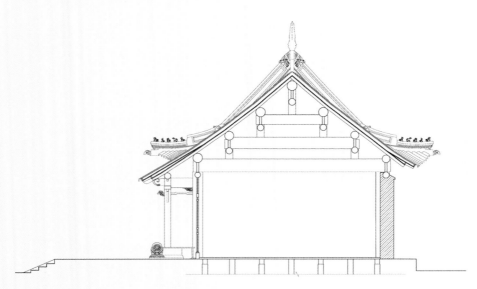

图 5-3-75　乌拉街清真寺正殿剖面图（肖东测绘）

图 5-3-76　乌拉街清真寺北讲堂（李之吉摄）

三分之一稍多，在次间与雕花式雀替基本连为骑马雀替。歇山顶小青瓦干槎仰瓦屋面，四个翼角的八面均做三垄筒瓦收头压边，脊件基本被更换，原形制不详。

北讲堂（图 5-3-76、图 5-3-77）面阔为五间，宽 18.225 米，进深为二间，达 9.125 米，带前廊并有拱门洞；正立面应为槛墙支摘窗，背立面窗洞位置大小因室内功能不同而各异，均为平梁。屋顶为硬山顶小青瓦干槎仰瓦屋面，两端用 3 垄筒瓦收头压边，清水脊。宝阁式和雕花式花牙子雀替与正殿相同。

乌拉街清真寺是乌拉街寺庙建筑唯一尚存的实例，但因残损和改变较大，许多建筑形制与信息目前不够明确或已经消失。何况清真寺是当年居住在乌拉街古城的回族人集资兴建的，自身规制本就不一定严谨，加之没有成为文物被保护之前的自发性修整和改建，则难以系统准确地解读并恢复。然而，乌拉街清真寺作为典型的清代东北宗教建筑，建筑风格仍有其独特性，仍不失较高的宗教文化和建筑艺术研究价值。（执笔人：肖东）

图 5-3-77　乌拉街清真寺北讲堂檐廊细部（李之吉摄）

第四节　文庙、关帝庙

一、朝阳关帝庙

关帝庙坐落在辽宁省朝阳市双塔区营州路北侧，占地 3700 平方米。从历史沿革上可以追溯到辽代，当时是一座普通的寺庙，名叫"灵感寺"，至元代年间，改名为"大通法寺"。明代时期被废弃，直到清朝初期，据《大清奉天府义州西边外三座塔新建关帝庙碑记序》记载，此庙为清乾隆八年重建。乾隆帝下诏重建，经山西会主办，在原朝阳东塔塔基为起点，向右侧逐步修复及扩建。嘉庆、同治、道光、光绪年间，均做过增修或维修。民国二十二年，曾增设了"武穆元帅"牌位，并更名为关岳庙，后来又更为关帝庙，名称沿用至今，是现在朝阳市保存下来的唯一一座礼制性建筑，1988年被列为辽宁省级文物保护单位。

关帝庙群体建筑基本较为规整（图5-4-1），主要布局在中轴线上，为三进院落（图5-4-2），西侧另有一进院落。关帝庙中主体建筑有棂星门、

牌楼、神马殿（图5-4-3）、仪仗殿、关帝殿、药王殿、财神殿、东西配殿、钟鼓楼（图5-4-4）等，附属建筑有东西配房、佛殿、西耳房等，另外还有石狮三对、石旗杆一对、清代石碑七通、石经幢二座、石雕垂花门二座、石雕栏杆二组、琉璃望天狮一对、铜鼎一座、铁狮一对、铜钟一口。戏楼位于庙前100米处，今已毁。

牌楼作为建筑群空间序列中的第一道象征性大门（图5-4-5～图5-4-7），牌楼为四柱三楼木构形式，通面阔约11.2米，总高约7.9米，中间悬一块金边黑地横匾，雕有"浩然正气"四个金色

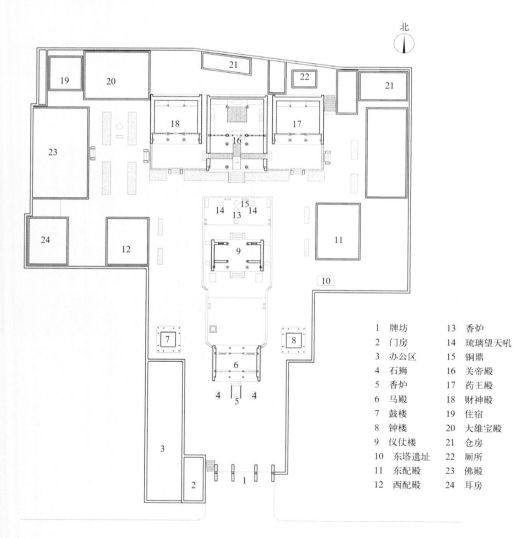

1 牌坊	13 香炉
2 门房	14 琉璃望天吼
3 办公区	15 铜鼎
4 石狮	16 关帝殿
5 香炉	17 药王殿
6 马殿	18 财神殿
7 鼓楼	19 住宿
8 钟楼	20 大雄宝殿
9 仪仗楼	21 仓房
10 东塔遗址	22 厕所
11 东配殿	23 佛殿
12 西配殿	24 耳房

图5-4-1　朝阳关帝庙总平面图（沈阳建筑大学建筑研究所测绘）

图 5-4-2　朝阳关帝庙院落（徐帆摄）

图 5-4-3　朝阳关帝庙神马殿外观（徐帆摄）

图 5-4-4　朝阳关帝庙钟楼（徐帆摄）

图 5-4-5　朝阳关帝庙牌楼（徐帆摄）

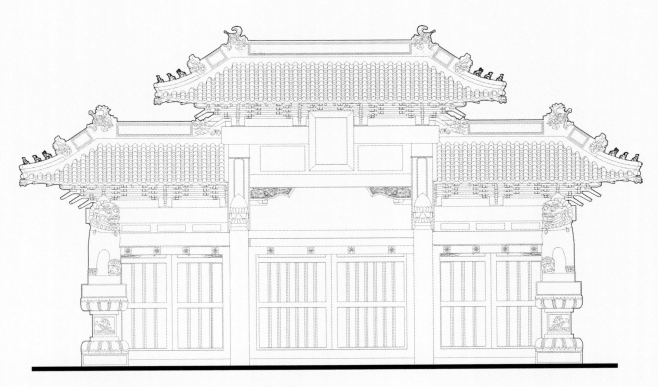

图 5-4-6　朝阳关帝庙牌楼南立面（沈阳建筑大学建筑研究所测绘）

大字。横匾之上有一竖匾，上书"关帝庙"三个金字。明间为主通道，次间为副通道，均与地面平。四柱均为方石柱，用材粗壮。柱脚前后置石抱鼓，抱鼓两面浮雕蟋蟀忍冬，用长边来支撑柱子，保证了牌坊的稳定性。在牌坊南侧与柱子对应处立有四根较小的角柱，下有块石垒砌的台基。牌楼重檐瓦顶，由于斗栱出挑多，屋顶出檐深远。明间平身科为两攒，分别为七踩，出四翘三下昂；两脊柱的柱头称为十一踩，出四翘三下昂。四角柱采用冲天柱式。总体比例上，明间开间较大，通行作用较为重要，两次间较小，故下额枋不同高，明间明显高于次间。

　　关帝殿为后硬山顶与前卷棚顶相结合的勾连搭建筑（图 5-4-8 ~ 图 5-4-10），建筑为一层，形制较为简单，是清代道教处于衰落地位的体现。层高为 8 米，面阔、进深皆为三间，通面阔 10.7 米，通进深 13.85 米。角柱有侧角及升起，大殿下置月台。卷棚外檐下正中有一黑地金字横匾，上写"万世人极"，是清代嘉庆皇帝的御书。殿前垂花门两

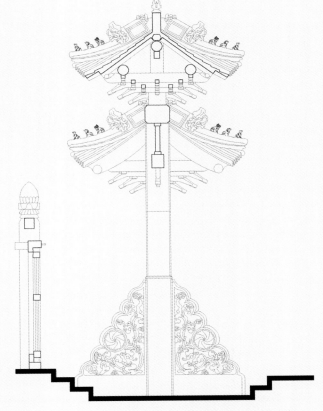

图 5-4-7　朝阳关帝庙牌楼剖面图（沈阳建筑大学建筑研究所测绘）

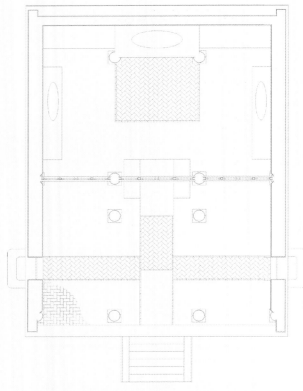

图 5-4-8 朝阳关帝庙关帝殿平面（沈阳建筑大学建筑研究所绘）

侧石栏杆由望柱和栏板构成。望柱方形，上雕坐兽。栏板正面各浮雕瑞兽一只，配以佛八宝、八吉祥图案，计十八面，东西配殿各为三间，进深二间，硬山式。大殿两侧分别为财神和药王殿。构架为矩形构架体系，抬梁式结构，即在前后檐柱间，搁置大梁，梁上置小梁，逐步缩减，形成山字架。关帝殿由标准的五架梁硬山顶主殿与六架梁卷棚顶前殿组合而成。硬山顶主殿随梁枋下净高为 4 米，前卷棚随梁枋下净高为 3.4 米。屋面用灰色筒瓦覆之，硬山顶脊饰为调大脊。彩画为墨线大点金的旋子彩画，属于中档级别类型。（执笔人：徐帆）

二、普兰店关帝庙

南山关帝庙（图 5-4-11）位于辽宁省普兰店市的南山公园内。根据《新金县志》记载，普兰店关帝庙又称财神庙，庙址在普兰店镇南山街，建庙时间为 1926 年。1946 年，庙宇遭到破坏。根据普兰店市博物馆的资料记载，关帝庙在"文革"期间

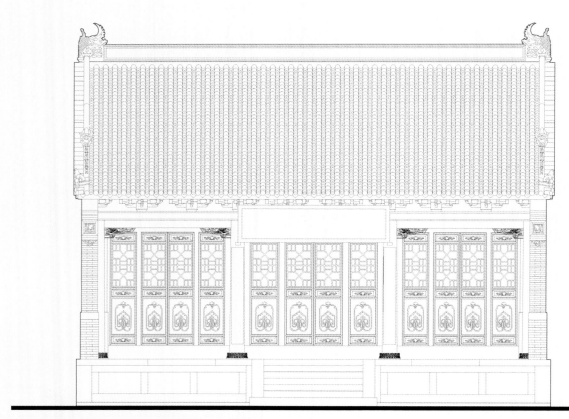

图 5-4-9 朝阳关帝庙关帝殿南立面（沈阳建筑大学建筑研究所测绘）

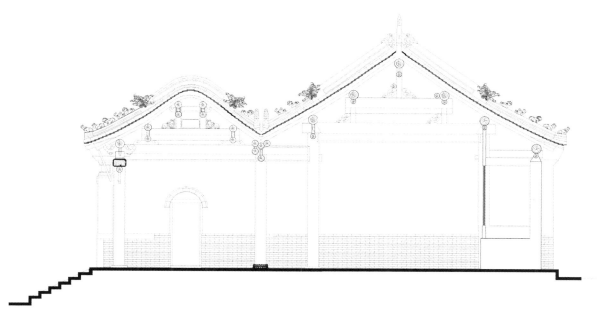

图 5-4-10　朝阳关帝庙关帝殿剖面图（沈阳建筑大学建筑研究所测绘）

图 5-4-11　普兰店南山关帝庙外观（邵明摄）

遭到破坏，致使原屋顶破碎，屋面瓦大部分被毁，屋脊吻兽均被毁。前面斗栱、龙、凤、象头及尾全部被割掉。殿内泥塑、壁画全无，木构件上的油漆彩画全部脱落。1995年，在大殿后院地下出土六个铁质供器及一个铁质香炉，香炉下部铸有动物纹饰，

中部铸有"中华民国十七年八月五日谷旦　新增合油坊赠"字样。1990年8月，新金县人民政府将其公布为县级文物保护单位。1992年大连市文管办拨款维修恢复原貌。随后普兰店市政府拨款修复了大殿内的彩塑和壁画。1993年3月，大连市人民政府将其列为大连市市级文物保护单位。

南山关帝庙（图5-4-12、图5-4-13）占地390平方米，主殿建筑面积67平方米。整个庙宇占地390平方米，布局形式为中国古建筑传统的院落形式。由庙门和一个主殿两个配殿以及四周的围墙组成的一进式四合院的形式。在庙的外面看关帝庙是一个封闭的整体，走进庙门，视线又豁然开朗。在大连地区的自然环境中，四合院的形式在夏天可以很好地通风纳凉，冬天也可以很有效地防止风沙。

关帝庙（图5-4-14～图5-4-17）属七架前檐廊抬梁式结构，硬山式建筑，三开间，面阔9.36米，进深7.14米，庙宇占地67平方米。台基高1.2米，檐柱、额枋与屋檐之间作仿斗栱构件，端头雕作龙首、凤头、象首之形。屋面铺筒瓦。主殿门扇棂子图案为方格、万字纹，彩绘为墨线小点金旋子，枋心为行龙和植物图案以及山水画。关帝庙正殿的两侧有两个配殿，较简陋。左面配殿为玉皇殿，右面的配殿为三圣殿。玉皇殿的左侧约3米处，有"火化池"。三圣殿的右侧是"花房"。配殿屋面为小瓦。（执笔人：邵明）

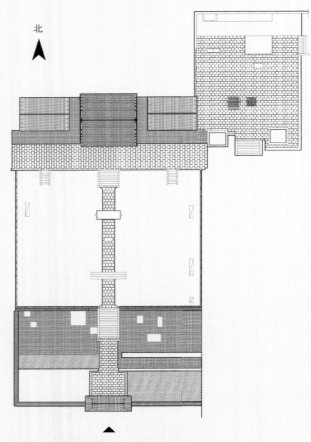

图5-4-12　普兰店南山关帝庙平面图（大连理工大学绘）

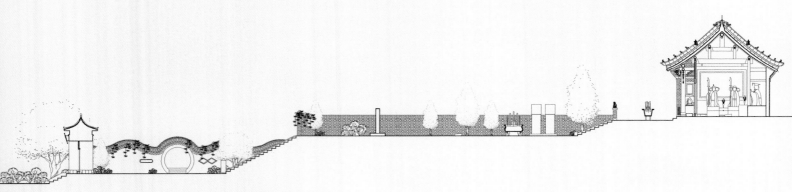

图5-4-13　普兰店南山关帝庙剖面（大连理工大学绘）

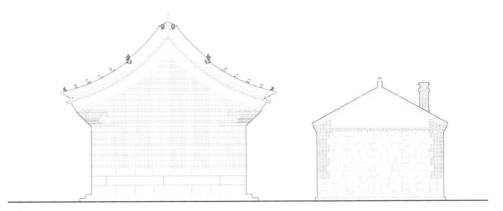

图 5-4-14　普兰店南山关帝庙侧立面（大连理工大学绘）

图 5-4-15　普兰店南山关帝庙细部（邵明摄）

图 5-4-16　普兰店南山关帝庙檐下彩画 1（邵明摄）

图 5-4-17　普兰店南山关帝庙檐下彩画 2（邵明摄）

图 5-4-18　吉林文庙鸟瞰（王烟雨摄）

三、吉林文庙

吉林文庙（图5-4-18、图5-4-19）坐落于吉林省吉林市昌邑区文庙胡同，南门距松花江北岸约170米。吉林文庙的前身是永吉州文庙，建成于乾隆七年（1742年），后几经损毁、扩建与维修。清光绪三十二年（1906年），祭孔被清政府升为国之大祀。次年，吉林设行省，吉林城成为省会所在地，时任吉林巡抚朱家宝和提学使吴鲁认为原有文庙"殿堂卑狭，简陋不称，无以崇礼展敬"，遂聘江苏训导管尚莹去江宁考察文庙建筑，并决定于东莱门外择地（即今址）拓建新庙。从清光绪三十三年（1907年）至宣统元年（1909年），修建了现有吉林文庙的主体建筑，照壁、大成门、大成殿、崇圣殿以及围墙皆覆黄色琉璃瓦。

1920年至1922年，吉林省督军兼省长鲍贵卿主持重修文庙。在已有规制的基础上，又增建了照壁、"文武官员到此下马"石坊、棂星门、东辕门、西辕门，清代进士、吉林提学使曹广祯书"德配天地"、"道冠皆今"匾额悬于辕门之上。至此，具有二进院落的吉林文庙建筑群礼制布局完善、仪祀功能完备。

吉林文庙于2006年被国务院公布为全国重点文物保护单位，并于2008年进行吉林文庙始建以来规模最大的一次修缮，修缮范围包括了文庙所有的文物建筑、建筑遗址、碑刻石雕以及院落环境。

现存的文物建筑包括第一进院落的南门、照壁、泮池、状元桥、棂星门、大成门、东辕门、西辕门、东官厅（兼做祭器库、省牲亭）、西官厅（兼做乐器库、神厨）、名宦祠、乡贤祠，共12座建筑；第二进院落的金声门、玉振门、东庑房、西庑房、大成殿、崇圣殿，共6座建筑；另有四周围墙和两进院之间的隔墙。建筑遗址包括位于崇圣殿西侧的看守房遗址、大成门北面东侧的燎炉遗址、西官厅南面的水井遗址，共3处。碑刻石雕现存5通，包括同治十年（1871年）重修文庙碑、民国十一年（1922年）重修文庙碑、下马碑、大成殿月台团龙陛石、石刻栏杆构件。

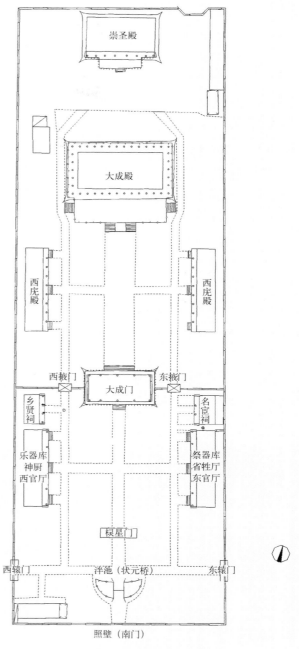

图5-4-19 吉林文庙总平面图（肖东测绘）

南门位于文庙中轴线最南端，是在照壁上开通的券门，与照壁和南墙成为一体。南门下部自地面高1.3米为照壁须弥座，再出0.4米高的直门口后，砌半径约为2.1米的准半圆拱。门洞口最宽处4.2米，两扇攒边式木制门以连楹和门枕石上下固定，每扇横11排竖13列共用143个贴金门钉，实为装饰，其中有2个被兽面式的门钹门环占位。

照壁（图 5-4-20）位于文庙中轴线最南端，与南墙成为一体，须弥座由 19 层素砖砌成，厚 1.1 米，高 1 米；青砖墙身长 40 米，厚 0.85 米，高 3.2 米。方池子内抹灰做软墙心并刷红浆；墙帽以青砖做拔檐、椽飞、连檐等，并覆九样黄琉璃瓦成硬山顶形制，通高 1.44 米，仙人、正吻、收分椽头、檐下的麻叶隔架和墀头砖雕，都具有较强的装饰性。

泮池（图 5-4-21）位于南门北侧的中轴线上，平面为半圆形，栏杆为花岗石；现有汉白玉蹲狮望柱头式栏杆为 1985 年至 1990 年维修时重做，没有按照原有柿子式柱头复制。

状元桥（也称泮桥）位于南门北侧中轴线的泮池上，为单孔花岗石拱桥。现有汉白玉蹲狮望柱头式栏杆为 1985 年至 1990 年维修时重做，没有按照原有柿子式柱头复制，桥拱弧度也明显高陡。

棂星门（图 5-4-22）位于泮池北侧的中轴线上，是三间四柱的花岗石牌坊，面阔 12.6 米，进深 3.4 米，明、次间柱高（含蹲狮）分别为 5.67 米、5.05 米；柱头上方各有一只花岗石蹲狮，明间柱子正背面和边柱的正、背、侧面均有抱鼓石夹柱，柱、枋等部位的正背面均有阳刻的花瓶、花卉以及几何纹样图案，明间额枋上为二龙戏珠浅浮雕。

大成门（图 5-4-23）位于一进院北侧中轴线北端，檐柱高 5.23 米，建筑总高 13.38 米，面阔五间，24.27 米，进深二间，12.19 米，两梢间用墙分隔，墙上龙样壁画和门庭内所悬钟、鼓均为 1985 年至 1990 年维修时新做；地面铺墁尺二方砖十字缝做法，并钻生；南北明间各有一幅七级垂带踏跺台阶，但宽度不同。南侧台阶居中略小于明间，北侧台阶居中略小于明、次间；糙砌台帮，自下而上为三皮顺砖、一皮丁砖至顶。墙体糙砌下碱，自花碱而下依次为一皮丁砖三皮顺砖；上身糙砌山墙，自花碱而上依次为三皮顺砖一皮丁砖至顶；墙高 4.35 米。屋顶为单檐歇山式，覆五样黄琉璃筒瓦；正脊为高浮雕龙凤图案，正面五龙间祥云，背面五凤间花卉，垂脊双面为缠枝。瓦件的图案与装饰迥异于北方官式

图 5-4-20　吉林文庙照壁（王烟雨摄）

图 5-4-21　吉林文庙泮池（王烟雨摄）

图 5-4-22　吉林文庙棂星门（王烟雨摄）

图 5-4-23　吉林文庙大成门（王烟雨摄）

形制，例如：正吻的龙尾纤细向后卷曲，与身体形成一个中间透空的圆圈，吻身上部有小龙纹样，背后的剑把不做任何修饰，且露出一段剑身；戗脊端用 3 个跑兽，形态生动逼真；似象首的套兽，有明显的回拉角梁之势；勾头为虎头而非常见的行龙。构架草作，施井口天花，明、次间木构架是在三架梁和七架梁之间用两个单步梁与瓜柱替代了五架梁，而梢间为三架、五架、七架梁构成的抬梁式构架。重昂五踩斗栱的昂身纤细修长并呈水平方向向内外对称伸展，第四铺作的耍头外端雕刻成龙头、内端的曲线轮廓又似龙尾，这无疑看似轻盈，但却与北方官式建筑形制所形成的厚重形态不一，或许与当年由"江苏训导管尚莹去江宁考察文庙建筑"予以不同程度的借鉴有关吧。现有油饰和墨线大点金旋子彩画是 1985 年至 1990 年维修时按北方官式彩画形制新做的，与已查证的老照片所反映的以旋子、柿子花、海水、祥云等题材为主的地方彩画样式明显不同。6 扇攒边式木制门每扇横 9 排竖 9 列共 81 个门钉并非代表建筑等级，更多的是通过贴金加强

点缀性装饰，同样使用了兽面式门钹门环，每间连楹用 4 个六边形门簪固定。

东辕门、西辕门分别位于东、西墙南段并与其连为一体，三间四柱三楼冲天柱牌楼门（图 5-4-24），悬山屋顶覆五样黄琉璃筒瓦。通柱距 7.29 米，由内外各 2 步台阶组成的明间台明宽 1.86 米。明间 2 柱高 8.12 米（含云冠），用高出地面 1.32 米的花岗石夹杆石固定，并用 4 根戗柱支顶；另 2 根边柱高 7.21 米（含云冠），下段有 3.42 米高被围墙夹固。重昂五踩斗栱的形制与大成门的相同，只是斗口变小，第四铺作的耍头内外端均做成麻叶状而已；彩画也是 1985 年至 1990 年维修时被改画的形制。

东官厅（兼做祭器库、省牲亭）、西官厅（兼做乐器库、神厨）分别位于一进院东、西面南侧，一栋建筑内包含三项功能。建筑面阔七间，27.97 米，前出廊，进深二进，8.62 米，在明间和南、北梢间分别设门和台阶。檐柱高 3.15 米，建筑总高 8.21 米，除正立面为淌白做法槛墙外，其余 3 个立面均为糙砌青砖墙，墀头和博风头的砖雕精美完好；廊

图 5-4-24　吉林文庙木牌坊（王烟雨摄）

心墙为素面方砖墙心。硬山顶屋面为干槎板瓦、方砖陡板脊，屋面因直椽而平直。构架草作，施井口天花；2椽5步架，通过三架梁与单步梁、五架梁与抱头梁的两层组合形成了构架。外檐的墨线海墁烟琢墨万福流云彩画，虽然也是1985年至1990年维修时新做，但还属于东北地区的彩画形制，平板枋上无斗栱，柱头上的麻叶头是抱头梁外端的装饰做法，门、窗为棂条嵌椀花的地方样式。

名宦祠、乡贤祠分别位于东官厅、西官厅的北侧，面阔三间、10.41米、前出廊，进深二进、7.35米；檐柱高3.02米，建筑总高6.83米。建筑的槛墙、廊心墙、檐墙与山墙、砖雕、屋顶瓦面、外檐彩画以及装修饰件等部位做法，均与东官厅、西官厅的相同。构架虽然也是草作的2椽5步架，但是通过四架梁与单步梁、五架梁与抱头梁的两层组合形成了构架。

金声门、玉振门是分别位于大成门东、西侧的随墙掖门，面阔一间、4.47米，进深二间、3.04米，建筑总高5.02米。糙砌下碱和山墙，均为五皮顺砖一皮丁砖砌法，墀头和博风头砖雕比较精美。屋顶为单檐硬山顶，小青瓦，清水脊，东、西两端各三垄筒瓦，中间为仰瓦，无灰梗。

东庑房、西庑房分别位于二进院东、西两侧的大成殿南面，面阔九间、29.840米、前出廊，进深二进、8.29米；在明间和尽间共设3幅台阶，除了次一间和尽间为槛窗外，其余五间均为6扇式隔扇门。檐柱高3.35米，建筑总高8.58米。建筑的槛墙、廊心墙、檐墙与山墙、砖雕、屋顶瓦面、外檐彩画、构架以及装修饰件等部位做法，均与东官厅、西官厅的相同。

大成殿（图5-4-25～图5-4-31）位于中轴线北侧，面阔九间、进深四间、带周围廊；台明面阔36.16米、进深16.72米、高1.20米，月台面阔32.11米、进深8.95米、高0.92米；月台南面的云龙汉白玉御路石与明间同宽，御路石两侧台阶和月台东、西两侧的抄手台阶均与次一间同宽，4处台阶均为9级；月台边沿和台明的东南、西南两角为花岗石栏杆，现有汉白玉栏杆均为1985年至1990年维修时重做，没有按照原有柿子式望柱柱头

图5-4-25 吉林文庙大成殿（王烟雨摄）

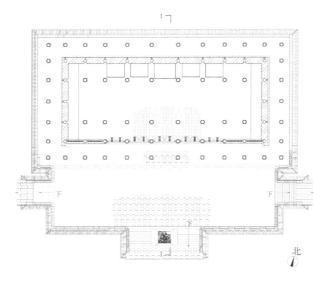

图5-4-26 吉林文庙大成殿平面图（肖东测绘）

和麒麟浮雕栏板复制；台基地面均应铺墁尺二方砖、十字缝做法并钻生，但考虑到东北地区的冻融和严寒气候，后修缮时采用蒙古黑大理石板替代了室外墁砖；青砖台帮淌白砌法，埋深1.10米，下做灰土垫层。青砖糙砌墙体，外皮红麻刀灰抹面并刷红

浆。屋顶为重檐歇山式，五样黄琉璃筒板瓦；正脊正背面圆塑九龙九凤蝠云图案，两端各2块似从正吻吞口喷出的水云图案脊为补配烧制以替换原有临时用脊筒；两端高1.75米的蜷身龙吻、戗脊端所用五个跑兽也无仙人、似象首的套兽、虎头形勾头等琉璃瓦件均与大成门的形制相同；更有特色的是三层"阁楼式"宝塔形状的钉帽，远比大成门的圆帽有特色。构架草作，施井口天花，上层构架自上而下为三架梁、五架梁以及插入上金柱的单步梁和双步梁，下层构架则是插入下金柱的抱头梁。四重昂九踩斗栱的昂身和第六铺作的龙形耍头，现有油饰和墨线大点金旋子彩画，均与大成门的形制和情况相同。中间的五间明、次间各4扇棂条嵌椀花6抹隔扇，裙板绦环为沥粉贴金做法，其余四间均为各4扇棂条嵌椀花的4抹窗扇。

崇圣殿位于大成殿北面，是文庙中轴线上最后一座建筑。台明面阔七间、24.55米、带前廊，高0.59米，进深五间、14.46米；月台面阔14.80米、进深3.79米、高0.43米，仅南面有一幅台阶。糙砌墙体，

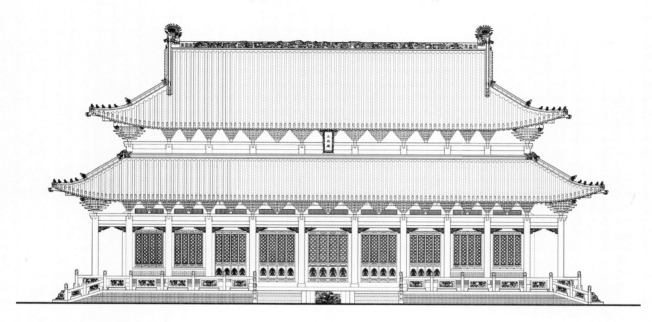

图 5-4-27　吉林文庙大成殿南立面图（肖东测绘）

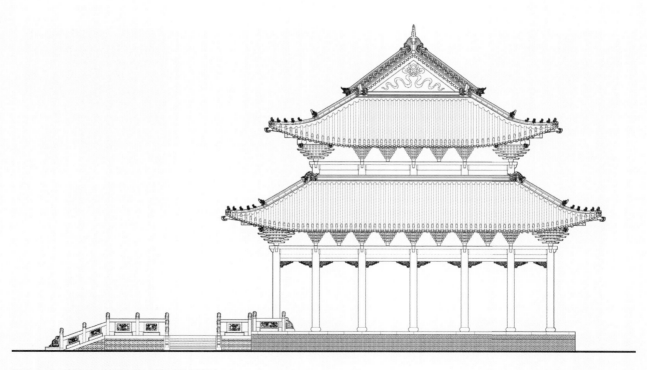

图 5-4-28　吉林文庙大成殿东立面图（肖东测绘）

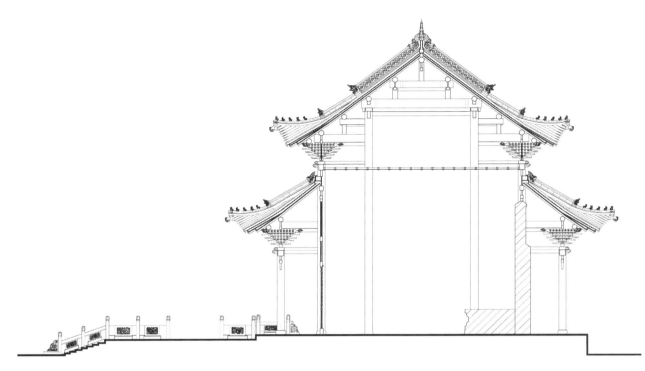

图 5-4-29 吉林文庙大成殿剖面图（肖东测绘）

图 5-4-30 吉林文庙大成殿内景（王烟雨摄）

各部位砌法不一，多为五皮顺砖、一皮丁砖；廊心墙为素面方砖墙心。单檐歇山顶覆五样黄琉璃瓦，正脊为镂空塑龙图案、蜷身龙吻、5个跑兽均与大成门、大成殿的形制相同，但钉帽呈石榴形，套兽改为张嘴龙头。构架草作，施井口天花，构架自上而下为三架梁、五架梁以及两个步架的抱头梁。重昂五踩斗栱，现有油饰和墨线大点金旋子彩画，均与大成门的形制和情况基本相同。中间的三间明、次间各6扇棂条嵌梡花6抹隔扇，裙板绦环为沥粉贴金做法，其余四间均为各6扇棂条嵌梡花的4抹窗扇。

文庙四面除了南门、东辕门、西辕门共3个门之外，均是围墙，现有东北角的消防通道门为后开。围墙南北长210.39米，东西宽67.85米，高3.55米，厚0.72米。下碱、墙身池子自下而上为三皮顺砖一皮丁砖至顶，墙心为红灰抹面。墙帽为兀脊顶扣黄琉璃筒瓦的真硬顶做法。

隔墙位于大成门一线的东、西掖门两侧，高2.75米，厚0.53米；墙体下碱自下而上为满丁满条砌法，上身抹白灰，墙帽为短银锭图案花饰布瓦顶，脊与围墙脊同高。

吉林文庙是清朝政府在东北地区敕建的第一座文庙，是中原汉族文化与东北少数民族文化相融合的重要历史见证，是东北地区保存最完整的一座清代文庙，同时也是吉林省保存最完整、规模最大、建筑等级最高的古建筑群。从其占地规模、布局序列以及形制等级等方面而言，在全国现存文庙（含孔庙、夫子庙）中也拥有比较重要的地位；在建筑艺术上既集中了清代北方官式建筑大木结构的精华，又体现了东北建筑装饰的特色，是古代建筑艺术成熟的范例。（执笔人：肖东）

四、吉林北山关帝庙

北山关帝庙是吉林市北山古寺庙群中修建年代最早的一组建筑，初为纪念三国时代蜀汉大将关羽而建，现为吉林地区二乘佛教信徒比丘尼活动的场所。关帝庙始建于清康熙四十年（1701年），清雍正九年（1731年）、同治八年（1869年）以及民国

图 5-4-31　吉林文庙大成殿檐下斗栱（王烟雨摄）

十三年（1924年）辟北山为公园时历经多次修建、重建、扩建，新中国成立后又经多次维修、改建，确定了今天的格局、规模。整个庙宇占地面积约为2800平方米。现有正殿（称伽蓝殿或关帝殿）、大雄宝殿、地藏殿、菩萨殿、胡仙堂、钟、鼓楼和山门，以及客堂、寮房楼等。1987年，关帝庙被公布为吉林省重点文物保护单位。

关帝庙位于北山东峰前沿，隔东湖与吉林老城遥望。有人认为北山关帝庙的选址，是清廷为压九龙山"龙虎风水"而为。据说康熙三十七年（1698年），康熙皇帝第二次东巡吉林时，遥望城北九龙山，见山势气脉不凡，有九龙盘踞之势，故疑其龙脉之相，恐危大清江山，便令吉林将军挖开九龙山东、西两峰的连接处，以断龙脉。为镇龙气，削平附近几个山头，在其上修建关帝庙，借"关圣帝君"的神威镇住，以保社稷，并改称九龙山为北山。

关帝庙的修建充分利用了北山的地理环境。由于受山形地势的影响，关帝庙在平面布局上没有采用中轴线对称的传统方法，而是依山就势，呈自由组合式布局。关帝庙的入口处利用高差变化设置了沿墙而上的长台阶，与大门的方向相垂直。院落虽无明确的纵向主轴，但各主要建筑物均坐落为偏东南的朝向，形成纵向的由低向高的序列，通过石板台阶、殿前月台等将院落内的建筑物巧妙地连接为一体。庙中正殿位于院落偏东一侧，其面阔三间，前廊式，硬山顶，形制严谨古朴。建成后又在大殿之前接建了一座三开间的卷棚歇山廊厦。正殿东侧为面阔三间的地藏殿（原称鬶鹤轩），西侧原为暂留轩，近年拆除后在其原址及西南处建有大雄宝殿一座，该殿为五开间的重檐歇山顶的仿古建筑，其巨大的尺度和华丽的规格与正殿等原有建筑形成了不小的对比。

正殿内主祀关羽塑像，左侧配祀龙王及周仓、赵磊、水将，右侧配祀火神及关平、王辅、火将塑像。两侧画的是《三国演义》中关羽忠孝节义的故事。乾隆十九年（1754年）高宗爱新觉罗·弘历巡狩吉林时，幸山谒寺，御书"灵著幽歧"匾悬于殿额，现已不存。今悬嘉庆十九年（1814年）菊月九日滴居吉林的吏部尚书、山西弟子韩连盛等五人敬献的"至大至罡"匾额。在正殿月台上，有清康熙年间铸造的紫铜"青龙偃月刀"一柄，康德九年铸造的"醒世钟"一口。月台下有清道光九年、清同治八年的修庙碑纪各一通。

正殿月台对面原为戏台。戏台用于关帝庙会期间演戏酬神。"文革"期间，戏台和它左右两侧的钟鼓楼损毁严重。改革开放后，将砖木结构的钟

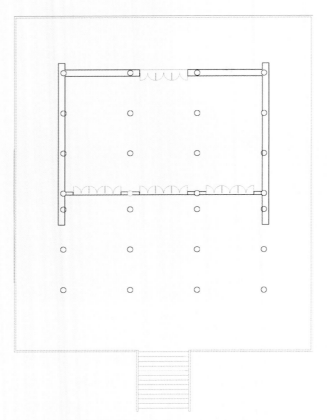

图 5-4-32　吉林北山关帝庙伽蓝殿平面（吉林建筑大学测绘）

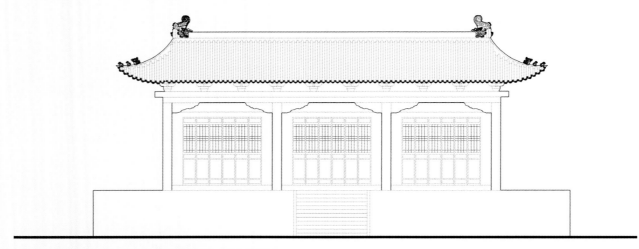

图 5-4-33　吉林北山关帝庙伽蓝殿立面图（吉林建筑大学测绘）

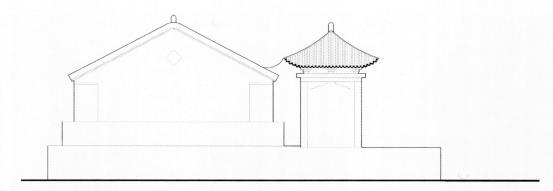

图 5-4-34 吉林北山关帝庙伽蓝殿西立面图（吉林建筑大学测绘）

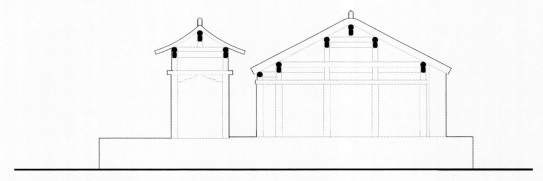

图 5-4-35 吉林北山关帝庙伽蓝殿剖面图（吉林建筑大学测绘）

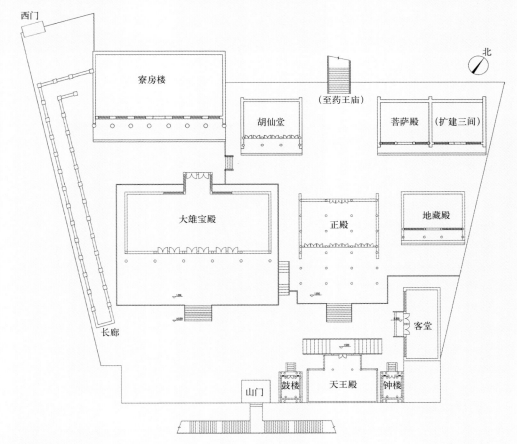

图 5-4-36 吉林北山关帝庙总平面图（吉林建筑大学测绘）

图 5-4-37　吉林北山关帝庙正殿（李之吉摄）

图 5-4-38　吉林北山关
帝庙正殿卷棚内彩画（李
之吉摄）

图 5-4-39 吉林北山关帝庙正殿后院的东配殿（王烟雨摄）

图 5-4-40 吉林北山关帝庙正殿后院的西配殿（王烟雨摄）

鼓楼进行了复建，残存的戏台被改造为"天王殿"，呈倒座形式，其东南外墙书有巨大的"佛"字。

正殿后院对称设有东西配殿，面阔均为三间。西配殿位于正殿西北，为胡仙堂，供有胡三太爷、胡三太奶神像，上悬清道光十八年吉林信士弟子敬献的"恩被民生"匾额。东配殿位于正殿东北，为菩萨殿，供奉观世音、文殊、普贤菩萨塑像，上悬"佛门永泰"匾额。

关帝庙是北山修建最早的庙宇，也是北山古寺庙群引入之处，故有"北山第一寺"之称。每年农历五月十三日关羽诞辰日，关帝庙都要举行庙会活动。

在关帝庙后面，登石阶而上即可直接进入药王庙。（执笔人：朱洪伟、张俊峰）

五、阿城文庙

阿城文庙位于黑龙江省哈尔滨市阿城区金都街道办事处文庙胡同。据史料记载，阿城文庙始建于清道光七年（1827年），于咸丰年间（1851～1861年）扩建，同治元年（1862年）落成。光绪二十二年（1892年）重修，成为一处完整的建筑群。

民国初期，文庙仍继续祭祀孔子。后改为聋哑学校。"文革"期间，文庙的主体及附属建筑均受到不同程度的损坏。1995年阿城文庙被公布为哈尔滨市级文物保护单位，1996年文庙交由文物部门管理，1997年至2000年，阿城区政府对文庙大成殿进行了修复，重建了东西两庑及大成门。

大成殿（图5-4-41～图5-4-44）为文庙建筑群中的主体建筑，在历次的改造和维修中，唯有大成殿的主体构架得以完整保存。大殿殿身面阔五间，进深二间，带周围廊。通面阔17.81米，通进深9.7米。单檐歇山顶，砖砌台明，前出月台，凸显出大殿在建筑群中的显要地位。

大成殿两侧及后檐包砌砖墙，砖墙用干摆方式砌造。前檐金里各间均做四扇隔扇。两山墙的外包金大于里包金，在室内可以清楚地看到包砌在山墙内的山金缝梁架。殿内为砌上明造，七檩前后廊式梁架，七架梁架立在前后金柱及前檐柱柱头科斗栱上。明间及次间四缝梁架，金檩与七架梁之间设金瓜柱，上金檩与七架梁之间设上金瓜柱，前后金步

图5-4-41 阿城文庙大成殿外观（刘洋摄）

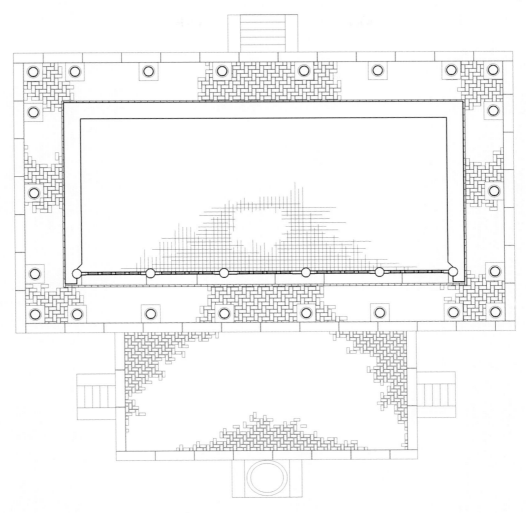

图 5-4-42　阿城文庙大成殿平面图（哈尔滨工业大学测绘）

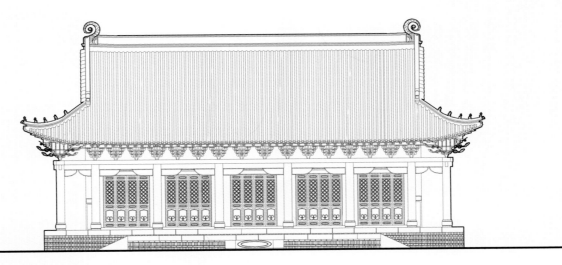

图 5-4-43　阿城文庙大成殿立面图（哈尔滨工业大学测绘）

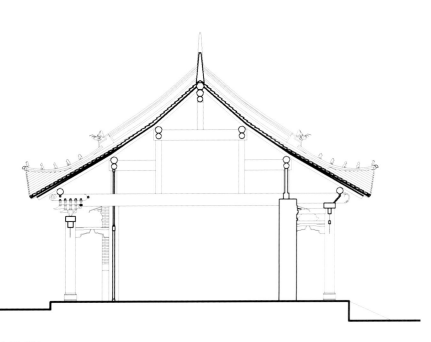

图 5-4-44　阿城文庙大成殿剖面图（哈尔滨工业大学测绘）

图 5-4-45　阿城文庙大成殿局部（刘洋摄）

采用单步梁，故省却了五架梁，单步梁梁头置金檩，梁尾插入上金瓜柱中。山墙内的山金缝梁架保留了五架梁。前后脊步架为三架梁，脊瓜柱立于三架梁上。

构架中的檩部采用"檩枕"组合取代正统官式做法的"檩垫枋"组合，即在檩子下部采用尺寸略小的圆形断面的"枕"来顶替"垫板"和"枋"，这是东北地区的通行做法。瓜柱的断面均为方形，檩枕的断面为圆形。

大成殿的檐部采用卧栏立栏的做法，卧栏（平板枋）宽且厚，断面尺寸为 0.44 米 ×0.2 米，立栏（额枋）则窄而略高，断面 0.12 米 ×0.24 米。前檐柱及与山金柱之间采用单立栏，自山金柱向后均改用上大下小双立栏的做法，大小立栏之间用木雕垫板于两头及中部。

立栏下均带雀替，明、次、梢间雀替长度相同，廊间用短雀替。现雀替为简化的清官式做法，历史照片显示，清末民国时期大成殿的雀替为典型地方做法，其轮廓线为一段与柱身垂直的直线及与之相切的弧线自然过渡到额枋下皮，雀替中间为透雕。檐椽、飞椽断面均为方形，飞椽自闸挡板至端头有收分。

前檐明、次、梢间均施平身科斗栱两攒。斗栱形制特殊，正心位上的横栱采用三重栱做法，即在正心万栱之上施一加长的栱。斗栱为五踩，里拽用重翘，外拽用重昂。坐斗平面呈八边形，尺度硕大，斗底高度大于斗耳斗腰之和。平身科斗栱耍头做成云头形式，柱头科迎面正中为七架梁头，梁头雕成龙头状。角科斗栱形态非常复杂，三个45度方向都出下昂，雕成龙吐水的形态。四根角柱上与七架梁同一高度斜出45度的递角梁，梁头雕成生动的象头。前檐角柱与递角梁垂直的方向也斜出45度的象头，使得从正面和山面看上去角科斗栱都呈自身完整对称的形态。

大成殿的歇山构架做法简单利落，山面檐椽后尾插入山金缝梁架中的五架梁，省却了踩步金梁，形成"周围廊歇山"的构架（图5-4-45）。两侧山尖做排山勾头滴水。

月台比台明低0.29米，自两梢间正中向前伸出，东西长11.66米，南北宽5.18米。月台正中为两垂带石夹一御路石，无台阶踏垛。御路石为正方形花岗石，四角雕莲花瓣，中间圆形图案内雕二龙戏珠（图5-4-46）。

殿内青砖墁地，人字缝直铺。在前檐金柱之间用条石铺砌。周围廊下的两山墙及后墙有青砖制仿木的椽飞望板及其上的勾头滴水，在檐下则有精美的砖雕，砖雕的主题多为祈福和教化。墙身下碱部位有腰线石和带植物花纹的角柱石。（执笔人：刘洋）

图5-4-46　阿城文庙大成殿御路石（刘洋摄）

辽宁吉林黑龙江古建筑

第六章　书院、会馆、塔及其他

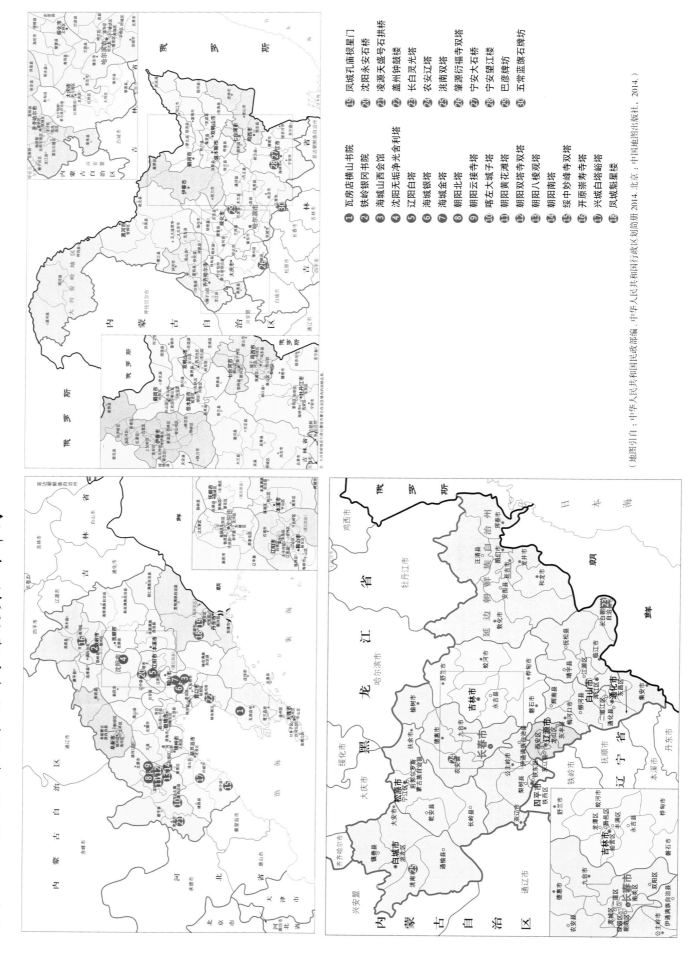

辽宁 吉林 黑龙江 书院、会馆、塔及其他分布图

① 瓦房店横山书院
② 铁岭银冈书院
③ 海城山西会馆
④ 沈阳无垢净光舍利塔
⑤ 辽阳白塔
⑥ 海城银塔
⑦ 海城金塔
⑧ 朝阳北塔
⑨ 朝阳云接寺塔
⑩ 喀左大城子塔
⑪ 朝阳黄花滩塔
⑫ 朝阳双塔寺双塔
⑬ 朝阳八棱观塔
⑭ 朝阳南塔
⑮ 绥中妙峰寺双塔
⑯ 开原崇寿寺塔
⑰ 兴城白塔峪塔
⑱ 凤城魁星楼

⑲ 凤城孔庙棂星门
⑳ 沈阳永安石桥
㉑ 凌源天盛号石拱桥
㉒ 盖州钟鼓楼
㉓ 长白灵光塔
㉔ 农安辽塔
㉕ 洮南双塔
㉖ 肇源衍福寺双塔
㉗ 宁安大石桥
㉘ 宁安望江楼
㉙ 巴彦牌坊
㉚ 五常蓝旗石牌坊

（地图引自：中华人民共和国民政部编．中华人民共和国行政区划简册 2014．北京：中国地图出版社，2014．）

综述

东北地区的古代建筑类型除了前面几章已经介绍过的几种类型之外，现有遗存中还有塔、书院、会馆及牌楼和石桥等，其中，古塔的遗存数量相对较多，会馆目前有一处保存较完好，书院有二处，石桥有二座，牌楼也为数不多。鉴于数量较少的这几个类型建筑的特点，将在每个词条中作详细的介绍，这里仅就塔的分布、类型和特点进行归纳和总结。

东北地区现存的古塔主要有辽代佛塔和藏传喇嘛塔，这些塔的绝大多数又都分布在辽宁地区。黑龙江仅存的衍福寺双塔为藏传佛教的喇嘛塔，该塔具有喇嘛塔的典型特征：它由基座、塔肚、塔脖子、塔刹组成，塔脖子修长纤细，塔肚轮廓线上弧下斜向内收，基座宽大。基座由台基、下枋、半腰、上枋组成，逐层内收。二塔造型的区别在于，一塔的基座自下至上均为方形平面，另一塔基座的上枋部位平面变为圆形。吉林地区现存三座古塔：长白灵光塔、农安辽塔和洮南双塔三处古代时期建造的佛塔。长白灵光塔建于唐代渤海国时期，为东北历史最悠久的地上建筑，与大都是密檐式的辽塔相比，长白灵光塔为东北唯一一座古代时期建造的楼阁式砖塔。佛塔往往伴随佛寺而建，但是，长白灵光塔却是有塔无寺，而农安辽塔则是辽代所建佛塔最北端的实例。现存三座佛塔实例均为青砖砌筑。

辽宁的古塔大多数建于辽金时期。辽宁现存的辽塔有几十座，占全国辽塔的一半以上。因此在某种程度上可以说，辽宁辽塔具有整体性和代表性，也展示了辽塔在建筑艺术和营造技术方面的全部特征。鉴于对辽宁辽塔的阐释更具有地域性研究的意义和价值，本文则将重点聚焦于对辽宁辽塔的分析方面。

辽宁省作为辽代经济以及佛教文化繁荣发达的重要地区，至今仍然耸立着为数不少的辽塔正是辽代经济与文化的体现与写照。辽宁辽塔具有鲜明的时代特色、民族特色、地方特色，是我国古代佛塔艺术的杰作。

辽塔在辽宁境内主要分布地区有两大部分，一部分是辽西的朝阳、锦州、葫芦岛、兴城等地区，另一部分是辽宁中北部的铁岭、沈阳、辽阳一线，其他辽东以及辽南的大连等地，分布较少。

辽宁辽塔虽然存在着一定的个体差异，不同的塔大小高低以及各边面阔都有所差别，但其基本形制却是相仿的。辽宁辽塔以八角密檐实心砖塔为主。这是辽代最流行的佛塔形制，现存辽塔中绝大部分都属于此形制。辽宁地区的48座辽塔中属于此形制的多达35座，占到了总数的87.5%。此类塔形制是辽代匠师的一个创造，中国历史上只有辽代建造了数量如此众多的八角密檐实心砖塔，是此类塔的极盛时期，后来的金代仍有很多佛塔沿用此形制。

辽宁辽塔的平面形式有四边形、六边形和八边形三种形式，其中以八边形塔为主，共有37座，此外六边形塔7座，四边形塔9座。

辽宁辽塔在形制上已形成了大体统一的标准样式，多数辽塔包括有地宫、塔台、基座、塔身、塔檐和顶刹六个部分，细部各具特点。辽代佛塔的塔座也有别于其他朝代的佛塔，唐塔无塔座，塔身直接拔地而起。宋代楼阁式塔以及明清佛塔也不设塔座或仅有简单的浅基座。辽塔不但使用装饰华丽高度很高的须弥座作为塔座还大多设两层，更有甚者设三层。须弥座充满各种雕饰：仰莲、花草纹饰、壶门、佛像等极尽繁丽之能事。须弥座上更有仿木作平座以及莲台等构件。这些都使得塔座成了辽塔一个独具特色华丽炫目的重要部分。辽塔的塔身也是辽塔一个非常出彩的部分，辽塔塔身即第一层塔身一般都较其他层的塔身要高大得多。辽代不仅在寺庙中供奉佛像，佛塔也同样供奉有佛像，塔身是辽塔受人膜拜观瞻的重要部位，几乎每座辽塔塔身上都有佛像。常见的塔身不仅设置有券门、倚柱、阑额、斗栱等，还有各种巧夺天工的砖雕飞天，有些还有形象逼真的塔窗塔门等仿木构件，而其他朝代的佛塔都无此特征。密檐式塔并非辽代甚至是中国始创，南北朝唐代也曾出现有密檐式佛塔，印度佛塔中也有类似密檐形式的。但是如辽塔般用砖叠涩或斗栱出檐，还在上附有板瓦筒瓦等构件的密檐，则是绝无仅有。而且辽塔一层以上各塔檐间连接极为紧凑，有些塔甚至无中间塔身外壁部分，塔檐上皮直接与叠涩相连，层层收分呈现出笔直挺拔的双斜线外轮廓。辽塔是中国密檐式佛塔的顶峰，后世再无修建过如此数量庞大形制统一的密檐式塔。

辽宁辽塔大多为八边形密檐砖砌实心塔，除极少数塔外都不可上人，结构体系基本只承担自身重量，没有额外的荷载，如辽阳白塔底座直径达23米，高度达70米。如此体量巨大的佛塔却不能攀登仅作为纯粹的佛家象征性建筑供膜拜观瞻，这在中国佛塔史上也是绝无仅有的。塔身外层砌筑规整，塔壁厚度都非常大，具有一定的承载力，但更主要的保持其稳定性的还是其内部填充的砖体。无论是实心式还是筒体式，内部的大部分空间都是被砖体填充，即使是有中宫、天宫、塔心室等，所占空间也非常的小，最大的也只占到整个内部空间的五分之一。一些等级较低的塔内部填充的砖多为残砖，砌筑方式也没有明显的规律，多为乱砌。塔体内部空的空间可以分为两类：一类是在建造之初就设计有的，用于存放物品或绘制壁画的天宫中宫等，一般都是用较好的砖块规整砌筑而成，如沈阳无垢净光舍利塔；另一类形制不高的辽塔，内部完全用残碎的砖体混合黄泥浆砌筑，可能是由于材料不够等原因，形成一些小的空间，如七星山辽塔、凌源十八里堡塔等。

辽宁辽塔的佛像及砖雕一般可分为三种做法：第一种，雕像用顺砖垒砌半混雕刻而成，雕像与塔身本体间留有施工缝，因为雕像的砖料与塔身所用砖料厚度不同，所以应该可推测雕像部分应是在塔身预留砖雕位置，然后包砌已雕刻成型的雕像，如青峰塔一层塔身部分坐佛的两侧留有大约2厘米的缝隙，胁侍的砖雕两侧也有较小的缝隙，十八里铺塔的塔身也可见到施工缝，也有后世包砌的，如塔营子塔砖雕佛像所用砖形都与塔身砖形不尽相同，应该为后包砌而成的，黄花滩塔佛像包砌于塔身内形象极为逼真传神，体现了非常高超的砖雕工艺；第二种，用铁钩等连接构件将雕好的佛像连接在塔

身之上；第三种，一些体量较小的飞天等纹样可以直接雕刻于砖料上砌筑在塔身上。

辽代佛塔的用砖几乎没有例外的全部为沟纹砖，前期辽圣宗到道宗时期的辽塔用砖都是纹路粗如绳头的绳纹沟纹砖，且辽塔用砖的尺寸都很大，辽以前没发现有沟纹砖，辽以后金代明代也曾出现有沟纹砖，但其尺寸多不及辽砖大，沟纹也不及辽砖粗大，多为细纹。辽代制造的沟纹砖具有极高的强度，高品质沟纹塔砖的烧造技术堪称精彩一笔。

辽宁辽塔的艺术性主要表现在以下三个方面：第一，以层次丰富塔檐收分展示其宗教建筑艺术，密檐式辽塔的塔身线条明显具有更大的视觉张力，各部尺度构成层次鲜明，密集而收分明显的塔檐层与平直厚重的塔身层对比强烈，塔基高大敦实，刹杆尖锐高耸直入云霄，丰富的曲线与直线的穿插运用，与同时期的欧洲和东亚的宗教建筑具有相似性，充满了宗教崇拜的非理性浪漫气息；第二，塔身以含义明确的佛教为雕饰主题，辽式密檐塔，习惯在视线最容易汇聚的塔基和一层塔身部位雕刻各色的人物图案用来装饰塔身，这些装饰性的雕饰不管是从内容选择、布局特点等都具有明确的佛教主题，比如天宁寺塔身雕饰的人物和图案就出自密宗《圆觉经》布置的圆觉道场，塔身的建筑和装饰处理又是按《华严经》经义设计的象征大日如来的"华藏世界"；第三，各部分构成形态与佛教元素的融合，辽式密檐塔各部分构成都与相关的佛教元素相融合，比如塔基的基座部分为单层或双层的须弥座，本身就由佛座演化而来，一层塔身部位雕饰释迦像，以塔身影射佛身，多重塔檐由窣堵坡的多重相轮演化而来[1]，除了结构造型的佛教意蕴，辽代密檐塔彻底做到了将佛教元素概念打碎并融合在建筑概念的营造上，比如将塔身两侧的倚柱以刚劲的力士像或是经幢等佛教元素所代替，在满足其佛教象征性的表达的同时也满足了力学结构的平衡。

本章中涉及到的其他建筑类型——书院、会馆、石桥、楼阁等将在各词条中进行详述。（执笔人：朴玉顺）

第一节　书院与会馆

一、瓦房店横山书院

横山书院位于辽宁省瓦房店市复州城西街。横山书院为清末复州地区的最高学府，系辽南唯一现存的古书院。书院最早是由复州知州张鞠人倡议地

方绅士名儒义捐并利用已升迁离任的原复州正红旗城守尉顾尔马浑将军的府址，半就官邸，半为新建，合而构成书院学舍。"横山"一名取自复州境内最高山峰之名，且书院为复州最高学府，故以"横山书院"为名。横山书院，是大连地区最早出现的书院之一，也是辽南大地唯一保存下来的古代书院遗址。1985年4月，横山书院被列入大连市重点文物保护单位，并于1997年列为辽宁省重点文物保护单位。始建于清道光二十四年（1844年），光绪三十二年（1906年），横山书院易为"横山学堂"。民国二年（1913年），改复州为复县，横山学堂又改为奉天省复县中师学校。新中国成立后，横山书院遗址保留至今。如今，书院内还设有一碑廊，挖掘出的复州各时期的数十块碑刻一字排开，真实地折射出复州历史的沿革变迁，具有很高的文物价值。

横山书院（图6-1-1、图6-1-2）占地面积2467平方米。清代辽南地区著名讲学之所，现用作陈列展览。横山书院采用典型的合院形式（图6-1-3），两进院落，坐北朝南。大门（图6-1-4、图6-1-5）居于轴线正中，门前有照壁一面，门外东、西各置石狮一尊，门廊两侧各有房1间，门房两侧又有东、西耳屋（图6-1-6）各3间。一进院为授课之所，院内正中有讲堂五楹，硬山式建筑；东、西厢房（图6-1-7）各8间，前后均有门。二进院为师生食宿之处，正房5间，东、西厢房各8间。清咸丰年间，增建后厅11间，后院东、西厢各6间。

建筑采用抬梁式构架，外墙为非承重的木构砖墙，屋顶形式基本为硬山式。书院主建筑为七架前后廊式，五开间。正房屋面铺小瓦，皮条脊，厢房

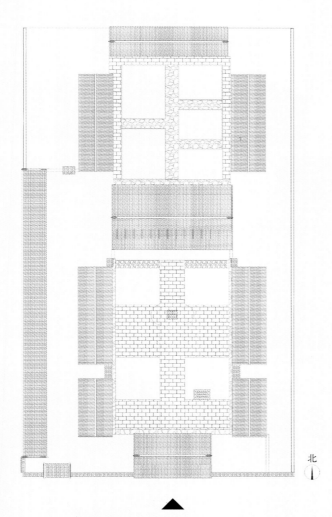

北 ↑

图6-1-1　横山书院平面图（大连理工大学绘）

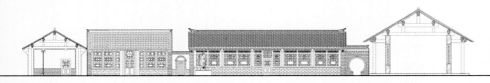

图6-1-2　横山书院剖面图（大连理工大学绘）

图 6-1-3　横山书院院落景观（邵明摄）（左上）
图 6-1-4　横山书院门房（邵明摄）（右上）
图 6-1-5　横山书院门楼剖面（大连理工大学绘）（左下）
图 6-1-6　横山书院耳屋（邵明摄）（右下）

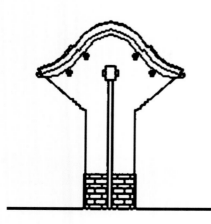

图 6-1-7 横山书院厢房（邵明摄）

图 6-1-8 横山书院建筑细节（邵明摄）

则为清水脊（图 6-1-8）。装饰色彩简洁朴素，以灰青色墙面及屋顶为基色，穿插少量灰白墙和青黑刷饰，外檐为深褐色，整个建筑古朴典雅（图 6-1-9、图 6-1-10）。（执笔人：邵明）

图 6-1-9 房屋文化氛围（邵明摄）

图 6-1-10　横山书院同沾雨露匾额（邵明摄）

二、铁岭银冈书院

银冈书院位于昔日的铁岭古城内南门之右，今日繁华的银冈小区之中，是一处古朴幽静的清代园林式建筑群（图 6-1-11、图 6-1-12）。银冈书院始建于清顺治十五年（1658 年），其创始人是清代谪居铁岭的郝浴。书院集革命文化、历史文化和旅游文化于一体，是重要的爱国主义教育示范基地，已经被列为辽宁省级文物保护单位。

银冈书院整体占地面积约 8800 平方米，建筑面积 3500 平方米，有清式房屋 44 间，形成一处完整的传统北方四合院院落建筑群（图 6-1-13 ～图 6-1-18）。院落形成中、东、西三庭并列格局，中庭是主体，东西如飞机两翼。中门前的影壁墙高 4 米，宽 5.6 米，壁上雕有"银冈书院"四个鎏金大字。门两侧有上马石各一尊，朱红色的大门上布满乳钉。门楣上镶嵌着"文运暧昌"四个金色篆字。中庭为

二进式院落结构，上屋正房三间为文昌宫，门房相对，硬山式建筑。东西厢房相对，各有走廊，廊上楣框镶嵌着"池仿"、"雁尾"和"雀替"。正房与东、西厢房之间有东、西月门通二进套院和东、西两院。二进套院的郝公祠位于文昌宫正北，面阔三间，硬山式建筑。房前挂有郝浴自题草书"致知格物之堂"匾额，曾是郝浴昔日讲学场所。正厅之后为"郝公祠"。中院建筑现用于周恩来少年时学习过古文的斋房陈列及银冈学堂（图 6-1-19 ～图 6-1-21）、书院历史沿革展。东西两院曾做过学堂的教室和学生宿舍。东西配房，硬山式建筑。东厢房位于正厅之前，曾为书院斋长的办公室。西厢房，现为书院藏书室，兼办公室。收藏郝浴与后来邑绅官员捐献及新添图书典籍数千册。现有《古今图书集成》240 函存于其中。郝浴所筑的台位于今天郝公祠之后、银冈之下的果园之中。1910 年，周恩来在书院读书时，即曾在此研习古文、书法。（执笔人：汝军红）

图 6-1-11　银冈书院入口 1（王严力摄）

图 6-1-12　银冈书院入口 2（王严力摄）

图 6-1-13　银冈书院院落 1（王严力摄）

图 6-1-14　银冈书院院落 2（王严力摄）

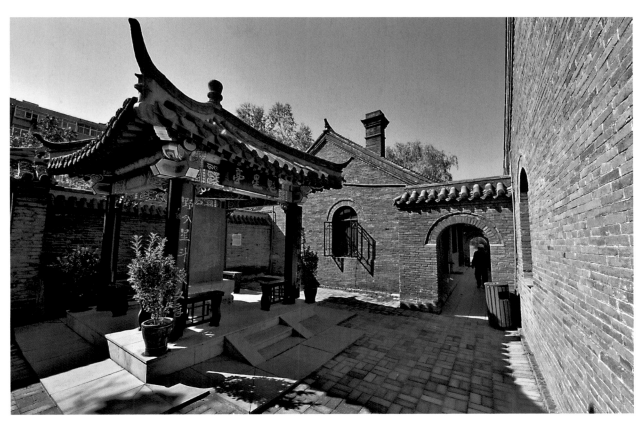

图 6-1-15　银冈书院院落 3（王严力摄）

图 6-1-16　银冈书院院落 4（王严力摄）

图 6-1-17　银冈书院院落 5（王严力摄）

图 6-1-18　银冈书院院落 6（王严力摄）

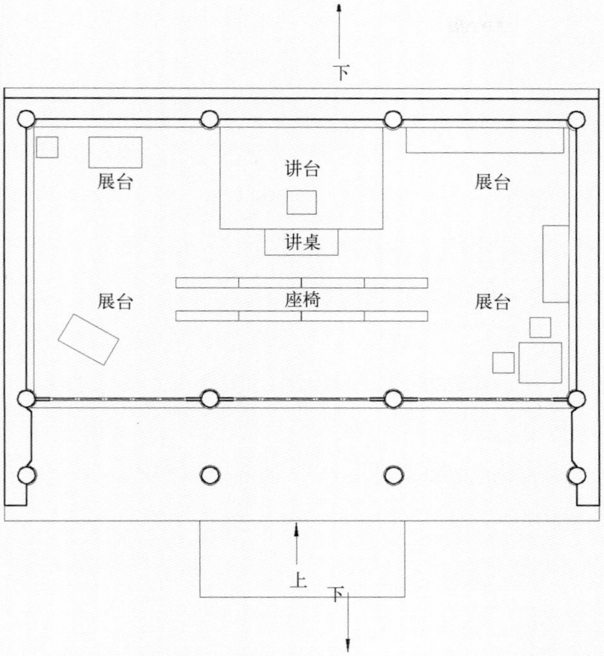

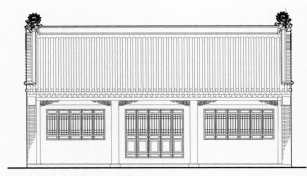

图 6-1-19　银冈书院讲堂平面图（汝军红绘）

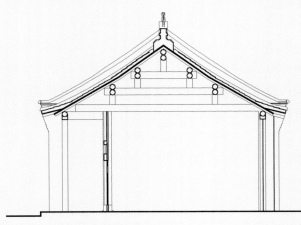

图 6-1-20　银冈书院讲堂立面图（汝军红绘）

图 6-1-21　银冈书院讲堂剖面图（汝军红绘）

三、海城山西会馆

海城的山西会馆位于辽宁省海城市的老城西门外，始建于清康熙二十一年（1682 年），前后殿建成后，因资金不足停建。建筑之初并非作为会馆所用，而是供奉武圣关羽的关帝庙，到了乾隆年间，关内外的贸易不断增加，而奉天之海州（今海城）当时盛产陶瓷与丝绸，且有水路、旱路均畅的交通便利条件，于是精于商务的晋商接踵而来，人数越来越多，生意越做越大，但由于与当地人彼此间在语言、生活习惯、价值取向、道德观念、风土民情等方面存在差异，而趋同心理加之浓郁的乡土情结也驱使着这些背井离乡的晋商以乡土为纽带相互联合。为了达到联乡谊，叙乡情，听乡音，同时巩固和扩大自己在当地的人脉关系以及影响，同治十一年（1872 年），由众多晋商捐资，终将原关帝庙改建成山西会馆。今会馆大殿内的一块铺地石上，还保留有"同治十一年六月（1872 年）山西会馆建·石匠张名扬刊"的刻字。建成后的会馆每年举行一次年会，会上举行隆重的祭祀大典；每月举行 1 至 2 次例会，遇有特殊事情还会召开临时会议，每年的庙会还会在山门前的戏楼上搭台唱戏，这一盛况一直持续到清末。民国三年（1914 年）经重修后会馆又重新改为武庙，并称关岳庙，关岳合祭。民国十年又进行重修，每年春秋两次致祭，礼仪与文庙相同。1937 年的《海城县志》记载了之前海城山西会馆的这一沿革的过程："关岳庙又称武庙，本为关帝庙，在城西门外大街路北，正殿三间，后殿五间，东西配庑各六间，大门三间，钟楼、鼓楼各一，路南乐楼一座。清康熙二十一年（1682 年）知县郑绣建，后屡经晋商捐资修葺，作为山西会馆，民国三年颁布关岳合祀，改称武庙。"新中国成立后，山西会馆一度由县供销社作为仓库使用，这一用途也使得馆内的主体建筑在"文革"中得以保存（乐楼及东西厢房被毁）。1988 年，辽宁省人民政府将海城山西会馆列为第四批省级保护文物，之后经过多次维修与重建（其中包括 1987 年 7 月，对山西会馆正殿进行维修；1989 年，对山西会馆的后殿、山门、钟鼓二楼进行维修。1993 年，对山西会馆东西配殿开始重修，1996 年，山西会馆进行全面彩绘），基本恢复了同治时期的原貌。

海城山西会馆的整个建筑群由山门、钟鼓楼、前殿、后殿、东西配房及戏楼组成。整体采用中国传统的中轴对称布局形式，其总平面为长方形，南北长约 79 米，东西宽 37 米，符合晋中地区院落常用长宽比 2：1 的比例关系，占地面积达 3000 平方米，建筑面积为 930 平方米，主体建筑坐北朝南。从总平面上看，一条清晰的轴线纵贯南北并控制了整个馆内的布局，轴线上的建筑由南向北依次是山门、正殿与后殿。三座建筑错落有致、形制各异、装饰精美，既增加了建筑群的纵向空间感，也强调了这一组建筑的重要性，同时突出了纵向轴线。在纵向轴线的基础上，会馆还在东西向增加了一道由山门、垂花门和钟鼓楼组成的横向轴线。这一道轴线突出了主入口，同时用垂花门将山门和钟鼓楼联系起来，使得会馆的南向立面浑然一体，整体性更强。垂花门的设立起到了点睛之笔，将传统中用于划分内宅和外宅的"二门"垂花门用于外院的入口，看似张冠李戴，实则是为了打破原有关帝庙建筑沉重压抑的氛围，使得主入口更加活泼、富有亲切感，同时垂花门的加入也增加了会馆南向立面的装饰性。

海城山西会馆采用了两进院的合院形式，前院由前殿及其殿前的东西配殿围合而成，集娱乐、祭神、议事为一体，布局上仍沿用着中国传统院落"一正两厢"的形式，院落正对大门，采用了北方常用的"坎宅离门"的处理手法，其间不加任何遮挡。穿过前殿进入到后院，其最北端为后殿。两道院落无论是建筑的形制、体量关系，还是院落的空间感都形成了鲜明的对比。前院开敞规整，后院自然紧凑，两者之前层次清晰，主次分明。两院建筑之前通过甬路加以联系，其间遍植草木，以彩画石雕加以点缀，增加了会馆的儒雅气息。

由于海城山西会馆是在关帝庙的旧址上改建而成的，因此在布局上与国内其他地域上的山西会馆略有不同。传统的山西会馆一般是将戏楼设在山门之后，正殿之前，在戏楼与正殿之前留出宽敞的院落空间，以便观戏之用。而海城山西会馆由于原址的限制，没有较大的院落空间供观戏之用，因此匠人们别出心裁，将戏楼（1946 年损毁）设于会馆路南，正对山门。戏楼为单檐歇山式砖木结构，琉璃瓦盖顶，与关帝庙正殿遥相呼应。

海城山西会馆单体建筑基本上保持了明清时期的北方建筑的特点，屋顶采用了悬山、硬山及歇山等形式，围护结构以砖木混合结构为主，墙体厚重。在这些特点的基础上，为了满足晋商们的思乡之情，馆内的一些建筑也加入了晋中南地区的民居建筑元素，如檐角翘丽、造型别致的屋顶，做工精美的木雕、石雕和砖雕，形式丰富的彩画等等。

山门（图 6-1-22）位于会馆主轴的南端，其面阔三间，总广 11.43 米，进深二间四架椽，总深 5.20 米。单檐歇山顶，灰瓦盖顶，正脊两端饰吻兽，垂脊和戗脊上置走兽。檐柱上的三踩单昂斗栱，上饰彩绘，檐下绘制有六幅古代传说故事，从东分别为：宁戚贩牛、巢父洗耳、仙人引鹤、王贾烂柯、采薇绘图、伯牙抚琴。山门正中辟一正门，门高 4.46 米，宽 2.02 米。明间门额上嵌有木匾额一块，上面黑底金字写有"武圣"两个大字，两暗间的墙面上刻有颜体"忠"、"义"两字，山门两侧墙面还刻有三国演义的壁画，充分诠释了晋商对"信义"的推崇。檐柱饰以朱红油漆，檐板、额枋、雀替和柱基等都绘刻有精美的彩画或雕刻。由于整个山门色彩鲜明，对比强烈，因此形成了很强的视觉冲击力。

前殿，又称正殿（图 6-1-23、图 6-1-24），位于山门以北 30.43 米处，用于供奉关公之所。前殿为会馆中最重要的建筑。殿身建在石基的高台上，其面阔三间，通面阔 11.47 米，进深三间，通进深 13.96 米。主体框架为砖木结构，悬山屋顶，上覆灰色瓦顶。其屋顶极富变化，正脊上建有一座小庙，内供神上神，脊中间插有"穿天戟"三根，脊两端是龙形大吻，斜脊上蹲着砖雕走兽。前檐又做成歇山式，转角、补间、柱头双重昂五铺作斗栱，昂嘴

图 6-1-22　海城山西会馆山门外观（赵兵兵摄）

图 6-1-23　海城山西会馆正殿外观（赵兵兵摄）

图 6-1-24　海城山西会馆正殿檐口（赵兵兵摄）

图 6-1-25　海城山西会馆钟楼外观（赵兵兵摄）

部分雕刻着精美的彩色云纹，栱垫板、花板、垂鱼等都施以极其精美的云龙透雕和充满情趣的花草图案，额枋、雀替饰以彩画，其精湛的构图、娴熟的雕工在东北地区也是极其少见。正门额枋上设一块蓝色匾额，上刻"关帝殿"三个大字，两侧各有"千秋正气""万古英灵"的匾额。四根朱色圆柱上书有两副对联：外联为"亘古一人，大义参天"；内联为"赤兔青龙，忠义千秋"。殿后明间又出一卷棚式的抱厦，由四根大红立柱支撑，转角和补间设单昂三铺作斗栱，柱子与额枋之间也镶嵌着木雕花卉雀替。后门两侧有六角形小窗户各一个。从正殿正门出来，走到它的侧面，明显可以看出殿顶的前坡比后坡长，侧面两个大山墙的屋檐向外延伸，屋檐下有挡风板。步入正殿，殿中央雕工精细的青石条案上供奉着神情威仪、长须飘逸的"关公"像，正手持一本《春秋》聚精会神观看，关平和周仓塑像列于左右（原物已失，现存乃1993年重新雕塑）。

殿前左右对称布置一对汉白玉石马，寓有马到功成之意。

后殿位于正殿以北15.85米处，采用砖木混合结构，面阔五间，通面阔19.39米，进深三间五架椽，通进深14米，硬山屋顶，上用剪边绿琉璃，黄色琉璃吻。这些色彩艳丽的瓦件是出自海州析木城山西侯氏琉璃窑。后殿西山墙上刻巨幅壁画，画中彩云萦绕，中间送子观音衣带飘飘，两侧分别是玉皇大帝和王母娘娘，在这幅壁画之上，是三角屋脊部分，整个屋脊被脊梁分为六个部分，每个部分都绘有一幅工笔画，其绘画精细、图案各不相同，有仙鹤、竹子、牡丹、小鸟等多种图案。这六幅画历经百年，仍然保存完好。

钟楼、鼓楼（图6-1-25）分别位于山门的东西两侧，是举行祭典时敬神或迎神击钟、敲鼓之处。楼坐南朝北，面阔与进深相同，都为3.93米，灰瓦盖顶，正脊绘精美花雕，两端饰吻兽，垂脊、戗脊上置走兽。两楼庄严挺拔，形象、构造、装饰均相同，与山门共同构成一组完美的建筑形象。底层砖墙擎起构架，墙体厚重，南侧开门，门高 2.17 米，宽 1.04 米。一、二层间不设楼梯，只在二层楼板留一洞口。二层由四根木柱擎起，不设墙。柱间周连平薄的额枋，其上雕饰卷草图案。

垂花门坐落于山门与钟、鼓楼之间，形成了联系两者的纽带。垂花门檐柱不落地，而是悬于中柱穿枋上，柱上绘有精美的花簇头纹案具有极强的装饰作用。会馆中的垂花门坐落在呈长方形的台基上，面阔 3.2 米，通高 4.25 米，由四根方柱擎撑。屋顶为卷棚式，垂脊端有骑凤仙人等。垂柱间以倒挂楣子相连，间雕以云龙图案。

海城山西会馆建筑反映更多的是与商业有关的社会活动和当时商人的生活现状及其精神文化面貌，它见证着昔日山西商人的辉煌历史，并且成为晋商文化的重要载体和历史文脉。同时它也是南北方古典建筑的一次深层次的对话，在它身上既体现出北方建筑粗犷豪放的风格，也反映出南方建筑的细腻精巧的特点，它是晋商文化与东北风俗交流的永恒见证，正如山门前两块匾额所示"晋辽同脉，忠义永存"。（执笔人：赵兵兵）

第二节　塔

一、沈阳无垢净光舍利塔

无垢净光舍利塔（图 6-2-1、图 6-1-2）位于辽宁省沈阳市皇姑区塔湾街，该塔建于辽重熙十三年（1044 年），是"辽沈州邑人李宏遂等发愿所建的一座发愿佛塔"。清崇德五年（1640 年）重修。1985 年维修时，发现此塔为空心，为同类建筑中所仅见。在塔南 4.2 米处，有清初为记述重建此塔过程的石碑一甬，上刻碑记《重修无垢净光舍利塔碑记》。碑文为满、汉、蒙三种文字。记载了清崇德年间，清工部奉帝命对该塔进行维修的过程，并另建了三间佛殿、垂花门、山门等建筑，称为四龙寺，现该寺殿已无存，该塔 1988 年被列为省级文物保护单位。

该塔是一座十三级密檐砖塔，平面呈八角形，通高 34.75 米。它可分为五个部分：地宫、塔座、塔身、塔檐、塔刹。

该塔"地宫四壁用大沟纹砖平行砌筑，四壁涂抹一层白灰，并将其压磨平整，在壁高 1.05 米处开始起券，宫顶迭涩砌筑，层层内收，至顶端用一方砖封死。券顶封口砖长 37.8 厘米、宽 37 厘米、厚 9.3 厘米。地宫地面砖的规格不一，基本为东西顺砖平行铺砌"[2]。塔座为八角形仰覆莲须弥座，高 1.7 米，边长 6 米，通体砖砌筑，边角处嵌花岗岩条石。周边嵌以石条，上下边缘镶砌仰覆莲瓣，内

图 6-2-1　无垢净光舍利塔外观（朴玉顺摄）

砌青砖砌檐枋及斗拱，角砌有半圆形角柱，每面设有拱门式佛龛，龛高1.32米、宽0.95米、进深0.25米，内置坐佛一尊（图6-2-3）。在佛龛拱楣之上，各有砖雕横额，每佛龛以外左右两侧立有浮雕胁侍，高1.1米。胁侍及佛龛拱楣之上，有镶砌的宝盖、飞天浮雕。佛龛下部为双层大瓣仰莲。仰莲之上砌有长方形壶门，其东、南、西、北壶门中部嵌砌石雕伏兽、兽头各一。整个塔身部分，除各面佛像在造像及姿态方面稍异而外，其他方面基本相同。塔檐为13层密檐式。各层出檐均用三层砖叠涩砌筑，逐层内收，以八角攒尖式收顶。塔身每面都辟佛龛，龛上雕有卷草、海棠花纹图案及造型美观的伞盖、

飞天等，龛内凸起的莲座上有身披袈裟的坐佛，龛两侧立有胁侍。塔檐下砌筑斗拱，以斗拱承托挑檐枋和挑檐檩。檐上有瓦垄、勾头和滴水，角上有脊兽。每层各面以铜镜、风铎（风铃）镂空铜板、铭记碑等装饰其间。塔刹在最顶部，它以一个八角形露盘上雕仰莲作为基层，承托圆形覆钵，正南处辟一龛，外安两扇上部是"卍"字镂空铁门，内有一小室，是为塔的天宫。覆钵之上立铁刹杆，用八条铁索与角脊拉接。铁刹杆上串着圆形和半圆形的铸铁宝珠三颗，刹顶为一尖顶葫芦状铜宝珠。

该塔的结构为圆锥形筒体结构，筒体中心顶部高度大约10米，七层檐左右，穹隆顶高均用红褐色辽砖砌筑，没有任何装饰。这种结构上采用了空心单筒式塔体结构的砖塔在外观上却不似唐以前的形象。"塔壁结构分为三层，从塔腹壁结构看，腹宫以上部分和塔壁中间层以及地宫部分的黄泥口褐色沟纹砖（白灰口除外），当属辽始建此塔时的原有结构。第二层（中层），厚1～1.45米，系用黄褐

图6-2-2 无垢净光舍利塔立面图（沈阳建筑大学建筑研究所绘）

图6-2-3 无垢净光舍利塔塔身细部（刘思铎摄）

色长方形砖、黄泥浆砌筑。砖的一面带有长条形绳状沟纹，砖长 385 毫米，宽 185 毫米，厚 80 毫米。"[③]（执笔人：刘思铎）

二、辽阳白塔

辽阳白塔位于辽宁省辽阳市站前中华大街一段北侧白塔公园内，建于辽代中晚期即辽道宗时期，为东北地区现存最高的古塔，名列我国六大高塔之五。白塔体量雄伟、仪态端庄、比例匀称，整个建筑造型和局部雕刻，具有较高的艺术水平。因塔檐间立壁和塔腰八大面涂有白垩而得名。1963 年 9 月 3 日经辽宁省人民委员会批准为省级文物保护单位。1988 年 2 月 8 日升格为国家级文物保护单位。

该塔为八角 13 级实心密檐舍利砖塔，高 70.4 米。白塔由下而上由塔基、塔身、塔檐、塔刹组成（图 6-2-4 ～图 6-2-7）。

图 6-2-4 辽阳白塔外观（赵龙珠摄）

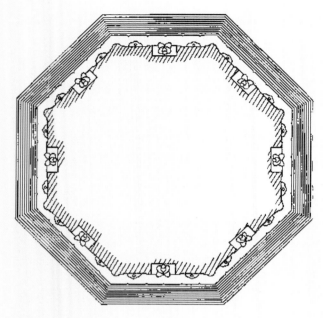

图 6-2-5　辽阳白塔底层平面图（赵龙珠绘）

图 6-2-6　辽阳白塔立面图（赵龙珠绘）

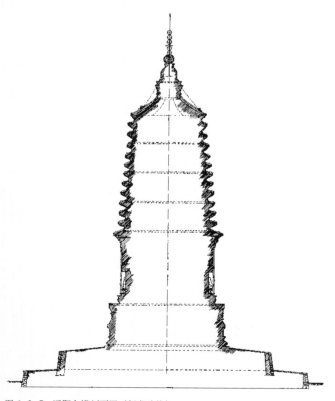

图 6-2-7　辽阳白塔剖面图（赵龙珠绘）

塔基由台基和须弥座（图6-2-8）组成，台基为八角形石筑高土台，台基总高6.2米，外用石条镶边砌成八角形两层台基，土台坡面覆盖石板护坡，第一层台基为毛石墙面，无地墁，高2.5米，每边宽22米；第二层台基为青条石墙，条石地墁，并有较大坡度，高3.7米，每边宽16.6米。从基部往上逐渐稍有收缩，近钝锥形。该塔台基、塔身都以砖雕的佛教图案为饰。两层台基外面青砖雕有斗栱三铺作，俯仰莲瓣，伎乐人，栏板花纹，须弥束腰。塔壳壁厚灌浆，塔建在两层台基之上，台基上部有须弥座，高8.78米，下部为叠涩上收的砖壁。墙面收分较大，外面青砖雕有跑狮和小佛龛、束腰，之上为砖雕三铺作斗栱，再上有砖砌莲瓣两层。

上部为两层很矮的束腰须弥座，总高1.52米。下层须弥座上每面中间为一个半圆形券门，内一小卧狮；券门两侧各镶砌模印"双狮戏球"的雕砖板九方。座的上下枭则雕印覆道；上层须弥座每面嵌有模制的一佛二菩萨造像五组，每组中间都是一块模制的佛龛大砖，龛内一坐佛，两边各一块模印菩萨像立砖。八面转角为模制力士立像。这层束腰之

图6-2-8　辽阳白塔基座之须弥座（赵龙珠摄）

上是一道普板枋，上有斗栱承单檐，每面补间斗栱
的齐心斗之上承替木，托橑檐枋，泥道栱上隐出慢
栱，相邻的慢拱作鸳鸯交手拱，拱上承小斗，托一
道柱头枋，转角各朵则出角华栱和45度斜拱。橑
檐枋上出檐，檐上有瓦垅，瓦有筒瓦当，板瓦当。

初层塔身（图6-2-9）在塔座顶心之上，八
角柱形，高12.7米，仿木构建筑。立在两层大仰
莲莲瓣上，平面八角，角部施圆柱，柱上有阑额及
普拍枋，枋上施砖雕五铺作斗栱，承托檐部。每面
的壁面中间砌出一道突出的横格，分塔身为上下两
个框。下部框高、中间楣拱龛，龛上垂幔式宝盖、
璎珞四垂，有双龙戏珠、飞天、蕃莲、双凤等雕
饰，高9.375米，宽7.55米，龛内一坐佛，龛内
砖雕坐佛是后来补的，八面分别端坐释迦牟尼的八

大弟子佛，高2.55米，坐在高束腰须弥座上，背
靠朱色火焰纹，神态庄然恬静。龛外左右二砖雕胁
侍菩萨。横格上部短矮，正中一垂绶大宝盖，左右
上角二飞天，长1.6米。菩萨、飞天、宝盖为预制
件，嵌入塔身。正南斗栱的拱眼壁，横排嵌着木
制匾额四方，高0.5米，宽0.4米，上面有"流"、
"光"、"碧"、"汉"四个楷书大字，为明万历年间
补增。

初层塔檐以木制方棱出檐、椽上斜铺瓦垅，
挑檐前端皆有卷刹。角脊与围脊均用叠砖制作，每
块脊砖均有假缝1～2条，角脊前端有陶制脊兽。
角梁为木制，前端套兽亦为陶制。檐角下是瓦勾
头，以大青砖作底瓦，上盖筒瓦。檐角八角稍微外
翘，飞椽远伸，每个塔檐转角椽下悬挂着铜铸风

图 6-2-9　辽阳白塔初层塔身（赵龙珠摄）

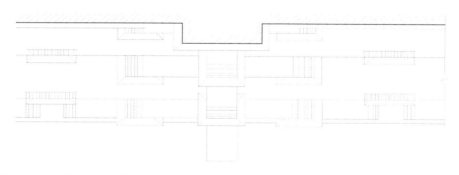

图 6-2-10　辽阳白塔初层平身科斗栱平面详图（赵龙珠绘）

铎（风铎即风铃），上铸捐铃者姓名、年代，原有
104 个。

　　塔檐共 13 级，高 21.9 米，由下向上逐层内收：
第一层檐下有斗栱（图 6-2-10），每面补间三朵，
转角二朵，补间斗栱为六铺作单昂计心造，全栱上

有替木、托橑檐枋。泥道栱上的幔栱和瓜子栱上幔
栱都作鸳鸯交手栱，上承小斗、托柱斗枋与散枋。
转角铺作出角华栱和 45 度斜栱，与塔座斗栱相同，
角檐的飞橡悬风铎，第一层檐下排列木檐橡，各橡
悬风铎，上铺瓦垅。上部屋面做法同第一层檐。从

第二层以上各檐均系以七层大青砖叠涩出檐，收度比北镇双塔稍大，角檐均为木飞椽悬风铎，每两层檐之间置立壁。壁面上每面嵌铜镜一面，共96面。铜镜背面饰纹各种鸟、兽、人物，这种图纹不仅有其艺术价值，同时也具有较强的各自时代特征。铜镜多为圆形，亦有方形。还有少数装在塔身及塔刹仰莲座下，共100多面。用以反射阳光，象征佛光普照十方世界。

第十三檐向上为塔顶，高3.62米。八面坡顶由青灰筒瓦铺瓦，塔顶檐层起脊飞檐较高而突出，脊端筑有戗兽和套兽。坡上与檐下为土籽、白灰，由糯米浆汁拌和。为加固刹杆，由刹杆底部龙背交叉火焰环顶部与八角垂脊翘檐拉直八根铁链，链头处共嵌着八个鎏金宝瓶（俗称铜葫芦），由上下两个半圆扣合而成。

塔顶坡至上刹尖为塔刹。塔刹由刹座、刹身、刹顶构成。刹座由基座和仰莲组成，基座下部由两层砖叠砌而成，基面嵌挂8面铜镜。铜镜下有

西南刹门，上面为两层砖砌八角形青灰仰莲及砖砌覆钵（宝瓶），刹座总高6.44米，莲瓣和瓣与瓣间都有排水孔。刹身有圆光（火焰环）、相轮、宝珠，串于方铁刹杆之上。方铁铁刹杆竖立在刹座之上，高9.24米、直径0.9米，起避雷针作用。中穿宝珠5个。宝珠铜质，高0.8米。圆光在宝珠之下，周长约2.3米。相轮在2至3个宝珠之间。刹杆帽为铜铸小塔形，随风转动，是准确的风向仪。塔刹各部装置有序，使凝重的塔体变得挺拔肃穆、巍然天外。

白塔的栏板、倚柱、斗拱等均为砖雕仿木结构，制作精细而准确，塔身的浮雕、佛像，形象逼真，线条流畅，造型秀美，庄严肃穆，是国内现存辽金诸塔中的代表作。（执笔人：赵龙珠）

三、海城银塔

银塔位于辽宁省海城市东南25.5公里接文镇接文村西塔子沟北村山坡上（图6-2-11），建于金

图6-2-11 银塔外观（王严力摄）

代，塔身为白色，故名银塔。明代大修，建筑特点呈现明代风格，由塔基、塔座、塔身、塔刹组成（塔刹已无存），现高约15.58米。该塔于1953年进行修补，现为海城市级文物保护单位。

银塔为六边九级实心密檐砖塔，塔基须弥座每面长2.8米，有砖砌仿木围栏，栏板雕有鹭鸶、虎、荷叶、水草等各式花纹。塔座与塔身之间雕仰覆莲瓣花纹。第一层塔身六角有砖砌仿木方形柱，上有柱头，补间四铺作斗栱，每面龛内有坐佛一尊，两侧有胁侍，有上宝盖和飞天，塔顶砌有莲瓣宝瓶。

塔下原有银塔寺，坐北向南，有大殿两层，为硬山式建筑。硬山和悬山都是两坡顶建筑。银塔寺有东西配房，山门两侧有歇山顶的钟鼓二楼。寺内原有万历四十四年（1616年）、雍正三年（1725年）、乾隆五十年（1785年）及道光四年（1824年）的石碑，银塔寺于"文化大革命"期间全部被毁。（执笔人：李培约）

四、海城金塔

金塔位于辽宁省海城市析木镇西北2.5公里的羊角峪西山腰上（图6-2-12），塔北原有塔寺，名为"金塔大禅宝林寺"，又称金塔寺。这座寺院原来规模较大，始建于辽代，明代重修，寺内有万历年间的碑刻两甬，记载了其修建经过。金塔寺在"文化大革命"初期被拆毁，现已荡然无存。

金塔为实心八角密檐砖结构，13级、高31.5米，叠涩内收的塔基层是用18层青砖砌筑而成（图6-2-13），每面刻有六朵下垂如意头纹，雕刻技艺别致，可谓独具匠心。塔座设计的美观大方，两层须弥座，每边长4.1米。第二层须弥座上施两层重瓣莲以承塔身。各面均雕乐伎、舞蹈人物、半身狮子。人物姿态优美，动物神态生动。八个角有砖砌圆柱，每面有一拱龛，龛内雕有坐佛一尊，神情端庄，两旁立胁侍。胁侍人物栩栩如生，披戴璎珞，脚踏莲花。龛顶上雕有小宝盖，龛门上方雕有四垂大宝盖、

图6-2-12　金塔外景（王严力摄）

图 6-2-13　金塔现状（王严力摄）

盖上是飞天，飞天形体秀美，体态轻盈活泼。各种图案布局合理，构想和谐。13 级塔檐变化较大，第一层檐下有斗栱。金塔饱阅人间沧桑，经多年风吹雨打，遭剥蚀较严重，上顶颓破，塔刹不存。根据金塔的整体形制，技艺手法及塔座人像的契丹装束等特征，该塔被认定为辽代建筑。

金塔的雕塑艺术、建筑手法十分优秀，对于研究辽代建筑艺术和民俗风情有较高的参考价值。1963 年 9 月，辽宁省人民政府公布金塔为省级重点文物保护单位。2000 年，辽宁省文化厅拨专款对金塔基座进行了维修。（执笔人：李培约）

五、朝阳北塔

辽宁省朝阳市朝阳北塔是东北地区现存最早的佛塔。此塔因坐落在朝阳市城内北部，故名北塔（图6-2-14、图 6-2-15）。它是目前全国唯一的一座燕、魏、隋、唐、辽"五世同堂"的宝塔，最早是

东晋十六国时期前燕、后燕、北燕龙城宫殿建筑遗址。到北魏孝文帝太和年间，文成文明太后冯氏在其宫殿遗址上修建了"思燕佛图"（思念燕国的塔）。到隋仁寿二年（公元 602 年）在北魏思燕佛图基础上建立安葬隋文帝颁赐佛舍利的舍利塔。到唐玄宗开元二十六年（公元 738 年）对隋代创建的舍利塔进行维修。到辽太祖神册元年（公元 916 年）又一次对该塔进行整修，并更名为"延昌寺塔"。辽兴宗重熙十年（1041 年）再次重修延昌寺塔。经过此次维修改造，改变了隋唐和辽初佛塔建筑风格，是辽代密檐式砖塔的典型代表。1956 年该塔被列为第一批省级重点文物保护单位，1988 年被列为全国重点文物保护单位。

此塔为 13 级密檐式塔，塔高 42.6 米，由塔基、须弥座、塔身、塔檐和塔刹构成（图 6-2-16 ～图6-2-18）。方形台座由青砖筑成，在台座以上，塔体（塔身和下部密檐）四周，用砖包砌，形成须弥座和塔身。须弥座形制复杂，雕饰繁复，由下至上，由砖台、假门、圭脚、枋、袅、束腰等组成。南面开券门通塔心室，另三面中央设假门，门两侧束腰均以版柱隔成 3 个壶门。束腰四角立盘龙柱。须弥座雕饰主要布置在假门和束腰上。假门仿双扇朱漆版门。门饰 3 排莲瓣形门钉和一对莲花铺首衔环，上安门簪，下置门砧，门楣饰祥云，两侧雕守门力士或飞天，东、西面假门雕力士。壶门每面 6 个，门内雕莲花或兽面。砖雕图案采用剔地起突雕刻法。浮雕底面基本在同一平面上，所雕内容层次丰富，上下重叠，纵横交错，增强了人物、花草的立体感。雕饰表面均施彩绘，有朱、黄、白等色，脱褪殆尽，局部隐约可见。须弥座上复叠三重仰莲，通高 4.35米，宽 13.98 ～ 15.15 米。塔身方形，高 6.32 米。其四角砖雕倚柱，下有下槛，上为额枋，承托载塔檐。塔身砖雕图像，皆中央一尊坐佛，旁为胁侍菩萨（图 6-2-19）。塔身之上筑 13 层塔檐。第一层为仿木砖雕斗栱塔檐，较其上各层檐深长，以适应宽大的塔身和仿木斗栱。每面补间铺作 7 朵，转角铺作各 1 朵，斗栱为四铺作，转角斗栱出 45 度斜栱，

图 6-2-14　北塔南立面外观（原砚龙摄）

图 6-2-15　北塔外观（原砚龙摄）

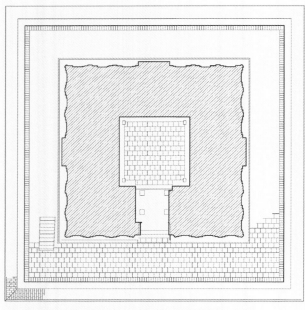

图 6-2-16 北塔平面图（沈阳建筑大学建筑研究所测绘）

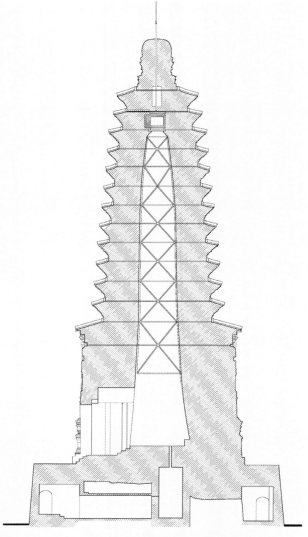

图 6-2-18 北塔剖面图（沈阳建筑大学建筑研究所测绘）

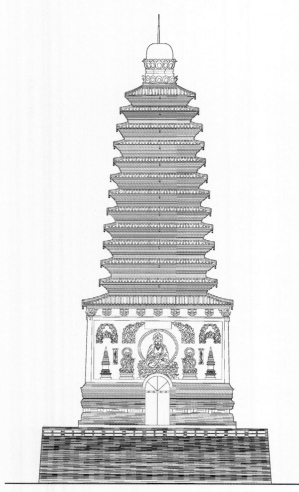

图 6-2-17 北塔立面图（沈阳建筑大学建筑研究所测绘）

图 6-2-19 北塔塔身砖雕图（原砚龙摄）

卷杀砍成三瓣，耍头似批竹昂，但不斜垂。斗栱之上承砖雕替木和橑檐枋，上置木椽，再铺砖、瓦。第二层以上各檐均施瓦，束腰四周砌瓦条围脊，四角出垂脊。第13层檐用琉璃剪边，即绿釉琉璃筒瓦、板瓦、勾头、滴水与灰瓦件相间使用，以增强其观赏效果。第十三层檐之上砖筑八角形仰莲座。莲座壁面上部外斜，每面雕一整二破仰莲。砖莲座之上筑绿釉琉璃莲座。（执笔人：原砚龙）

六、朝阳云接寺塔

云接寺塔位于辽宁省朝阳市凤凰山中峰云接寺西侧。凤凰山，在朝阳市东，原名龙山，清初改称凤凰山。据《承德府志》载：凤凰山"在县属东南二十里，群峰连亘，周九十余里，山椒一塔，耸峙诸峰，视之如翠凤昂首张翼形，故名。"山中有古寺，分上、中、下三处。上寺建在峰顶，旁有石洞，名朝阳洞，洞中颇宽敞，曾有一石卧佛及泥塑佛像数尊。

山巅原有一塔，名凌霄塔，高耸入云，即《承德府志》中之"翠凤昂首"。中峰处有中寺，名云接寺，周围林木成荫，鸟语花香，为游览胜地。下寺称延寿寺，本辽代建筑，后清代重修。原寺附近有玉石观音像一尊，也是很有艺术价值的文物。现三个寺均已寺毁像残碑湮，不见旧观，只有中寺西侧仅存的云接寺塔巍然屹立，向人们显示着昔日的丰姿（图6-2-20）。2006年，云接寺塔被列为全国文物保护单位。

云接寺塔（图6-2-21、图6-2-22），原称摩云塔，又称中峰塔。该塔为方形13级密檐式砖塔，现高约41米，塔台方形，塔座采用须弥座（图6-2-23、图6-2-24），四面中央各有一假门，两侧各雕有壶门三个，间以壶门柱两根，壶门里雕佛和菩萨，两侧配伎乐人、化生童子等。四角有力士像，人物各异，姿态不一，其上为二层仰覆莲瓣承托塔身。

塔身（图6-2-25）四角为圆形倚柱，两侧双砖立砌立颊。倚柱以上阑额和普拍枋相连，其上承

图6-2-20　云接寺（赵兵兵摄）

图 6-2-21 云接寺塔外观（赵兵兵摄）

图 6-2-22 云接寺塔立面（赵兵兵绘）

图 6-2-23 塔基及塔座（赵兵兵摄）

托檐下斗栱。一层塔身四面正中各雕一坐佛，怡然端坐在莲台之上，东面为阿閦佛，五象趺坐。南面塔身为宝生佛，玉马趺坐。塔身北面为微妙生佛，五金翅鸟趺坐。塔身西面为无量寿佛，五孔雀趺坐。坐佛两侧各雕胁侍一尊，肃然无语，恭谨敬立，胁侍两侧雕小灵塔各一座，方形、十三级密檐式，与大塔形式相似。塔身四面胁侍两侧雕小灵塔各一座，灵塔为十三级密檐式方塔，塔侧有八大灵塔名称的石额，阴刻。东面题榜：北为"庵罗卫林维摩塔"，南为"婆罗林中圆寂塔"。南面塔名题榜：东为"净饭王宫生处塔"，西为"菩提树下成佛塔"。西面塔名题榜：南侧为"鹿野苑中法轮塔"，北为"给孤独园名称塔"。塔身北面塔名题榜：西侧为"曲女城边宝阶塔"，东为"耆阇崛山般若塔。"坐佛顶上雕有宝盖，其两侧有立托盘的飞天装饰。小灵塔顶上亦雕一小宝盖，两侧各有一仰面俯身向下飞翔的小飞天。

一层塔檐由铺作承托，每面补间铺作七朵，双抄五铺作计心造，批竹耍头。罗汉枋隐刻幔栱并连栱交隐。转角铺作（图6-2-26）为双抄五铺作计心造，自栌斗出华栱五缝。转角铺作与相邻补间铺作相犯横栱采用了连栱交隐之鸳鸯交手栱。转角铺作出木质斜华栱，改善了砖构铺作悬挑受力传递的结构性能，与内蒙古万部华严经塔做法相似。替木承托橑檐枋，枋上木制飞椽，上覆灰色筒、板瓦。二层塔身之上为13层的塔檐每层塔檐叠涩出挑八层砖。塔身略有收进，由下往上直线逐层收回。第二层至第十三层塔身每面置铜镜两枚，四角各置角梁一根，悬挂风铎。各层塔檐角背上置兽，但现仅西南角残存凤鸟，其他各角已无存。（执笔人：赵兵兵）

七、喀左大城子塔

大城子塔始建于辽代，坐落在辽宁省喀喇沁左翼蒙古族自治县第一中学院内。大城子塔为9级楼阁式与密檐式相结合的砖筑辽塔，这种双层阁楼式塔身极为少见。1963年，该塔被列为辽宁省文物保护单位。

图6-2-24 云接寺塔塔基力士（赵兵兵摄）

图6-2-25 塔身（赵兵兵摄）

图6-2-26 云接寺塔转角铺作（赵兵兵摄）

大城子塔（图6-2-27～图6-2-29）平面为八边形，塔高约36米，边长约5米，半径约6.5米。该塔由地宫、塔基、塔座、塔身、塔檐和塔刹6个部分组成。此塔采用高台夯土地基、塔体浅埋基础

的土工结构做法，其内部为人工夯筑，外部采用青砖等坚固材料加以保护，还向外扩展5米设置了与基础分离的塔台，塔台也是八边形，塔台高约1.5米。

塔座由基座与须弥座组成，基座高约2.27米，由三层构成，第一层为四层素面黄砂岩石条砌筑，每层砂岩均有内收。第二层为石砌两层小平座。第三层为三道砖砌束腰。塔基石条和砖砌束腰部位，按历史记载和形制上看，应属清乾隆四十五年（1780年）在塔前建灵官殿时所补砌。须弥座共分四层，第一层下枋高约0.6米，饰有以佛经故事为内容的精美砖雕。第二层下枋高约1米，是砖砌仿木五铺作，每面有转角铺作各一朵，补间铺作二朵。须弥座第三层为壶门高约0.98米，每面各有三个形态各异的狮子石雕。中间凸出，两侧面向中间。须弥座莲台高约0.63米，为砖雕仰莲，上托塔身。

大城子塔的塔身设计很有特点，是双塔身。第一级塔身高7米，第二级塔身高约4米。辽塔的塔身与唐、宋风格有别，塔身每面自成一个独立的单元。大城子塔的塔身（图6-2-30）有八面，每面有精美的砖雕和装饰，第一层塔身正东、正西、正南、正北四面都起拱券形假门，另外四面雕立佛两尊，八面都有飞天雕饰，并各设有倚柱两根，檐下有砖砌阑额、普拍枋，上承三朵双抄五铺作，为仿木质砖雕，精细而逼真。第二层塔身除起拱券形假门外，在两侧雕门神两尊，仿木质砖雕铺作由两处，一处是石雕下墙面部分，每面四朵双抄五铺作，第二处是檐下，每面五朵双抄五铺作。其他细节与一层塔身相同。

图6-2-27　大城子塔塔外观（谢占宇摄）

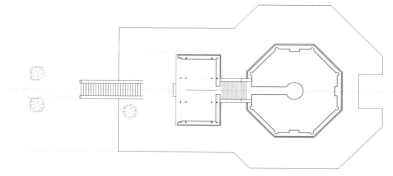

图6-2-28　喀左大城子塔平面图（沈阳建筑大学建筑研究所测绘）

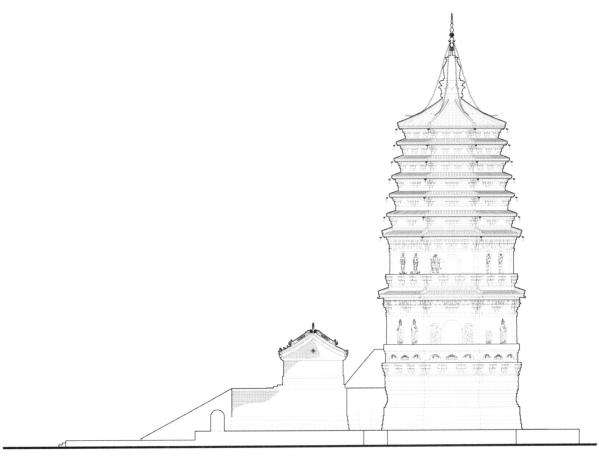

图 6-2-29 喀左大城子塔立面图（沈阳建筑大学建筑研究所测绘）

图 6-2-30 大城子塔塔身（谢占宇摄）

大城子塔七层密檐，高度约 12.6 米。塔檐由下而上，各层均由铺作挑出，按比例收分至顶。每层塔檐檐下都有木质砖雕铺作，第一层塔檐下，每面四朵双抄五铺作。第二至第四层塔檐下，每面三朵三铺作。第五至第七层塔檐下，每面四朵三铺作。大城子塔采用支撑塔檐所用材料为砖、木混筑，塔身出挑以砖为檐、椽以木，上覆望板、望砖，而后挂瓦。檐子转角用木角梁。

大城子塔塔刹做得精致、高昂，承袭唐风格，时代地域特征鲜明。塔刹高约 7.5 米，由金属制。塔刹的结构由刹座、刹身、刹顶、刹杆等组成。刹座形式为仰莲座，之上是宝瓶、相轮、伞盖、刹球等部件。这些装饰部件多用铜制，在当时可能采用了"抛光"技术，以增加刹顶的光辉。为了牢固，常以四根铁链拴于塔顶四角，以加固、保护塔刹。（执笔人：郝鸥、谢占宇）

八、朝阳黄花滩塔

黄花滩塔坐落在辽宁省朝阳市龙城区大平房镇黄花滩村北侧土阜之上。塔的南侧为蜿蜒迤逦流淌的大凌河。伪满康德五年（1938 年）曾经有过一次修缮。该塔已被列为省级文物保护单位。

黄花滩塔（图 6-2-31、图 6-2-32）为八角 13 层密檐式实心砖塔，现存 13 级，塔残高 31.7 米。该塔砌筑于八角形台基之上，设有双层须弥座，上加一层莲台，双层莲瓣，须弥座和莲台共同构成塔的基座（图 6-2-33）。莲台以上是塔身，共 13 层塔檐。现塔刹已完全倾圮，形制不详。基台为后世补葺，并重做了散水。基座、密檐虽有残损，但基本保持原状。

基台高约 3 米，每面宽约 5 米。基座为双层须弥座式样，上层须弥座保持比较完整。下层须弥座

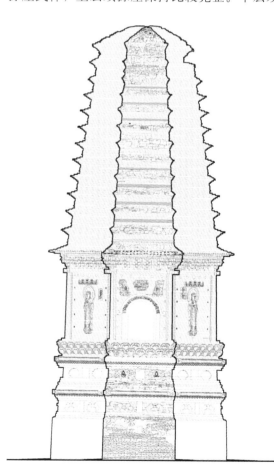

图 6-2-31 黄花滩塔外观（赵兵兵摄）　　　　　　　　图 6-2-32 黄花滩塔立面图（赵兵兵绘）

图6-2-33 黄花滩塔塔基（赵兵兵摄）

图6-2-34 黄花滩塔塔身莲花（赵兵兵摄）

每面中间设短柱一根，柱两侧各设壶门一个，壶门内为砖雕卧蟾。上层须弥座每面中间设短柱一根，两侧各设壶门一个，门内为砖雕坐佛一尊。两层须弥座之间为法器枋。塔身由双层重唇莲台承托，莲瓣硕大，形体饱满。

第一层塔身除东南面置券门外，其余七面皆雕一尊跣足踏莲站佛，站佛姿态悠然娴雅，像似天外来仙，立佛之上设华盖以示其尊，立佛为高浮雕。七面华盖造型略有不同，七面站佛手印也各不相同，立佛两侧及上部并无胁侍及飞天相伴，这样的造型设计为此塔一大特色，在辽塔中也殊为罕有。塔身东南正向置券门一个，内设木制板门，现已缺失，板门内部为一个拱券式通道，通道深达塔中心位置，迎面为一实墙面，墙面彩绘一尊辽代坐佛，施以镏金，神态端详。现此墙已被盗挖，露出后部藏经暗

室，暗室上部为盝顶形式，室内藏宝无一幸存，此暗室当为塔之中宫。券门发券一券一伏式样，起券并非半圆，弧矢高约1米。伏砖略凸出券砖表面，内侧磨成抹斜状，伏砖券底两侧做成反卷式样。券砖表面贴挂券脸石九块，每块券脸石之上雕刻牡丹花纹样。券洞上方雕刻花篮，花篮内盛开莲花（图6-2-34）。两侧雕刻着灵动、精巧的飞天。每面塔身高5.18米，宽4.43米，略有收分，上下收分为6厘米。塔身转角设圆形倚柱，弧长60厘米。柱下设柱础石，为青砖二层。柱上小下大，柱头无卷刹，柱身平直，为典型辽代特征。柱两侧各设兼柱一根，柱脚设地栿连接。柱头之上施阑额，再上为宽大的普拍枋，普拍枋宽9厘米，宽出阑额3厘米，阑额广21厘米，普拍枋与阑额至转角倚柱处皆出头。

塔身普拍枋之上便是铺作层，铺作层由栌枓下皮至挑檐枋上皮总高1.09米。五铺作斗栱，每面柱头铺作两朵，补间铺作四朵，其中靠近转角的两朵补间与转角铺作连在一起。补间铺作为双抄单栱计心造，批竹耍头。转角铺作至栌枓口出华栱三缝，每缝皆双抄单栱计心造，上承批竹耍头。其中中缝第二跳华栱之上再出两缝斜华栱，跳头之上置散枓承替木。转角铺作泥道栱与附角补间铺作泥道栱鸳鸯交首相连并与第一跳斜华栱分首相列。附角补间第一抄抄头之上瓜子栱与转角铺作第一跳跳头之瓜子栱鸳鸯交首相连并与第二跳斜华栱分首相列。附角补间令栱与转角铺作令栱鸳鸯交首相连并分首相列。每面令栱散斗所承替木皆为通替木。铺作之中泥道栱与瓜子栱等长皆为0.63米，令栱略长于泥道栱、瓜子栱，长为0.66米。令栱较瓜子栱、泥道栱略长，瓜子栱和泥道栱等长，令栱、瓜子栱、泥道栱、华栱栱弯处皆三瓣卷杀。

铺作层之上为第一层塔檐，檐椽与飞子皆柏木制作，檐椽挑出40厘米，前后略有收分，前部椽径7厘米。飞子腐朽严重，无一根完整，估计挑出檐椽头20～26厘米之间，飞子亦有收分。飞子与檐椽之间以一层卧砖相隔，卧砖高7厘米。飞子之上便是青砖反涩五层收回，再上为泥背层及磨砖瓦垄。

每面转角设垂脊，垂脊高为三皮砖高加一筒瓦高度，有无垂兽及型制不详。垂脊下部为柏木角梁，梁头套角兽 1 枚。第一层塔檐磨砖与第二层塔身相交处压混砖一层，以做防水功能，混砖之上为两层砖高之围脊，每层砖中间刻线道一条磨成折线，仿做瓦条脊式样，两层砖之上再压一道混砖，混砖上部略凸出第二层塔身墙面，混砖下皮略凹进 1 厘米围脊深度，这最上一层混砖便是仿制瓦条脊之上盖瓦了。混砖之上为收进的二皮砖高的第二层塔身。第二层至第十三层塔檐做法均为砖叠涩五层挑出又反叠涩二层收回，每层塔身略有收进，使塔檐由下至上层层收回，形成檐部收分，收分为直线，第十三层檐较第二层檐收进 154 厘米。檐下无木制椽飞，亦无砖雕椽飞，檐上覆磨砖瓦垄。第三至第五层塔檐上部围脊高为三层砖高，每层砖刻线道两条，上下混

砖做法与二层塔身围脊混砖做法相同。第六至十二层塔檐上部围脊高为二层砖高，每层砖刻线道两条，混砖做法同二层塔身。第三层至第十二层塔身围脊混砖上部均为两层砖高，第十三层塔身围脊混砖上部为三层砖高并略有收进。第二层至第十三层塔身每面置铜镜三枚，檐下皆悬风铎。

塔顶已完全倾圮，仅余反叠涩砖、斜铺条砖收顶及塔顶基座根部，值得注意的是塔顶八角基座的根部非常清晰，往上的其他部分由于不存，无法考证形制。（执笔人：赵兵兵）

九、朝阳双塔寺双塔

双塔寺双塔（图 6-2-35）为辽代所建，位于辽宁省朝阳市木头城子镇东 10 公里郑杖子村西北 0.5 公里昭苏沟里的双塔山的悬崖中部平台上，双

图 6-2-35　远观双塔寺双塔（谢占宇摄）

塔东西相距 23 米,根据现存方位分别称"东塔"和"西塔"。2003 年, 双塔寺被定为辽宁省级文物保护单位。

东塔为八角形楼阁式塔（图 6-2-36），塔高约 11 米, 由塔基、塔座、塔身、塔檐、塔刹五部分组成。塔基是利用山势建造的塔台。塔座为须弥座, 共分三层, 第一层下枋为砖叠涩。须弥座第二层为壶门, 每面设两根倚柱, 中间有以佛经内容为主题的石雕。须弥座第三层莲台为砖雕仰莲, 上托塔身。塔身为八角形, 南面开拱券假门, 门额饰缠枝花纹, 另七面均于中央雕一小塔, 并饰有飞天。塔身没有倚柱,

檐下有砖砌阑额、普拍枋, 每面设有两朵双抄五铺作上承塔檐。塔檐两层相同, 都是砖雕仰莲上承两朵双抄五铺作, 承托上部屋面。塔刹为喇嘛塔形制, 砖石砌筑的十三天（即相轮）。

西塔为覆钵式（图 6-2-37）, 西塔高约 13 米, 由塔基、塔座、塔身、塔檐、塔刹五部分组成。塔基是利用山势形成的塔台。塔座为须弥座, 共分三层, 第一层下枋为砖叠涩。须弥座第二层为壶门, 每面设两根倚柱, 中间有以佛经内容为主题的石雕。须弥座第三层莲台为砖雕仰莲, 上托塔身。塔身为八角形, 南面开拱券假门, 门额饰缠枝花纹, 拱券

图 6-2-36 双塔寺东塔（谢占宇摄）

图 6-2-37 双塔寺西塔（谢占宇摄）

门两侧面的塔身中央上有佛龛石雕，再侧面饰有坐佛石雕，并饰有飞天。塔身各面有倚柱两根，檐下有砖砌阑额、每面设有两朵双抄五铺作上承塔檐屋面。塔檐为喇嘛塔形制，砖雕仰莲上承砖石砌筑的13层叠涩，塔刹为砖制的十三相轮。（执笔人：郝鸥、谢占宇）

十、朝阳八棱观塔

朝阳八棱观塔位于辽宁省朝阳市龙城区大平房镇八棱观塔村塔营子屯北的塔山顶上。朝阳八棱观塔始建于辽代，康熙年间曾大修，现为辽宁省文物保护单位。

八棱观塔（图6-2-38）为八角13级密檐式，高34.4米。八棱观塔由塔基座、须弥座、塔身、塔檐、塔刹构成。塔基（图6-2-39）座素面，以砖平铺直砌而成，高40厘米。塔基座上为须弥座，须弥座由三层束腰构成。第一层底部素面，上部连接两道连珠纹，束腰间圭角砖雕圆形童柱，束腰内每面

设壶门三个，现仅存西面一壶门一间柱，余者皆已残损，壶门内雕狮子图案，间柱砖雕乐舞人物，束腰上枭以两层砖雕连珠纹构成，再向上为素面。第二层束腰下枭仍雕连珠纹，圭角砖雕圆柱，束腰内原应有壶门、蜀柱等砖雕，现已大部分残损，仅西北、正西两面各保留一蜀柱，浮雕龙纹，上枭仍饰连珠纹。第三层束腰下枭饰连珠纹，中间束腰内每面砌壶门三个，内雕伎乐、舞乐、侍奉人物等。其中东、南、西、北四面正中壶门内雕骑神兽人物，头上打伞。门外两侧各雕一侍奉童子，或奉食，或执幡盖，或托宝珠，或执乐器，雕刻极为精美。门间蜀柱浮雕13层密檐方形小塔，小塔塔身正中雕一结跏佛像。上枭仍是连珠纹，束腰间圭角砖雕力士像，肩扛上枭。现有两角残损，仅存六角力士。第三层束腰之上，是一砖雕仰莲座，莲瓣4层，上托塔身。

塔身每面转角处砖雕圆形倚柱，上承普拍枋。塔身正中每面高浮雕坐佛，每面佛像各不相同，南面佛像结跏趺吉祥坐于莲台上，双手置腹前，面正

图6-2-38 八棱观塔塔全貌（哈静摄）

图6-2-39 八棱观塔塔基（哈静摄）

视，头戴宝冠，后饰身光。佛两侧分别饰有祥云、胁侍、飞天和小塔，头顶华盖，头部左侧垂幡。东南面佛像亦是结跏趺吉祥坐于莲台上，一手置于腹前，一手举至胸前，头上无冠；东北面佛像残损严重，头部脱落，仅存腿部和莲座。北面与西北面佛像面部均残，正西面佛像已脱落，仅存莲座。每面佛旁胁侍、身光、飞天、祥云各有差异。佛顶华盖之上的普拍枋，承托大檐，塔身转角处通砌圆形倚柱；柱头设阑额和普拍枋，均相交出头；一层大檐转角铺作之间每面三朵斗栱，同转角铺作均作五铺作双抄计心造；每组铺作下炉斗内设实拍栱；其中转角铺作两跳之间均出夹角斜栱；转角铺作左右两侧附角科上，外向对设单斜栱；正中补间为华栱，栱臂与两侧泥道栱作鸳鸯交手状。第二跳令栱上交互斗承原木要头；散斗上以罗汉枋承托橑檐枋，两枋均相交出头；其上为木质飞橼承一层叠涩出檐。随着塔身收份，补间也减少；先减至两朵，再减至一朵出斜栱，再减至一朵无斜栱。大檐的檐下砖雕仿木檐橼二层，檐上覆砖砌瓦面，砖雕滴水。

塔檐（图6-2-40）结构精美，每层塔檐的檐下均以砖斗栱承托，檐上覆砖砌反面，各层塔斗栱结构不一。第一层至第三层塔檐每面砖雕两朵斗栱，转角出斜栱。第四层塔檐中部一朵斜栱，转角各一朵。再各上每隔三层为中间两朵斗栱，转角各一朵

斜栱。三层塔檐中间为华栱，转角各一朵余栱。之上仍是斜栱。第十三层塔檐已脱落。

塔刹已不存在。（执笔人：哈静）

十一、朝阳南塔

南塔位于辽宁省朝阳市双塔街南。朝阳南塔始建于辽大康二年（1076年），现为辽宁省级文物保护单位。

该塔（图6-2-41、图6-2-42）为青砖砌筑，方形平面，空心十三级密檐式砖塔。塔高45米，由塔基、须弥座、塔身、塔檐和塔刹构成。塔基方形，素面，以砖叠砌而成。塔基之上为须弥座，下部两层束腰，内设壸门。砖雕云龙和莲花。上部有仰莲座承托塔身。塔身（图6-2-43）四面辟门，门两

图6-2-41　朝阳南塔外观（原砚龙摄）

图6-2-40　八棱观塔塔檐（哈静摄）

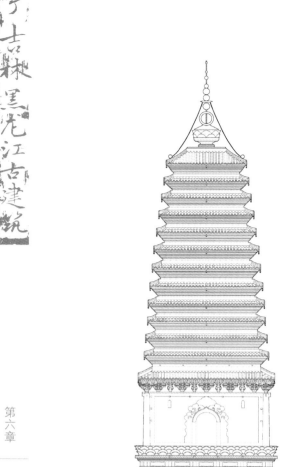

图6-2-42　朝阳南塔立面（沈阳建筑大学建筑研究所绘）

图6-2-43　朝阳南塔外观局部（原砚龙摄）

图6-2-44　朝阳南塔倚柱及斗栱图（原砚龙摄）

侧布有很多对称的方孔，南面中央辟券门，上雕华盖，内通塔心室，其他三面中部设假门，门两侧砖雕卷云，门楣饰卷云纹，上垂华盖。塔身上部每侧各嵌石质塔铭两块。从南往西依次是：净饭王宫生处塔，菩提树下成佛塔，鹿野苑中法轮塔，给孤独园名称塔，曲女城边宝阶塔，耆阇崛山般若塔，庵罗卫林维摩塔，婆罗林中圆寂塔，八大灵塔反映了释迦牟尼从出生、出家、成佛、传经布道，到圆寂一生中的重大活动。塔身存有方孔，原为泥塑佛、菩萨、力士、飞天等塑像。塔身四角各有一砖雕圆形倚柱，柱顶部承托塔檐斗栱（图6-2-44）。塔檐共十三级，第一层采用仿木砖雕斗栱承托大檐，每面补间铺作九朵，转角铺作一朵。栱眼壁内置石雕

图 6-2-45　妙峰寺总平面图（赵兵兵绘）

佛像一尊，现仅有东北面一尊。第二层以上各檐，层层叠起内收，檐角均挂风铃。十三级之上是塔刹，用青铜制作，外贴金铂。由刹座、相轮、露盘、宝珠构成，挺拔耸立。此塔耸立在南塔游园内，巍巍壮观，是朝阳标志性建筑。（执笔人：原砚龙）

十二、绥中妙峰寺双塔

辽宁省绥中县永安乡塔子沟村的北山之上耸立着一对砖塔，之下原有妙峰寺，在双塔东侧的山脚下，有辽代庙址，故亦称妙峰寺双塔。该双塔东距绥中县城 70 公里，南临石河的上源，东北距明水塘门 13 公里。1988 年被辽宁省政府公布为第四批省级文物保护单位。现留有清碑一座。

妙峰寺双塔（图 6-2-45、图 6-2-46）建于辽乾统年间（1101 ~ 1114 年）。双塔一大一小，相距约 50 米，屹立在妙峰山上。塔借山势，山借塔秀，相得益彰。

大塔（图 6-2-47、图 6-2-48）为八角九级

图 6-2-46　妙峰寺双塔外景（赵兵兵摄）

密檐式砖塔，残高约 20 米，该塔由下至上为塔基、塔身、密檐、塔顶构成，现塔刹已完全倾圮，形制不详。基台为后世补葺，基座、密檐虽有残损，但基本保持原状。

大塔塔基平面呈八角形，须弥座样式，高约 4.4 米，用砖砌筑。塔基下部经过维修，采用水泥砂浆罩面，原貌尽失。须弥座塔基每面设壸门两座，内雕伎乐天，壸门之间设置蜀柱，塔身每面转角各置力士一尊，之上设小莲台，五行砖高，采用重唇莲瓣。方涩砖上雕刻法轮和金刚杵等纹饰图案。大莲台采用双层单唇莲瓣，八行砖高，承托一层高大的塔身。塔身平面作八角形，每面转角置圆形倚柱，两侧各置立颊一根，双砖立砌。每面塔身各置佛像一尊，四正面佛像端坐于拱券式凹龛之中，四隅面坐佛带有圆镜式背光。佛像神态端详，佛手印也各不相同。券砖为一券一伏式，表面贴挂券脸砖 7 块，伏砖 13 块。佛像之上左右各设一尊飞天，像似天外来仙，之上设华盖以示其尊。佛像座下不一，四隅面切削八角式平台，四正面是用马、象、狮所驮。东南面靠侧题铭为"辽天祚皇帝"，西南面靠侧则为："宣赐舍利塔"。塔檐为九层密檐式，一层塔檐极尽模仿木构之样式，每面塔身各设二朵单抄四铺作斗栱，批竹耍头。转角铺作，自栌斗出华栱三缝，亦为批竹耍头。替木承托挑檐枋，其上置檐椽和飞檐椽，现已风化缺失。以上各层塔檐均以五层砖叠涩出檐，不设铺作。各层塔檐均有生起，形成了优美的曲线。一层塔檐转角处设老角梁和仔角梁，而二层及其以上塔檐则仅设老角梁。塔檐之上覆筒瓦、板瓦、垂脊、套兽、风铎、铜镜现已无存。塔顶已风化颓废，杂草丛生，只留塔刹基座，原状不详。

小塔（图 6-2-49）位于大塔之西南，为六角

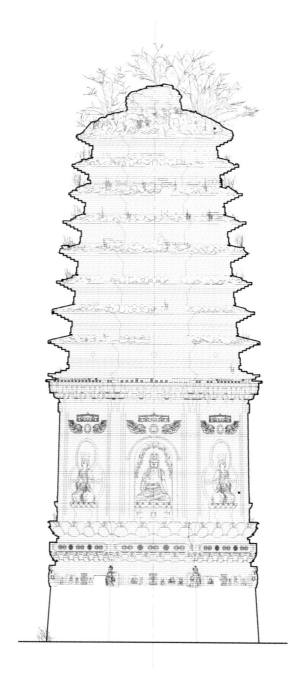

图 6-2-47 妙峰寺大塔立面图（赵兵兵绘）

图 6-2-48 妙峰寺大塔立面图大塔塔檐（赵兵兵摄）

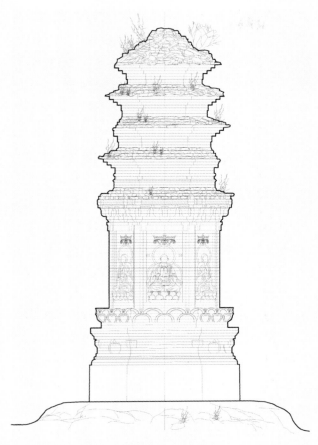

图 6-2-49 妙峰寺小塔立面图（赵兵兵绘）

五级密檐式砖塔，残高约 9 米左右，不及大塔一半的高度。该塔由下至上为塔基、塔身、密檐、塔顶构成，现塔刹已完全倾圮，形制不详。基台为后世补葺，基座破损严重，密檐虽有残损，但基本保持原状。

小塔基座平面作六角形，须弥座样式，高约 2.2 米左右，用砖砌筑。与大塔一样塔基 0.9 米以下经过维修，采用水泥砂浆罩面，原貌尽失。须弥座束腰处的壶门破损严重，从残留的基座来看，小塔须弥座设置仰莲砖一层，合莲砖一层，二者之间的束腰部分设置壶门，每面 1 个，转角置大斗。方涩平砖为二层，其上为莲台承托一层塔身，高为五行砖。塔身平面作六角形，每面置坐佛一尊，带有圆镜式背光，与大塔四隅面的佛像样式相似。佛像端坐于莲台佛座之上，头上不设飞天，只设宝盖。每面转角置八角形倚柱，两侧各置立颊一根，倚柱以阑额

相连，上设普拍枋。一层塔檐由铺作承托，每面各置一朵斗口跳铺作，自坐斗出华栱一跳，不用令栱，栱头置斗上承替木。替木之上置橑檐枋，承托塔檐。由于自然风化的原因，塔檐檐椽已缺失殆尽，只留一层椽眼及其内部少量的椽木，推测小塔可能只设檐椽，不设飞檐椽。以上各层塔檐均以四层砖叠涩出檐，不设铺作。各层塔檐均有生起，形成了优美的曲线。塔檐之上覆筒瓦、板瓦，垂脊、套兽、风铎、铜镜现已无存。塔顶已风化颓废，杂草丛生，原状不详。（执笔人：赵兵兵）

十三、开原崇寿寺塔

崇寿寺塔位于辽宁省开原市老城西南隅，距市中心 9 公里处。

此塔的修建年代其说不一，一说始建于金正隆元年（1156 年），一说始建于金大定三年（1163 年）。据明成化元年 (1465 年)《重修崇寿寺石塔记》载："现塔顶内有铜版：崇寿石塔乃宣微洪（弘）理大师所葬之所，正隆元年二月朔旦葬于塔中。"清光绪年间，有一次大地震时，从塔上掉下来一块铜版，上有"金正隆元年建，为宣微大师藏骨之所"等记载。据当地石碑资料得知，宣微弘理大师 12 岁超俗，68 岁圆寂，是崇寿寺的创始人。可见该塔建于正隆元年是可信的。以此计算，该塔已有 800 多年的历史。

崇寿寺塔（图 6-2-50、图 6-2-51），又名崇寿禅寺塔。该塔高 66 米，为八角 13 级实心密檐式砖塔。下大上小，层层内收。基座（图 6-2-52）之上第一层檐下，有夹砖木造斗栱，砖木结合，是这个古塔建筑的一大特点。古塔原貌只能从清康熙时赵允昌题咏中略知一二："遥望浮屠插碧空，晴硬拥护倍玲珑，层层宝镜朝含彩，面面风铃晓映红。"塔身（图 6-2-53）每面砌筑佛龛，龛内原塑有佛像，各面佛像名号不同。两旁有飞天浮雕，各角原有木檐悬有铜铃，微风吹动，铃声叮咚。塔顶上有塔刹，刹杆串有五个铜质宝珠。历史上，塔身各层挂有数百铜镜，西面悬有铜鼓一面。每当日出之时，旭日

图6-2-50 崇寿寺塔立面图（沈阳建筑大学建筑研究所绘）

图6-2-52 崇寿寺塔基座（王严力摄）

图6-2-51 崇寿寺塔外观（朴玉顺摄）

图6-2-53 崇寿寺塔塔身（朴玉顺摄）

与塔辉映。宝塔气势恢宏，造型厚重，前清时期列为开原八景之一，曰："古塔朝霞"。

宝塔虽经历了历史的沧桑变迁，除铜鼓、铜镜在日伪时期被掠夺外，现基本保持完好。崇寿寺塔是反映古代女真民族文化的重要建筑，充分展现了我国古代劳动人民卓越的创建能力及中国古代建筑的博大精深。（执笔人：汝军红）

图 6-2-54　兴城白塔峪塔外观（汝军红摄）

图 6-2-55　兴城白塔峪塔塔身雕刻（汝军红摄）

十四、兴城白塔峪塔

白塔峪塔位于辽宁省兴城市白塔乡北 4 公里九龙山下，东南距兴城市 14 公里，俗称玲珑塔（图 6-2-54）。是辽代佛教圣地觉华岛（今菊花岛）海云寺的坟山。相传此塔为龙宫寺主持僧圆融大师的徒弟郎思孝所造。由于粉刷了白灰，故称此塔为白塔；因塔在峪中，人们又称之为白塔峪塔。兴城白塔峪塔建于辽大安八年（1092 年），距今已有千年的历史。现已被列为辽宁省文物保护单位。

塔座为须弥式，塔高 43 米，青砖砌筑，分基座、塔身（图 6-2-55）、塔檐、塔顶四部分。该塔是八面四佛四碑八角 13 层实心密檐式。塔身八角各有角柱。须弥座的转角处有砖雕天王力士作承托状，塔身八角各嵌有石刻倚柱，刻有八大灵塔的塔名。八角依柱的柱头上有阑额、普拍枋等，在普拍枋上置转角、补间斗栱七朵、七铺作，转角铺作为缠柱造，在栱眼间有绿釉镜式装饰，斗栱上有方形的橑檐枋，承托一层塔檐。（执笔人：汝军红）

十五、长白灵光塔

长白灵光塔（图 6-2-56、图 6-2-57）位于吉林省长白朝鲜族自治县长白镇西北郊塔山公园西南端一个平坦的台地上，为一座方形砖砌楼阁式空心佛塔，由通道、甬道、地宫、砖塔四部分组成。虽然塔内不能登临，但其形制应该为缩小版的楼阁式塔。

通道在甬道前，向左右两翼拓展至地面，做成阶梯式，并修有 11 级台阶。甬道在通道之后、地宫前，甬道左右均采用砖砌，地面铺三层砖。地宫在甬道之后，平面呈长方形，南北长 1.9 米，东西宽 1.42 米，高 1.49 米。墙壁由多层砖砌成，底铺三层砖，顶盖石板。地宫的壁面和上部均用白灰涂抹，仅个别地方涂赭石色，现已大部脱落。地宫后墙中央偏东处有一石块砌筑的台座，座面平整，是置放舍利盒的地方。

塔基在地宫盖石顶部，夯筑而成。塔身在塔基

图 6-2-56　灵光塔正面（王烟雨摄）　　　　图 6-2-57　灵光塔背面（王烟雨摄）

夯土层上面，用长方形、圭形、多角形砖砌筑，通高12.86米。塔身平面呈方形，高5层，逐层收分，每层都有砖砌叠涩出挑，形成密檐。塔第一层边长3.3米，高5.07米，底层周围有石砌的基座，高0.8米；第二层边长3米，高1.65米；第三层边长2.4米，高1.5米；第四层边长2.1米，高1.2米；第五层边长1.9米，高1.44米。塔刹在塔身顶部，是近代修复的，呈葫芦形，高1.98米。

塔身第一层南面有一座砖砌拱券门洞，拱顶采用双层叠砌的形式，宽0.9米，高1.65米。第二、三、五层正面均设有方形壁龛，长宽各约20厘米。在拱门上部两侧和塔的第一层另外三面，分别砌有外形类似文字的整块褐色花纹砖，东西两面为莲花瓣纹，南北两面为卷云纹，塔身北面第一至第五层

也砌有花纹砖。

灵光塔原名无考，1908年，长白府第一位知府张风台将塔誉为西汉时鲁之灵光殿，命名为灵光塔。据考证，灵光塔为唐代渤海塔。在长白境内出土的渤海时期莲瓣纹瓦当，其花纹与灵光塔花纹砖上的莲瓣纹的艺术风格完全相同。该塔因年代久远，毁损严重，塔身向东南倾斜。"塔顶明时被烈风吹折今尚缺，直到清末尚未修复，1936年，地方补葺，修复了塔刹，塔刹用五口铁锅扣成。"

灵光塔为全国重点文物保护单位。是吉林省境内历史最为悠久的地上建筑，也是我国现存不多的渤海时期的地上建筑，它对研究唐代渤海时期的建筑历史具有重要的学术价值。（执笔人：李之吉）

十六、农安辽塔

农安辽塔位于吉林省农安县城黄龙路与宝塔街交会处，这里曾经是金代黄龙府所在地。辽、金时期是这里历史上最繁荣的阶段，留下诸多历史遗迹。农安辽塔建于辽圣宗太平三年（1023年）至太平十年（1030年）。为八角13层实心密檐式佛塔，由塔座、塔身、塔檐、塔刹四部分组成，高达44米。

农安辽塔（图6-2-58）塔座呈八边形，每边长7米，高1米；塔身基部东西直径8米，南北直径8.3米，系用不同形制的青砖、平瓦、筒瓦、猫头瓦、水纹瓦等建成。第一层高13米，其他各层均为1.75米。每边长5.15米，周长41.2米。第一层上半部修有大小相同、等距的四个龛门、四个盲门。门上均有一长1.2米、宽0.4米的拱式楣额。龛门均宽1.4米，高0.2米，进深1.6米。龛

图6-2-58　农安辽塔（王烟雨摄）

门上壁是椭圆形砖构成的仿木斗栱，栱上有浮雕。13层的塔檐砌成叠至花纹，磨砖对缝，犬牙交错，每层檐下的仿木方椽排列整齐。各层塔脊均有泥塑的脊兽。塔刹与塔身的衔接处，八个斜坡戗脊塑有各种兽类，狮子在前，龙马居中，戗兽尾随。戗脊两侧各有四条凸起直线圆筒瓦，筒瓦一端砌着圆形瓦当，瓦当周围刻有双重套环，中间刻成"喜"字图案。戗脊的尽端镶一铁环，挂有风铎，13层共挂104个。

塔身之上为塔刹（图6-2-59），塔刹的基础部分是三层敞口仰莲，仰莲上置鼓腹、细颈敞口宝瓶。宝瓶上是铜质镀金"圆光"，内为车轮形的卷曲花纹。"圆光"之上筑一铜质镶金仰月，月牙向天。仰月留有双层空边，中间雕刻云卷，仰月之上镶有五颗铜质镶金宝珠。第二颗宝珠上有一宝盖，其顶端是两颗宝珠呈葫芦形连在一起，宝盖上焊有四条铜链，分别垂挂在塔脊的铁钩上。

农安辽塔历经数百年风雨侵蚀，已呈两头细中间粗的棒槌形，濒临倒塌。1953年对塔进行了修缮，修缮过程中塔身第十层中部的方室内台上发现硬山式屋顶的木质微型房屋，内部有释迦牟尼佛、观音

图6-2-59　农安辽塔局部（李之吉摄）

菩萨、银牌、瓷香炉、木盒、银盒、瓷盒、布包等遗物。1982～1983年，对塔再次进行大规模维修。农安辽塔是现存辽代佛塔最北端的实例，但是，过度修缮破坏了文物建筑的真实性，影响了其文物价值。农安辽塔2013年被公布为国家级文物保护单位。（执笔人：李之吉）

十七、洮南双塔

洮南双塔（图6-2-60）位于吉林省洮南市德顺乡双塔屯，是东西并列的两座青砖砌筑的喇嘛塔（图6-2-61、图6-2-62），为"梵通寺"主持罗卜僧却德尔和阿旺散布丹两位喇嘛的骨灰塔，建于清崇德年间（1636～1643年），原名"保安塔"，俗称双塔。

两塔间距23.8米，为典型的喇嘛塔造型，通高13米，青砖砌筑，白灰抹缝。两塔装饰图案大体相同，除塔基外塔身布满浮雕、梵文经咒和彩绘图案装饰。塔由台基、塔身、塔刹三部分组成。

台基（图6-2-63）下部为方形，用青砖砌成阶梯状，未加任何装饰。台基上部为方形须弥座，四角有方形角柱，两角柱间有施彩绘的大型浮砖，正中图案是三颗火焰宝珠，两侧各有一狮子造型。

塔身上部为覆钵形，下部为台阶座。上部呈白色，在覆钵的肩部有浮雕兽头八个。两塔均在南面开券状龛门，门边饰花纹图案。两龛门大小相同，高1.25米，宽1米，进深0.35米，各置木扉一扇，涂红漆。下部台阶座均用梵文经咒语浮雕围绕，其文为"唵嘛呢叭咪吽"六字真言。东塔为三级圆形台阶，西塔为四级方形台阶。两塔通体以白垩为基础色调。

塔刹为铜质，重百余斤，由日、月和莲瓣伞构成，底部悬四个铜铃。塔刹下接逐渐加粗的实心塔干，上有白色相轮十三重，层层都有梵文浮雕。洮南双塔虽然建造时间比较晚，但却是中国古代喇嘛塔最北端的实例。1981年被公布为吉林省文物保护单位。（执笔人：李之吉）

图 6-2-60　洮南双塔（王烟雨摄）

图 6-2-61　东侧墓塔（王烟雨摄）

图 6-2-62　西侧墓塔（王烟雨摄）

图 6-2-63　东侧墓塔局部（李之吉摄）

十八、肇源衍福寺双塔

　　衍福寺双塔和影壁，坐落于黑龙江省肇源县民意乡大庙村西侧一处台地之上，南临嫩江，西靠新新湖。衍福寺始建于清初，康熙二十三年（1684年）扩建，庙名为"都布度贵扎尔拉古鲁克奇"，汉译为"广福寺"，后改译为"衍福寺"。新中国成立后，当地民众捣毁佛像，将其改作粮库，后经一场大火，烧毁了寺内全部殿堂，只有山门前的双塔和影壁均为青砖砌筑得以幸免，留存至今。

　　衍福寺双塔分列东西（图6-2-64、图6-2-65），面向南，两塔相距32米，双塔均为覆钵式形制，青砖砌筑，塔高15米，由塔基、塔身、塔刹三部分组成。塔基分为基台和基座两部分。底部是边长8米的白色正方形基台，朴素大方，厚重坚实，平滑光洁。基台上方是基座。

　　基座分上下两部分，下部为方形须弥座，须弥座四角有方形角柱支撑，四面束腰部分都刻有"双狮护光珠"的彩色图案，上下枭雕有莲瓣，上下枋

装饰其他图案。下枭、下枋尺寸明显大于上枭、上枋。基座上部是逐级向上收进的阶台，东塔的阶台有三级，圆形平面，西塔的有四级，方形平面。阶台的表面刻有梵文"唵嘛呢叭咪吽"。基座上方是覆钵形白色塔身，高约4米，上有八个独角兽，嘴里各衔彩色璎珞。双塔塔身南面都设一个佛龛，东塔龛门四周刻有双龙飞舞，西塔龛门四周为莲花蔓草。覆钵形塔身的上部为塔刹，刹干中部为圆台形十三重白色相轮，每重相轮均环布五字梵文。刹干底部与覆钵形塔身相接处变为方形。刹干顶端是由宝珠、全日、仰月和宝盖组成的金顶。刹干两侧从上到下，有两条用木头透雕出蔓草纹饰图案的支柱支撑着宝盖作为刹饰。山门的影壁（图6-2-66）距双塔约27米。影壁长16米，高5米，宽约0.9米，全部用青砖干摆砌成。影壁底部为束腰部分较长的朴素须弥座，顶部为硬山顶，中间为墙身。屋顶上铺筒板瓦，正脊平直，两端为龙头向外的正吻，垂脊下有雕花的戗檐砖。檐口部分椽飞望板及勾头滴水一应俱全。影壁中部的方池子四岔角有砖雕彩绘

图 6-2-64　衍福寺东塔（刘洋摄）

图 6-2-65　衍福寺西塔（刘洋摄）

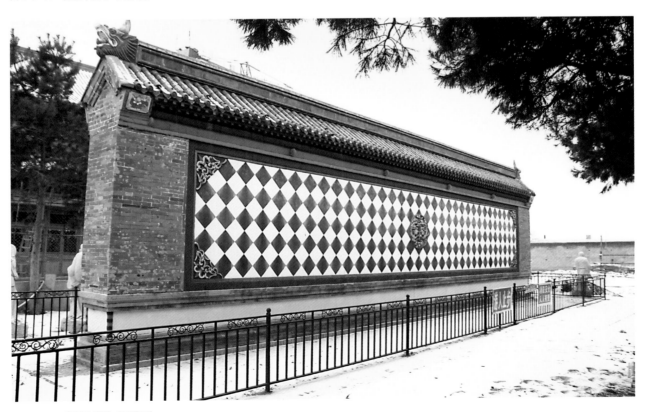

图 6-2-66　衍福寺影壁（刘洋摄）

的蔓草花纹,中央的圆形图案,南面是"海马朝云",北面是"二龙戏珠"。

衍福寺双塔造型敦实稳重,富于变化,方圆交接自然得体,雕饰的繁简对比张弛有度,艺术价值较高,影壁的造型朴素而舒展,与双塔相得益彰。双塔作为黑龙江省仅存的喇嘛塔,见证了黑龙江这一文化边缘区的多种文化交融并存。1981年衍福寺古建筑被黑龙江省人民政府公布为省级文物保护单位。(执笔人:刘洋)

第三节 牌坊、桥梁及其他

一、凤城魁星楼

凤城魁星楼(图6-3-1)位于辽宁省凤城市第一中学棂星门的东南角,建于清光绪三年(1877年)。1983年被列为县级文物保护单位,2005年被列为市级文保单位。

魁星楼(图6-3-2~图6-3-4)八边形,两层高,八角攒尖顶。整个楼落在高1.8米的八角形基座上,

图6-3-1 魁星楼外观(吕海平摄)

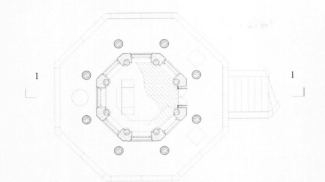

图6-3-2 魁星楼一层平面图（吕海平绘）

图6-3-3 魁星楼立面图（吕海平绘）

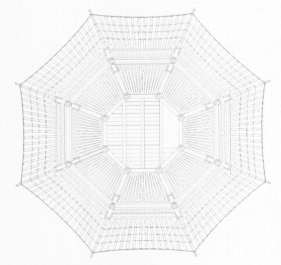

图6-3-4 魁星楼屋顶仰视图（吕海平绘）

图6-3-5 室内（吕海平摄）

基座表面采用大块石材砌筑。一层有周围廊，红墙围合成室内，西北侧开门，其余墙上开八角窗。一层内柱沿墙设置，中央通高，立魁星造像1尊。魁星是"奎星"的俗称，据凤城市文管所记载：原魁星造像青面红发长髯，左手持墨，右手执笔，做金鸡独立状，今已不存。现造像重塑于2006年，魁星右足独占鳌头，左脚后翘踢斗，左手持墨，右手执笔，目光环视，意在遴选中考者，以笔总定，降福祉于人间。室内有楼梯盘旋而上（图6-3-5）。一层内柱直通二层变为外柱，柱间做成隔扇门形成外立面。二层屋顶汇交于一点，覆莲花宝顶。（执笔人：吕海平）

二、凤城孔庙棂星门

根据《凤城县志》第四卷教育志可知，凤城孔庙位于辽宁省丹东市凤城市，建造于清光绪三年

（1877 年），是东边观察使陈本植募捐创建，目的是为了改变"凤城当咸同之间，风俗朴野，人未知书"的状况，在凤城堡城外东南角叫"道士园子"的地方兴建，这里原为文昌阁旧址。文昌阁原为凤凰山庙下院，清同治元年（1861 年）由道士杨诚新所修，当时规模不详。陈本植在文昌宫旧址上改建文庙后，移宫于庙东，建正殿三间、两廊各五间、过厅三间、东西配房各三间④。

孔庙东侧同时创建启凤书院；孔庙西侧创建儒学署，内设明伦堂，开始由政府管理科举事务和官学。光绪八年凤城举办了第一次科举考试，直至 1905 年废除科举考试。甲午战争（1894 年）日本侵略者一度占领孔庙和儒学署，部分房屋遭到毁坏，兵备道荣森、凤凰厅同知朱莲溪捐资修缮。民国初年孔庙停止祭祀，儒学署也在民国三年被裁撤，改建为奉天省立第二师范学校。目前，孔庙的位置上是凤城一中，校园内保留了孔庙的棂星门和魁星楼。

孔庙内"建圣殿、崇圣殿及两庑：东西庑；孝子祠、节妇祠、名宦祠、乡贤祠；戟门、棂星门、礼门；义路、圣域、贤关诸门。共殿二、庑四、祠四、门六，余如泮池、石桥、缭墙、照壁、左右下马碑皆备。"⑤从《凤城县志》对孔庙的描述来看，凤城的孔庙建制规整、气势恢宏，且庙学全备（图 6-3-6）。

凤城孔庙的棂星门（图 6-3-7 ～图 6-3-10）为四柱三门式牌楼门，由石质台基、石柱、木梁架、木板门和斗栱组成。石柱两侧连接照壁，照壁外另设通道，栏杆下设月洞发券，形似拱桥，与棂星门中部通道平行并置。台基为花岗石，采用汉白玉清式栏杆。石柱两侧的抱鼓石非常高大，高度几乎直抵檐下，是该棂星门的一大特点。檐下斗栱华丽繁密，做法简练，结构合理，采用穿斗形式。两柱头上有一攒柱头科斗栱，坐在一个大斗上；柱间斗栱四攒，坐在莲花短柱上，出四跳华栱，栱嘴做成象鼻形，形似下昂。悬山屋顶明间高两侧低，是为了突出明间大门，大门上书"棂星"，背面上书"启凤"，屋顶采用灰色筒瓦，正吻和垂兽都的是清代样式。（执笔人：吕海平）

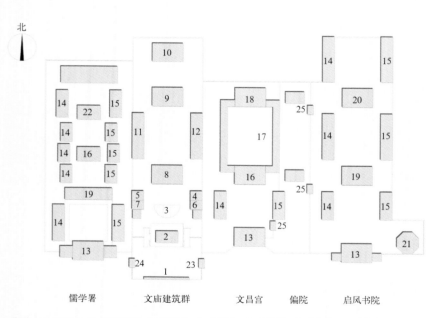

1. 照壁　2. 棂星门　3. 泮池泮桥　4. 名宦祠　5. 乡贤祠　6. 孝子祠　7. 节妇祠　8. 戟门　9. 大成殿
10. 崇圣殿　11. 西庑　12. 东庑　13. 门楼　14. 西配房　15. 东配房　16. 过厅　17. 东西中廊
18. 正殿　19. 前厅　20. 讲堂　21. 魁星楼　22. 明伦堂　23. 礼门　24. 义路　25. 侧门
（注：凤城文庙组群建筑平面示意图是根据民国时期《凤城县志》、东安省凤城中学校舍平面图、民国时期凤城历史照片和兴城文庙等相关资料推测而出。）

图 6-3-6　凤城孔庙平面推测图（赵星楠绘）

图 6-3-7　棂星门外观（吕海平摄）

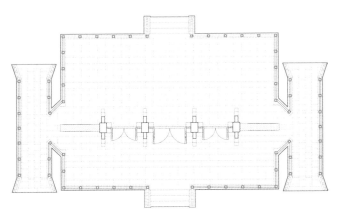

图 6-3-8　棂星门平面图（吕海平绘）

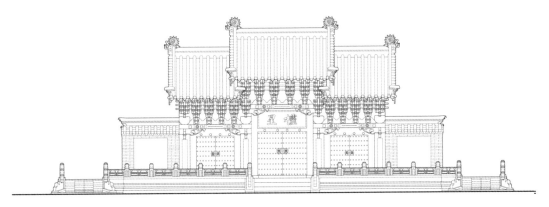

图 6-3-9　棂星门立面图（吕海平绘）

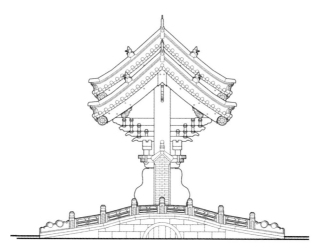

图 6-3-10 棂星门剖面图 (吕海平绘)

图 6-3-11 永安桥桥身 (哈静摄)

图 6-3-12 永安桥桥头 (哈静摄)

三、沈阳永安石桥

　　永安桥又名大石桥，位于辽宁省沈阳市于洪区马三家子镇永安村东头。1979 年沈阳市政府对其进行全面整修，石桥至今保持完好，是沈阳市现存比较完整的一座古代石桥。1963 年被公布为辽宁省级文物保护单位。

　　沈阳永安石桥是清初修筑盛京到北京的大御路时建造的，清崇德元年（1641 年）秋建成。这条路最初称为盛京至辽河大路，也叫盛京叠道。清入关后，又称为盛京御路，京奉官道。盛京叠道的修筑，缩短了盛京至北京的里程，加强了盛京与关内的联系。清帝东巡时，都要吟诗歌诵祖先的修筑叠道之功。随着近代京奉铁路的开通，盛京叠道的价值逐渐失去。民国以后，叠道所经大部分开辟为良田，至今踪迹全无，只有永安桥完整地保存了下来，成为这一重大历史工程的唯一物证，也是辽宁省内现存较大而完美的古代石拱桥。

　　永安桥为三孔砖拱石桥（图 6-3-11），桥面条石铺砌。桥身全长 37 米，外宽 14.5 米，路面宽（地栿里口）8.9 米，两端各宽 12 米。桥头两侧都有一双雌雄对望的大石狮。桥两侧各立 19 根栏杆，端柱柱头上是圆雕狮子，其他柱头均作复巾式。端柱外置抱鼓石。抱鼓石外置小狮子（图 6-3-12）。两栏杆中间镶着透雕柿蒂形 3 孔和浮雕卷云纹的栏间，

共 36 块。下铺地幅石。桥下 3 孔当中，中孔拱径 3.73 米，两边二孔拱径 3.43 米。拱矢高度为 1.83 米。为半圆无铰等截面圆弧拱，拱券是双层石砖用白灰浆砌成，拱券侧面用石料镶面，并用 7 根铁拉杆与拱桥连锁中拱。外沿是浮雕二龙戏珠，北面有二龙探首，南面有二龙翘尾，宛若龙身横在桥下，呈二龙驮桥之势。桥拱下满铺长条石，拱间水下北面砌有 3.9 米长的迎水剑，桥南砌有 2.7 米长的分水剑，这对防止洪水冲击、延长桥的寿命起着重要作用。（执笔人：哈静）

四、凌源天盛号石拱桥

　　凌源天盛号石拱桥位于辽宁省凌源市天盛号乡

天盛号村，此桥为东北地区现存最早的石拱桥，有"关外第一天盛号石拱桥"的美誉。1988年被列为省级重点文物保护单位。

天盛号石拱桥建于金世宗完颜雍大定十年（1170年），由刘百通、刘五、刘海能合作完成，是民间自建桥。此桥原坐落在渗津河上，曾是道路交通桥，后因洪水暴发河水改道，整体被埋于地下。1977年秋，在农田基本建设中被发现。1979年，辽宁省博物馆文物工作队对该桥进行清理，并就地复原。由于桥体设计坚固，桥梁并未被冲坏，而较显干燥的泥土覆盖包裹，反而对桥梁形成了一定程度的保护作用。1980年，省有关部门拨出专款维修，恢复原貌。

天盛号石拱桥横跨古河床，是一座五柱头、四栏板的全部用石头砌筑的单孔石拱桥（图6-3-13）。桥身通长5米，桥宽4.7米，高3.4米，拱宽3.5米，

图6-3-13　凌源天盛号石拱桥（哈静摄）

图6-3-14　凌源天盛号石拱桥侧面（哈静摄）

两侧为八字迎水墙，桥拱孔道跨度2.9米，上拱是半圆形，下拱为半椭圆形（图6-3-14）。桥面用90多块折扇形石条铺砌而成，并又白灰浆灌缝，两石之间用束腰形铁块连接固定。桥面两侧各有高0.57米的4对素面栏板和高0.83米的5对柱头，上顶附有胡桃子。石拱券采用纵联式石砌筑方法，桥身纵向拱石排列有序，横向前后相错，拱石空隙面用石楔加以固定，使整个拱桥成为一体。桥拱两面外露拱券石厚0.5米，共分7段，在每段上的两道弦纹之间各有直径为0.28米的浮雕大莲花一朵，每朵五蕊八瓣，外以30个乳钉纹环绕。并且上下都有弦纹衬托，其设计美观大方，独具一格。天盛号石拱桥由于采用了上下拱的结构形式，使桥拱各扇形石块在自身压力下紧密结合、浑然一体，既加大了泄洪量，又增强了稳定性和承载能力。（执笔人：哈静）

五、盖州钟鼓楼

盖州钟鼓楼（图6-3-15）位于辽宁省盖州市中心偏南，居于盖州古城南北中轴线上，距南城门约350米，距东西城墙各约340米，建于明洪武九年（1376年）。据《盖平县志》记载，明朝洪武五年（1372年）盖州指挥吴玉监工按照旧土城遗迹开始用砖石修筑盖州城。洪武九年又加扩建，使城呈方形。当时城周围七里三步，南门广恩门、东门顺清、西门宁海，缺设北门。清代乾隆四十三年（1778年）曾重行修缮。钟鼓楼周围是盖州古城的繁华区域，现尚存较多的明清民居。

建筑坐北朝南，平面呈长方形，长37米，宽14米，由楼座与座上殿宇组成（图6-3-16）。

楼座正中为券顶门洞（图6-3-17），是城内南北方向上的交通要道。城门高7米，下宽14.5米，门洞长35.5米。城墙里侧、城门西边有一向东的山门，山门（图6-3-18）是进入楼上殿宇的必经之路。由此进入，再拾级而上，迎面便见两间名称别为"枯木堂"的建筑，左拐再登石向上，又能看到三间僧舍。从这再朝左拐沿石阶通过横帽写有"佛光普照"四个大字的月亮门（图6-3-19），便登上钟鼓楼。

图6-3-15　盖州钟鼓楼北侧（李炎炎摄）

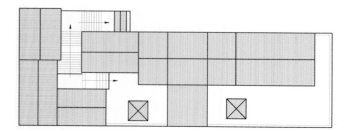

图6-3-16　盖州钟鼓楼平面图

图6-3-17　盖州钟鼓楼楼座正中的券顶门洞（李炎炎摄）

图6-3-18　山门（李炎炎摄）

图6-3-19 月亮门（李炎炎摄）

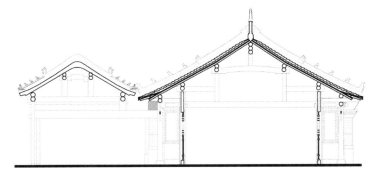

图6-3-20 盖州大慈宝殿剖面图（沈阳建筑大学建筑研究所测绘）

钟鼓楼上，正中为观音阁，阁后为大慈宝殿（图6-3-20），左右各有一配殿。殿宇前面灰瓦攒顶建筑的亭楼分立两侧，东为钟亭，西为鼓亭（图6-3-21）。里面各置一鼓一钟，钟鼓楼即因它们而得名。另有清同治年间重修碑记两块。楼上青砖铺地，四周围以十字透孔的青砖女儿墙，并设有向外排水的水槽。

正殿又称观音阁，为进深三间的前出卷棚抱厦式建筑，上覆青瓦，下为朱色圆柱挺立，内奉慈眉善目的观世音菩萨，佛殿内气氛安详肃穆。

据当地人说，在旧社会佛教信徒每逢初一、十五就要吃斋拜佛，纷纷到观音阁来烧香祈祷。民国年间它曾改做"民众图书馆"使用，藏有千余种古旧书籍供群众阅览。由于年代久远，风雨侵蚀再加上年久失修。使钟鼓楼遭到了很大的破坏。在"文革"中又险些被毁。1979年以后人民政府根据国家的文物法令与政策，拨款修葺了盖州钟鼓楼，使它得以风貌再现，现在基本保持原貌，很有保存价值。

图6-3-21 盖州鼓亭外观（李炎炎摄）

钟鼓楼原为县级文物保护单位，1984年营口市人民政府将其提升为市级文物保护单位。1988年又提升为辽宁省文物保护单位。（执笔人：李炎炎）

六、宁安大石桥

宁安大石桥（图6-3-22）位于黑龙江省宁安市区西鸡陵山下，横跨大沟壑上。石桥始建于后金

图 6-3-22　宁安大石桥桥身（刘洋摄）

图 6-3-23　单曲拱（刘洋摄）

天聪八年（1634 年），位于自宁古塔通往吉林乌拉和盛京的交通要道上，也是前往松花江流域、黑龙江中下游地区与乌苏里江流域各地的必经之处。桥东有著名的泼雪泉，泉水流入沟壑，经大石桥南注牡丹江。

　　桥最初为木制，当地人称其为长板桥。宁古塔将军驻地迁到宁古塔新城（即今宁安镇）后，改用青色玄武石重建，又称青石桥，现为黑龙江省仅有的清代石拱桥。桥采用单曲拱（图 6-3-23），全长 25 米，宽 4.5 米，高 7.3 米。桥面铺方形石块，两侧设石栏杆，56 根望柱（图 6-3-24）分列两侧，望柱头为石桃，栏板下部做双拱以排水。端部作抱鼓石，抱鼓刻荷花，卷云收尾。桥的中部起拱，下面有 4 米多高的拱形桥洞。拱券两侧上端各有一个龙头石雕，形象威猛逼真。

　　大石桥古朴坚实，体现了清代宁古塔边民崇简洁、尚壮美的美学观念。1981 年大石桥被列为黑龙江省文物保护单位。（执笔人：刘大平）

图 6-3-24 望柱抱鼓子（刘洋摄）

七、宁安望江楼

望江楼位于黑龙江省宁安市宁安镇西南部，牡丹江左岸，是座精巧典雅的二层小楼，原名"襄江楼"，亦名"抱江楼"，清光绪七年（1881 年）所建。

望江楼是宁古塔副都统容峻为钦差大臣吴大澂建造的住所，该楼原为一庭院式建筑的组成部分。除望江楼外，组群里还有大门、影壁、二门、角门、花墙、正房五间、东西厢房各三间，庭院北建有花园，现在只有望江楼是古迹。

望江楼（图 6-3-25、图 6-3-26）为三开间卷棚硬山顶两层楼阁，高 7.54 米，东西长 8 米，南北宽 6.45 米。背江一面上下两层的次间开门，明间与对侧次间开有圆窗 4 个，在墙面外建有木制走廊和扶梯（图 6-3-27），走廊和扶梯都用寻杖栏杆，走廊上下皆做步步锦倒挂楣子及花牙子雀替。沿江一面的二层做前出廊金里装修，檐柱间施立栏和花牙子雀替，柱上有卧栏，卧栏与檐枋之间有隔架的木雕花饰，廊外侧有栏杆。主梁梁头雕成龙头状。两侧廊心墙开方窗，窗洞外圆内方，山墙上的圆窗洞上方有青瓦窗头。山墙正中有方形斜置的砖雕腰花，博风头做圆形砖雕。前檐墀头的盘头部分亦作

图 6-3-25 望江楼外观 1（刘洋摄）

图 6-3-26 望江楼外观 2（刘洋摄）

图 6-3-27 望江楼木制走廊和扶梯（刘洋摄）

花卉主题的砖雕。屋面布青瓦，除靠近垂脊施两垄筒瓦，其余皆用板瓦。檐部临江一侧用木檐椽和飞椽，背面的椽飞望板为砖仿木做法。

楼体临江面首层墙上有一组精美的砖刻浮雕，全长7.8米，四周以卷草纹长砖构成边框，中心一组七块，以三块风景砖雕为主体，两端和中间以花瓶砖雕进行装饰。砖雕所表现的内容是宁古塔新城西部的风景名胜，由东向西依次为大石桥、莲花池、观音阁和西来庵。除大石桥外，均已不存。

望江楼建筑造型端庄优雅，雕饰精致而适度，有很高的艺术价值。1999年被列为黑龙江省级文物保护单位。（执笔人：刘洋）

八、巴彦牌坊

巴彦牌坊（图6-3-28、图6-3-29）位于黑龙江省巴彦县县城人民大街东西十字街口，俗称东西牌楼，两坊相对而立，相距500米，是清光绪二十一年（1895年）巴彦乡绅为黑龙江将军依克唐阿、署将军齐齐哈尔副都统增祺所建的德政坊。

牌坊系四柱三间三楼柱不冲天式，宽14米，高6.4米。明间屋顶为完整的歇山顶，两次间为半歇山顶，均铺绿色琉璃瓦，各垂脊下端有垂兽，各戗脊分兽前兽后，兽前部分有四个跑兽。翼角有很大的起翘，每个翼角下系一铁制风铃。柱子断面为方形，柱子前后有8块夹杆石及8根戗杆。柱间有立栏，立栏下有雁翅形透雕雀替。柱上有宽且厚的卧栏，卧栏上并无斗栱，但有盖斗板型木板。两牌坊各有黑底红字正匾二块、配匾四块。东牌坊正匾书"德培中兴"，"德塞千古"字样，配匾有"恩周赤子"、"惠及苍生"等字；西牌坊正匾书"棠爱常留"、"樾荫永庇"字样，配匾有"泽流恩布"、"德洽惠周"等字。

图6-3-28 巴彦牌坊外观1（刘洋摄）

图 6-3-29　巴彦牌坊外观 2（刘洋摄）

1996 年因城市改造，对牌坊采取整体移位，东牌坊向西平移 7.2 米，至人民大街与东直路十字交叉路口的交通环行岛内；西牌坊向东平移 22.7 米，至人民大街与西直路十字交叉路口的交通环行岛内，并抬高 0.7 米，使牌坊高度复原。1986 年经黑龙江省人民政府公布为省级文物保护单位。（执笔人：刘大平）

九、五常蓝旗石牌坊

蓝旗石牌坊（图 6-3-30）位于黑龙江省五常市背阴河镇蓝旗村西南 200 米处，建于清道光十三年（1833 年），是为当地贞洁烈女乌扎拉氏和西特胡里氏所立。据史料记载，额勒德木保之女乌扎拉氏出嫁当日，战事突起，新婚丈夫还未来得及入洞房就随军出征了。经过了三年的日思夜盼，乌扎拉氏收到了一件来自军营的信函，展开发现，里面包

着一根发辫。信中说，乌扎拉氏的丈夫已经战死沙场，为国捐躯，因而将他的辫子寄回，作为信物让乌扎拉氏保存。自此，年仅 22 岁的乌扎拉氏将辫子放入匣中，抱匣枕边，每日以泪洗面，哀叹自己凄惨的命运，终老一生未再嫁。至道光年间，乌扎拉氏宗族显赫时，多次上书道光帝为其旗中的贞女乌扎拉氏请表。道光帝感于乌氏宗族战功卓著，于道光十三年五月谕旨为乌扎拉氏立贞节牌记，赐号"洁玉"，予以表彰。

石坊由 10 块花岗石雕刻筑成，方位为正东正西，为四柱三间三楼柱不冲天形式。四石柱均为方形断面，柱身与下部夹杆石连做。明间屋顶为完整的庑殿顶，两次间屋顶为半庑殿顶。明间次间都将额枋与雀替连做，雀替都用骑马雀替。石坊两侧额枋均阳刻碑文，正面为汉文，明间上额刻有"圣旨旌表贞节，大清道光十三年四月吉日立"，相传为道光

图 6-3-30　五常蓝旗石牌坊外观（刘洋摄）

皇帝御书；右间横书"精金"，"正红旗已故甲兵西特胡里氏乌兰保之妻孀妇守节五十四岁以昭真义"；左间横书"洁玉"，"正蓝旗已故甲兵额勒德木之女乌扎拉氏于二十二岁时持信守节"。三间额枋背面均刻有同义满文。

蓝旗石牌坊造型古朴稚拙，见证了满族与汉族的文化融合。1999 年 1 月 10 日经黑龙江省人民政府公布为省级文物保护单位。（执笔人：刘洋）

注释

① 申平 . 佛塔形态演变的文化学含义 [J]. 洛阳工学院学报，2001，（06）.

② 王菊耳 . 辽代无垢净光舍利塔地宫四天王壁画初探 [J]. 北方文物，1988，（4）：46-52.

③ 沈阳市文物管理办公室，沈阳市文物考古工作队 . 沈阳塔湾无垢净光舍利塔塔宫清理报告 [M]. 孙进已

等 . 中国考古集成，东北卷，辽（三）. 北京：北京出版社，1995：2146（原载于辽海文物学刊 1986 年第 2 期）.

④ 自《凤城县志》第十三册（古迹志）.

⑤ 自《凤城县志》第四册（教育志、兵事志、财政志、实业志、交通志、人物志）.

辽宁 吉林 黑龙江古建筑地点及年代索引

序号	名称	类型	地点	材料结构	规模	文保等级
1	五女山山城	古城	辽宁桓仁	土石砌筑	南北长 1540 米，东西宽 350～550 米，总面积约 60 万平方米	国保
2	盛京城	古城	辽宁沈阳	土石砌筑	总面积 1.4 平方公里	省保
3	丸都古城	古城	吉林集安	石砌筑	丸都山城周长约 6950 米	国保
4	国内城	古城	吉林集安	石砌筑		国保
5	双城古城承旭门	古城	黑龙江双城	砖木结构	南北宽 9.54 米，东西长 6.91 米，高 11.4 米	省保
6	凤林古城	古城	黑龙江双城		面积约 120 多万平方米	省保
7	金上京城	古城	黑龙江哈尔滨		周长 10954 米，占地面积有 11 平方千米	
8	渤海上京城	古城	黑龙江省宁安		南北长约 3358 米，东西宽约 4586 米，面积约 15.9 平方千米	
9	鞍山海城市牛庄镇	古镇	辽宁海城		总面积 53 平方千米	国家历史文化名镇
10	大连瓦房店市复州城镇	古镇	辽宁瓦房店			省历史文化名镇
11	兴城古城	古镇	辽宁兴城		总占地面积为 67.76 公顷	省保
12	丹东东港市孤山镇	古镇	辽宁东港			省历史文化名镇
13	石佛寺朝鲜族锡伯族村	古镇	辽宁沈阳			省历史文化名镇
14	凤城关大老爷旧居	民居	辽宁凤城	砖木结构	占地约 576 平方米	市保
15	新宾肇宅满族民居	民居	辽宁新宾	砖木结构		县保
16	龙井凉水镇长财村	村落	吉林龙井	砖木结构		
17	图们智新乡北大村	村落	吉林龙井	砖木结构		
18	长白金华乡梨田村	民居	吉林长白	砖木结构		
19	沈阳故宫	宫殿	辽宁沈阳	砖木结构	占地 6 万多平方米，现存楼台殿阁各式建筑 46 座，总计房屋 400 余间	国保
20	前郭尔罗斯哈拉毛都蒙古贵族府邸	府邸	吉林前郭尔罗斯	砖木结构	夯土围墙长为 350 米，宽为 166 米，共有房屋 600 余间	
21	永吉乌拉街满族贵族府邸	府邸	吉林永吉	砖木结构		国保
22	沈阳昭陵	皇陵	辽宁沈阳	砖木结构	南北长 2.55 公里，东西宽 1.3 公里，占地 332 万平方米	国保
23	沈阳福陵	皇陵	辽宁沈阳	砖木结构	南北长约 773 米，东西宽约 302 米，占地共 19.48 平方米	国保
24	抚顺永陵	皇陵	辽宁新宾	砖木结构	陵区占地约 1.1 万余平方米	国保
25	棒台子 1 号壁画墓	墓葬	辽宁辽阳	土石	存高 7 米，底边每面长 22 米，墓室左右宽 8 米，前后深 6.6 米，墓室高 1.79 米	国保

序号	名称	类型	地点	材料结构	规模	文保等级
26	棒台子 2 号壁画墓	墓葬	辽宁辽阳	土石	墓室南北长 4.66 米，前宽 5.9 米，后宽 5.12 米，室内地面距盖顶约 1.9 米	国保
27	辽阳北园 1 号壁画墓	墓葬	辽宁辽阳	土石	墓室长约 7.85 米，宽 6.85 米，高约 1.7 米，墓葬封土残高 5 米	国保
28	三道壕车骑壁画墓	墓葬	辽宁辽阳	土石	墓室宽 4.13 米，长 3.36 米，高 1.2 米	国保
29	三道壕 1 号壁画墓	墓葬	辽宁辽阳	土石	墓室长 3.4 米，宽 4.65 米	国保
30	三道壕令支令壁画墓	墓葬	辽宁辽阳	土石	墓室长 3.44 米，宽 3.62 米	国保
31	集安高句丽太王陵	墓葬	吉林集安	土石	墓葬现高 14 米，东边长 62.5 米，西边长 66 米，南边长 63 米，北边长 68 米	国保
32	集安高句丽"将军坟"	墓葬	吉林集安	石	底边边长 30.15～31.25 米，墓顶高于底部基石 13.07 米	国保
33	舒兰完颜希尹家族墓地	墓葬	吉林舒兰	砖石	总面积为 136 万平方米	国保
34	大广济寺	佛寺	辽宁锦州	砖木结构	占地 3000 多平方米	国保
35	奉国寺	佛寺	辽宁义县	砖木结构		国保
36	沈阳四塔四寺	佛寺	辽宁沈阳	砖木结构	北塔法轮寺占地 1 万余平方米，建筑面积 3000 余平方米，北塔高 24 米	省保
37	慈恩寺	佛寺	辽宁沈阳	砖木结构	占地约 12600 平方米，建筑约 135 座，总面积约 3000 平方米	省保
38	千山龙泉寺	佛寺	辽宁鞍山	砖木结构		省保
39	千山大安寺	佛寺	辽宁鞍山	砖木结构	建筑面积 8666 平方米	省保
40	千山香岩寺	佛寺	辽宁鞍山	砖木结构		省保
41	千山中会寺	佛寺	辽宁鞍山	砖木结构	占地面积为 527 平方米	省保
42	千山祖越寺	佛寺	辽宁鞍山	砖木结构	七幢建筑，面积 394.9 平方米	省保
43	沈阳般若寺	佛教寺庙	辽宁沈阳	砖木结构	占地 2289 平方米，建筑面积 2037 平方米	省保
44	沈阳实胜寺	佛寺	辽宁沈阳	砖木结构	占地 5500 多平方米，建筑面积 2000 多平方米	省保
45	沈阳太平寺	佛寺	辽宁沈阳	砖木结构	占地面积为 12406 平方米，建筑面积达 958 平方米	国保
46	沈阳大佛寺	佛寺	辽宁沈阳	砖木结构	占地面积 3600 平方米，总建筑面积 540 多平方米	市保
47	沈阳中心庙	佛寺	辽宁沈阳	砖木结构	占地面积为 260 平方米	市不可移动文物
48	长安寺	佛寺	辽宁沈阳	砖木结构	总长 132 米，总宽 42 米，占地 5376 余平方米	省保
49	海城三学寺	佛寺	辽宁海城	砖木结构	占地约 5000 平方米	省保
50	彰武圣经寺	佛寺	辽宁彰武	砖木结构	占地 2 万多平方米	省保

序号	名称	类型	地点	材料结构	规模	文保等级
51	阜新瑞应寺	佛寺	辽宁阜新	砖木结构	占地约 80 平方公里	省保
52	辽阳首山清风寺	佛寺	辽宁辽阳	砖木结构		省保
53	铁岭慈清寺	佛寺	辽宁铁岭	砖木结构		省保
54	朝阳佑顺寺	佛寺	辽宁朝阳	砖木结构	南北长 163.6 米、东西宽 63.8 米，总占地面积 16975 平方米，现存建筑面积 3800 平方米	国保
55	凌源万祥寺	佛寺	辽宁凌源	砖木结构	占地 5 万平方米，共有 500 余间禅房	省保
56	北票惠宁寺	佛寺	辽宁北票	砖木结构	南北长 192 米，东西宽 63 米，占地面积达 12000 多平方米	省保
57	普兰店清泉寺	佛寺	辽宁普兰店	砖木结构	东西长 279 米，南北长 129 米，占地面积 4500 平方米，建筑面积 9800 平方米	省保
58	大连观音阁	佛寺	辽宁大连	砖木结构		市保
59	大连法华寺	佛寺	辽宁大连	砖木结构	占地面积约 26100 平方米，建筑面积 3900 平方米	市保
60	吉林观音古刹	佛寺	吉林吉林	砖木结构		市保
61	吉林北山药王庙	佛寺	吉林吉林	砖木结构	占地面积为 1474.60 平方米，建筑面积为 507.164 平方米	省保
62	宁安兴隆寺	佛寺	黑龙江宁安	砖木结构	南北长 142 米、东西宽 63 米	省保
63	北镇庙	道教宫观	辽宁锦州	砖木结构	南北长 296 米，东西宽 178 米，占地面积 49700 平方米，建筑面积 5000 平方米	国保
64	沈阳太清宫	道教宫观	辽宁沈阳	砖木结构	占地 5000 余平方米，建筑面积 1600 余平方米	省保
65	千山无量观	道教宫观	辽宁鞍山	砖木结构		省保
66	喀左天成观	道教宫观	辽宁喀左	砖木结构	占地 15000 平方米，现存建筑占地面积 3000 多平方米，建筑面积达 1800 多平方米	省保
67	庄河青堆子天后宫	道教宫观	辽宁庄河	砖木结构	南北长 54 米，宽 27.6 米，总面积为 1490 平方米，建筑面积 312 平方米	市保
68	普兰店三清观	道教宫观	辽宁普兰店	砖木结构	占地 1130 平方米，建筑面积为 600 平方米，庙宇为 20 间	市保
69	大连响水寺	佛寺	辽宁大连	砖木结构		市保
70	吉林北山玉皇阁	道教宫观	吉林吉林市	砖木结构	占地面积 5124.00 平方米，建筑面积为 1527.00 平方米	省保
71	吉林北山坎离宫	道教宫观	吉林吉林市	砖木结构	占地面积 334.88 平方米，建筑面积为 248.532 平方米	省保
72	开原老城清真寺	清真寺	辽宁开原	砖木结构	占地面积为 3383 平方米，建筑面积 800 平方米	省保

序号	名称	类型	地点	材料结构	规模	文保等级
73	沈阳南清真寺	清真寺	辽宁沈阳	砖木结构	占地面积9323平方米，建筑面积1662平方米	市保
74	瓦房店清真寺	清真寺	辽宁瓦房店	砖木结构	占地3000平方米	市保
75	长春清真寺	清真寺	吉林长春	砖木结构	占地5000多平方米	省保
76	卜奎清真寺	清真寺	黑龙江齐齐哈尔	砖木结构		国保
77	呼兰清真寺	清真寺	黑龙江哈尔滨	砖木结构	占地面积3000平方米	市保
78	哈尔滨阿城清真寺	清真寺	黑龙江哈尔滨	砖木结构	占地面积约5800平方米	省保
79	依兰清真寺	清真寺	黑龙江依兰	砖木结构	占地面积3560平方米	省保
80	乌拉街满族镇清真寺	清真寺	吉林省吉林市	砖木结构		国保
81	朝阳关帝庙	关帝庙	辽宁朝阳	砖木结构	占地3700平方米	省保
82	普兰店关帝庙	关帝庙	辽宁普兰店	砖木结构		市保
83	吉林文庙	文庙	吉林吉林市	砖木结构	南北长221米，东西宽74米，占地16354平方米	国保
84	吉林北山关帝庙	关帝庙	吉林吉林市	砖木结构	占地面积为2801.17平方米，建筑面积1303.28平方米	省保
85	阿城文庙	文庙	黑龙江哈尔滨	砖木结构		市保
86	瓦房店横山书院	书院	辽宁大连	砖木结构	占地面积2516平方米	市保
87	铁岭银岗书院	书院	辽宁铁岭	砖木结构	占地面积约8800平方米，建筑面积3500平方米	省保
88	海城山西会馆	会馆	辽宁海城	砖木结构	占地面积达3000平方米，建筑面积为930平方米	省保
89	沈阳无垢净光舍利塔	塔	辽宁沈阳	砖	通高34.75米	省保
90	辽阳白塔	塔	辽宁辽阳	砖	高70.4米	国保
91	海城银塔	塔	辽宁海城	砖	高约15.58米	市保
92	海城金塔	塔	辽宁海城	砖	高度31.5米	省保
93	朝阳北塔	塔	辽宁朝阳	砖	塔高42.6米	国保
94	朝阳云接寺塔	塔	辽宁朝阳	砖	高约41米	国保
95	喀左大城子塔	塔	辽宁喀左	砖	塔高约36米	省保
96	朝阳黄花滩塔	塔	辽宁朝阳	砖	塔残高31.7米	省保
97	朝阳双塔寺双塔	塔	辽宁朝阳	砖	东塔高约11米，西塔高约13米	省保
98	朝阳八棱观塔	塔	辽宁朝阳	砖	高29.43米	省保
99	朝阳南塔	塔	辽宁朝阳	砖	高45米	省保
100	绥中妙峰寺双塔	塔	辽宁绥中	砖	大塔残高约20米，小塔残高约9米	省保

序号	名称	类型	地点	材料结构	规模	文保等级
101	开原崇寿寺塔	塔	辽宁开原	砖	塔高 66 米	省保
102	兴城白塔峪塔	塔	辽宁兴城	砖	塔高 43 米	省保
103	长白灵光塔	塔	吉林长白	砖	通高 12.86 米	国保
104	农安辽塔	塔	吉林农安	砖	高达 44 米	国保
105	洮南双塔	塔	吉林洮南	砖	通高 13 米	省保
106	衍福寺双塔	塔	黑龙江肇源	砖	塔高 15 米	省保
107	凤城魁星楼	其他	辽宁凤城	木		市保
108	凤城孔庙牌坊	牌坊	辽宁凤城	木		市保
109	沈阳永安石桥	桥梁	辽宁沈阳	石	桥身全长 37 米，外宽 14.5 米，路面宽 8.9 米，两端各宽 12 米	省保
110	凌源天盛号石拱桥	桥梁	辽宁朝阳	石	桥身通长 5 米，桥宽 4.7 米，高 3.4 米，拱宽 3.5 米	省保
111	盖州钟鼓楼	其他	辽宁盖州	砖	长 37 米，宽 14 米	省保
112	宁安大石桥	桥梁	黑龙江宁安	石	全长 25 米，宽 4.5 米，高 7.3 米	省保
113	宁安望江楼	其他	黑龙江宁安	砖木结构	高 7.54 米、东西长 8 米、南北宽 6.45 米	省保
114	巴彦牌坊	牌坊	黑龙江巴彦	木	宽 14 米，高 6.4 米	省保
115	五常蓝旗石牌坊	牌坊	黑龙江五常	石		省保

参考文献

[1] （清）阿桂等．钦定盛京通志[M]．沈阳:辽海出版社，1997．

[2] 王树楠等．奉天通志[M]．沈阳：东北文化丛书编委会，1983．

[3] 陈伯超，朴玉顺等．盛京宫殿建筑[M]．北京：中国建筑工业出版社，2007．

[4] 丁海斌，时义．清代陪都盛京研究[M]．北京：中国社会科学出版社，2007．

[5] 武斌主编．清沈阳故宫研究[M]．沈阳：辽宁大学出版社，2007．

[6] 辽宁省文物考古研究所编著，五女山城——1996～1999、2003年桓仁五女山城调查发掘报告[R]．北京：文物出版社，2004．

[7] 张驭寰．吉林民居[M]．北京：中国建筑工业出版社，1985．

[8] 邓传军．凤城关大老爷旧居之新解[J].满族文学，2012，（05）：92-95,97．

[9] 戴家盛．大孤山镇情叙编（孤山镇志）（未出版手稿）[Z]．

[10] 汪仁本，施恒青，岳长贵著．中华古镇大孤山[M]．大连：大连出版社，1998．

[11] 张所文．走进孤山[M]．辽新内资F2011字[2011]第1号．

[12] 张士尊．清代盛京岫岩口岸考[J]．东北史地，2010，（04）：82-88．

[13] 许檀．清代前期的山海关与东北沿海港口[J]．中国史研究，2001，（04）：57-70．

[14] 玉玺．大孤山古庙建筑群[N]．辽宁大学学报（哲学社会科学版），1981，（01）．

[15] 顾伟编著．丹东旅游指南[M]．沈阳：沈阳出版社，1998．

[16] http://www.donggang.gov.cn/mshtml/2005-8/3257.html．

[17] 阎化川．妈祖习俗在山东的分布、传播及影响研究[J].世界宗教研究,2005,（03）：126-137．

[18] 吕海平，杨旭．辽东镇民居对明清官式建筑屋顶形式的影响[N].沈阳建筑大学学报（社科版），2009，（04）：385-387．

[19] 陈伯超，支运亭．特色鲜明的沈阳故宫[M]．北京：机械工业出版社，2003．

[20] 陈伯超．满族建筑文化国际学术研讨会论文集[M]．沈阳：辽宁民族出版社，2001．

[21] 杜家骥．清入关前的议政处所及八旗亭[J]，北方文物，1998，4．

[22] 王成民．盛京皇宫继思斋的建筑特色与文化内涵[J]．满族研究，1999，2．

[23] 朴玉顺、陈伯超．沈阳故宫木作营造技术[M]．南京：东南大学出版社，2010．

[24] 张勇．沈阳故宫装饰艺术研究[M]．南京：东南大学出版社，2010．

[25] 东南大学、清华大学等．中国古代建筑史1-5卷[M]．北京：中国建筑工业出版社，1999．

[26] 梁思成．中国建筑史[M]．天津：百花文艺出版社，1998．

[27] 李文信．辽阳发现的三座壁画古墓[J].文物，1955，（5）．

[28] 王增新．辽阳市棒台子二号壁画墓[J].考古，1960，（11）．

[29] 辽阳市人民政府地方志办公室编[M]．辽阳市情，1987．

[30] 辽宁省地方志编纂委员会办公室主编．辽宁省志·文物志[M]．沈阳：辽宁人民出版社，2001．

[31] 尚尔增编．辽阳览胜[M]．沈阳：辽宁美术出版社，2003．

[32] 沈阳一宫两陵志编撰委员会．沈阳福陵志[M]．沈阳：辽宁民族出版社，2006．

[33] 李锡厚、白滨．二十五史新编：辽史．金史．西夏史[M]．上海：上海古籍出版社，1997．

[34] 中国文物保护技术协会．文物保护技术[M]．北京：科学出版社，2010．

[35] 黄斌，黄瑞．走进东北古国 [M]．呼和浩特：远方出版社，2006．

[36] 张国庆、朴忠国．辽代契丹习俗史 [M]．沈阳：辽宁民族出版社，1997．

[37] 阜新市辽金元契丹女真蒙古族历史考古研究会编．阜新辽金史研究 [M]．香港：香港新天出版社，1992．

[38] 彭菲．论中国辽代佛塔的建筑艺术成就 [D]．内蒙古工业大学，2007，（05）．

[39] 刘蕴忠．辽塔浮雕装饰艺术研究 [D]．苏州大学，2008，（03）．

[40] 陈白．锦州大广济寺 [A]．孙进已等．中国考古集成 [C]．北京：中国建筑工业出版社，1995．

[41] 杨瑞．河北辽塔设计艺术研究 [D]．苏州大学，2007，（03）．

[42] 杨楠．辽代密檐塔形制特色研究 [D]．华南理工大学，2005，（06）．

[43] 林茂雨．沈阳塔湾舍利塔 [J]．辽宁大学学报，1980，（3）．

[44] 于余．北镇崇兴寺双塔 [J]．辽宁大学学报，1981，（5）．

[45] 许彦文．永丰塔小议 [J]．大连文物，1982，（2）．

[46] 于余．开原崇寿寺塔 [J]．辽宁大学学报，1982，（3）．

[47] 王大方．精美的辽代白塔 [J]．中国文物报，1982，（8）．

[48] 王晶辰．辽崇兴寺双塔 [J]．辽宁文物，1983，（5）．

[49] 王晶辰．云接寺塔 [J]．辽宁文物，1983，（5）．

[50] 祝明等．海城金塔 [J]．辽宁大学学报，1985，（6）．

[51] 申平．佛塔形态演变的文化学含义 [J]．洛阳工学院学报，2001，（06）．

[52] 王菊耳．辽代无垢净光舍利塔地宫四天王壁画初探 [J]．北方文物，1988，（4）：46-52．

[53] 孙进已等．沈阳塔湾无垢净光舍利塔塔宫清理报告 [M]．沈阳市文物管理办公室，沈阳市文物考古工作队．

[54] 中国考古集成，东北卷，辽（三）[M]．北京：北京出版社，1995：2146[原载于辽海文物学刊 1986，（2）]．

[55] 曲强．盖州市志 [M]．沈阳：辽宁科学技术出版社，2008：17-18．

[56] 筱竹．盖州钟鼓楼 [J]．辽宁大学学报，1990，（3）：1-2．

后记

　　《中国古建筑丛书》是一套汇集全国各地区优秀传统建筑资料与评述的大作，并以省（区）为单元独自成书，但东北三省将辽宁、吉林、黑龙江合在一起归为一个单元，分为上、下两册。这是由于东北三省文化发展的不平衡性所致。辽宁省是文物大省，历史悠久，现存古建筑众多，因此，若以辽宁省单独作为一个单元独立成书，内容之丰富同样需要分为两册。而在吉林省和黑龙江省的历史建筑中，古建筑现存量较少，大部分是在近代以后建成和保存下来的遗产，若单独成书，信息量差距悬殊。另外，东北地区在中国版图中界域明晰，一道古老的长城成为塞内、塞外的分划与联系。东北三省的历史与文化具有密切的关联，也由此形成了建筑现象的地域性和统一性特征。因此，东北三省成为中国古建筑丛书分编方式中的特例：将辽宁、吉林、黑龙江三省古建筑整合编录，形成上、下两册。

　　鉴于东北地区相对其他各省（区）的疆域偏大，在资料收集、实地考察和历史研究等方面的工作量也相对繁重。因此，本书在研究与编纂过程中，联合了沈阳建筑大学、哈尔滨工业大学、吉林建筑大学、大连理工大学、辽宁工业大学和辽宁建筑职业学院等6所高校的许多教师和学生参加了这项工作，除本书前面列出的作者之外，还有许多教师、研究生参与了本书的前期工作。例如刘兵、李泉权、吴智翔、张李、刘万迪、赵龙梅、胡艳宁、袁月、刘畅、许涛、闫玉龙、王红燕、鲍吉言、李皓、史俊、肖洪、王鑫刚、赵晓静、李炎炎、邢飞、马小童、贾晓亮、于萍、姚琦、张晓阳、李安娜、刘贝、朱厚宁、刘娜奇、刘思佳、纪文喆等，都参与了大量的资料收集、建筑测绘和基础性研究工作，本书也凝聚着他们的心血与汗水。另外，各市的文物、宗教、旅游管理部门，博物馆及图书馆、档案馆等都给予了许多方便和支持。对于本书的面世，这些同学和老师以及这些部门的默默奉献功不可没。尽管此书还存在着许多不够确切、不够深入、不够完整的缺憾，但它将我们的劳动转化为对祖国珍贵遗产的宣传和记载，是我们最大的欣慰与无上的荣幸。

陈伯超

2015 年 3 月于沈阳

作者简介

《辽宁 吉林 黑龙江古建筑》的作者是由来自高校、研究院和博物院的研究人员共同组成的一支对中国古建筑文化充满热爱并为着它的保护与传承精诚奉献的团队，包括学术精湛的教授、卓有成就的学者和勤奋敬业的学术骨干，单独介绍哪一个人都将列出一串令人敬佩的成果，而组合到一起的他们更是一支实力强大的学术团队。他们活跃在白山黑水、城市旷野、聚落古迹之间，活跃在教学、科研、建设的第一线上，本书正是他们长年研究与积淀的结晶。

| 陈伯超 | 刘大平 | 李之吉 | 朴玉顺 | 胡文荟 | 张成龙 | 赵兵兵 | 哈静 |
| 教授 | 教授 | 教授 | 教授 | 教授 | 教授 | 副教授 | 副教授 |

| 徐帆 | 吕海平 | 汝军红 | 刘洋 | 张俊峰 | 李刚 | 李培约 | 赵龙珠 |
| 副教授 | 教授 | 副教授 | 讲师 | 副教授 | 吉林省博物院院长 | 高级建筑师 | 副教授 |

| 刘思铎 | 李炎炎 | 张勇 | 原砚龙 | 郝鸥 | 谢占宇 | 何颖娴 | 王严力 |
| 讲师 | 建筑师 | 副教授 | 讲师 | 副教授 | 讲师 | 工程师 | 工程师 |

| 金日学 | 耿铁华 | 肖东 | 朱洪伟 | 邵明 | 杨梦阳 | 牛笑 | 王烟雨 |
| 副教授 | 教授 | 副研究员 | 高级工程师 | 副教授 | 讲师 | 讲师 | 摄影师 |